끝나지
않은
전쟁

한반도
운명을
바꾼
국정농단
추적기

안민석 지음

· 개정증보판 ·

위즈덤하우스

힘들고 지칠 때, 외롭고 두려운 순간에
나를 지탱해준 세월호 아이들과
정의로운 나라를 꿈꾸는
모든 분들께 이 책을 바칩니다.

불의를 이긴 광장의 촛불을 기억하며

유난히 추웠던 지난 겨울은 국민들이 국정농단 세력과 총칼 없는 전쟁을 치렀던 지난至難한 시간이었다. 국민들의 촛불은 들불처럼 번져갔고 국정농단 세력 지지자들은 근본 없이 태극기와 성조기를 흔들었다. 대통령을 비롯한 국정농단 세력들은 이 전쟁을 진보 대 보수의 대결로 몰아가려고 권모술수를 부렸으나 국민들은 허위와 거짓의 프레임에 걸려들지 않았다. 국민들은 이 전쟁을 정의와 불의의 대결, 원칙과 반칙의 대결, 법치와 폭치의 대결로 만들었다. 그리고 마침내 국민이 부패한 권력을 이기고 벚꽃 피는 봄을 맞았다. 그리고 적폐를 청산할 대한민국의 새로운 지도자의 탄생을 앞두고 있다.

이 책은 지난 3년간 최순실의 국정농단을 추적한 땀과 눈물의 기록이다. 2014년 초 한 신부님의 제보로 최순실의 부정과 부패를 추적하기 시작한 후 숱한 사람들을 만나 진실의 퍼즐을 맞추었고, 미국과 독일을 다니면서 국민들에게 진실을 알리고자 몸부림친 정치인의 산 기록물이다. 대단하거나 거창하지는 않지만 이 책을 통해 대한민국의 정의를 회복하고 국정농단의 진실을 밝히기 위해 개인의 안위를 개의치 않고, 천릿길도 마다하지 않고 달려간 한 정치인의 작은 노력을 기억해주는 것만으로도 지난 천 일 동안 보낸 전쟁 같은 시간에 대한 위로가 될 것이다.

이 책은 광장에서 시민들과 함께 불렀던 노래 가사에 착안해 총 4부로 구성했다.

제1부 〈거짓은 참을 이길 수 없다〉에서는 3년 전 한 신부님의 제보로 시작된 최순실 추적 초기에 있었던 이야기를 다루고 있다. 이 시기는 최순실이 국민들에게 알려지기 이전까지 그녀를 추적했던 외롭고 힘든 시간이었다.

제2부 〈어둠은 빛을 이길 수 없다〉에서는 독일로 사라진 정유라를 어느 아이스크림 가게에서 다시 찾은 이야기부터 시작한다. 국회와 언론, 그리고 태블릿 PC의 등장으로 미르재단과 케이K스포츠재단의 실소유주가 최순실이고, 최순실의 국정농단 배후에 박근혜 대통령이 있다는 사실을 알고 충격을 받은 시민들이 "이게 나라냐"라며 촛불을 들고 광장으로 모이기 시작한 시점을 담았다.

제3부 〈진실은 침몰하지 않는다〉에서는 주로 청문회 이야기를 다루었다. 최순실과 문고리 3인방의 청문회 출석 거부와 김

기춘, 우병우, 조윤선의 위증 속에서도 국민들의 관심과 성원으로 진실의 조각을 하나라도 더 찾기 위해 애쓴 청문회 현장과 뒷이야기들을 담았다.

제4부 〈우리는 포기하지 않는다〉에서는 최순실의 은닉 재산을 추적하는 과정과 내용을 담았다. 국내외에 차명으로 은닉된 최순실 일가의 재산을 찾아서 몰수하지 않으면 국정농단 세력들은 언젠가 다시 부활할 것이다. 제4부를 읽고 나면 '박근혜 정부 국정농단행위자 소유재산의 국가귀속에 관한 특별법안(이하 '최씨 일가 재산 몰수 특별법[가칭]')'이 필요한 이유에 공감하게 될 것이다.

짧은 기간에 이 책이 발간되도록 도와준 분들께 감사드린다. 특히 글 정리에 도움을 준 한신대학교 김준혁 교수와 교정을 해준 조기봉 선생님, 그리고 천 일간 동행한 보좌진에게 감사드린다.

힘들고 지칠 때, 그리고 외롭고 두려울 때마다 나를 지탱해준 세월호 아이들에게 이 책을 바친다.

지난 추운 겨울날 촛불을 들고 광장에 나왔던 국민들과 정의와 진실을 위해 성원해준 국민들께 진심으로 감사드린다.

_ 2017년 4월 안민석

아직 끝나지 않은 전쟁

지난 1년은 국민들이 위로받고 마음이 따뜻해진 행복한 시간이 었다. 현대사를 되돌아볼 때 언제 이렇게 가슴 저리게 목 놓아 기 쁨의 눈물을 흘린 적이 있었던가? 형언하기 어렵도록 감사하면서 도 우리들의 행복한 시간이 갑자기 눈앞에서 사라질까 불현듯 두 렵기도 하다.

적폐청산의 상징인 이명박 전 대통령이 구속되고, 분단 이후 전 쟁 위기가 상존한 한반도에 평화의 봄꽃 향기가 가득하니 좋은 대통령을 만든 국민들은 행복한 시간을 누릴 자격이 충분하다. 1 년 동안 대한민국에는 숱한 변화가 있었고 현재도 진행 중이다. 나도 문재인 대통령의 1호 특별수행원으로서 지난해 6월 방미 수 행단으로 동행했으니 세상이 바뀌어도 너무 많이 바뀌었다. 박근 혜 전 대통령이 콕 찍어 지목한 '나쁜 정치인'에서 문재인 대통령 의 방미 특별수행원이 되었으니 말이다.

적폐청산의 완성과 한반도의 번영과 평화를 바라며 망설임 끝 에 《끝나지 않은 전쟁》 개정증보판을 펴내기로 결정했다. 그 이유는 책이 발간된 후 지난 1년간 있었던 숱한 일들 중 최순실 국정 농단의 새로운 사실을 역사의 기록으로 남겨야 했기 때문이다. 국정농단 재판 과정에서 새롭게 알려진 사실을 비롯해 아직도 밝혀내지 못한 진실이 남아 있기도 하다. 특히 최순실의 불법 은닉 재산을 찾는 일은 여전히 미궁에 빠져 있고, 부정 해외 은닉 재산을 환수하라는 대통령의 지시에도 불구하고 국회는 '최순실 재산 몰수 특별법' 제정을 위한 노력을 추호도 하지 않고 있다는 불편한 진실을 국민들에게 꼭 알리고 싶었다.

천문학적 규모로 예상되는 이명박 전 대통령의 불법 은닉 재산도 결국은 국민의 피와 땀이기에 반드시 환수해야 한다. 그들의 은닉 재산을 찾아내어 몰수하지 않는 한 전쟁은 끝난 것이 아니다. 국민들이 갈망하는 은닉 재산 환수를 포기하게 되면 국정농단 세력들과 극우보수 세력은 언젠가 부활할 것이라고 믿기에 국민 초병哨兵의 심정으로 개정증보판을 펴내게 되었다.

이 책은 최순실의 국정농단을 추적한 한 정치인의 기록이기도 하지만, 최순실을 쫓은 것이 아니라 정의와 진실을 좇은 실화를 기록한 책으로 후세들에게 역사의 교훈으로 삼게 하기 위한 바람을 담았다. 먼 훗날 최순실 국정농단의 불행한 역사를 이해하는 데 이 책이 다소나마 도움이 되길 바란다.

나는 거악의 댐에 작은 구멍을 내었을 뿐 정작 거악의 댐을 무너뜨린 것은 동학혁명 이후 최대의 민란으로 기록되는 촛불시민의 힘이었다. 정권 교체 이후 1년간《끝나지 않은 전쟁》북토크쇼 50회와 일반 강연 등 총 100여 차례의 강연회를 마쳤다. 평균 2~3일에 한 번씩 강연회를 연 꼴이었는데, 적폐청산의 국민적 여망에 부응하여 국내외에서 모두 뜨거운 호응을 얻었다. 행사 때마다 성원해주신 국민들께 최고의 존경의 마음을 담아 진심으로 감사드린다.《끝나지 않은 전쟁》도 현역 정치인의 책이 베스트셀러에 오르는 진기록을 남겼다. 오로지 국민만이 희망이고 미래임을 감히 말씀드린다.

〈아직도 끝나지 않은 전쟁〉을 제5부의 주제로 한 것은 씁쓸하다. 하지만 세월호 진실을 밝히는 일과 부정으로 축재한 은닉 재산을 몰수할 때까지 나의 전쟁은 끝나지 않을 것이다. 국민과 함께 승리하는 전쟁을 위한 나의 투쟁은 멈추지 않을 것이다. 오늘도 구천을 떠도는 세월호 아이들을 생각하며 적폐청산을 위해 국내외를 헤매는 바보 같은 정치인 한 사람이 이 시대에 있었다고 역사와 국민이 기억해주는 것만으로도 위안으로 삼을 것이다.

궂은비를 함께 맞으면서 동행해준 사랑하는 아내와 아들과 딸, 그리고 헌신적인 나의 보좌진과 개정증보판을 허락해준 위즈덤하우스에 감사드린다.

_ 2018년 6월 안민석

● 차례 ●

| 제1부 |

거짓은 참을 이길 수 없다 _최순실을 세상 밖으로

| 제2부 |

어둠은 빛을 이길 수 없다 _아이스크림 가게에서 찾은 최순실 모녀

| 제3부 |

진실은 침몰하지 않는다 _청문회 이야기

● 제1부 ●

거짓은 참을 이길 수 없다

_ 최순실을 세상 밖으로

새벽에 걸려온 운명의 전화

핸드폰 벨소리가 울렸다. 새벽 6시였다. 새벽에 전화가 걸려오는 경우는 거의 없는데 어떤 급한 일인가 하고 전화를 받았다. 2014년 1월 15일. 이 한 통의 전화가 대한민국의 운명을 뒤흔든 역사적인 순간이었음을 누가 알았으랴!

"안 의원! 급한 마음에 일찍 전화했어."

박창일 신부님의 전화였다. 평소 자주 통화를 하는 분이지만 단 한 번도 새벽에 전화한 적이 없었다. 너무도 중요한 일이 생겼다는 직감이 들었다.

"신부님! 얼마나 중요한 일인데 이 시간에 전화를 주셨어요?"

나는 일부러 웃으면서 신부님께 이야기를 했다.

신부님의 목소리는 예나 다름이 없는 목소리였지만 신중했다.

"안 의원! 이상한 소리를 들었는데, 이것을 안 의원이 한 번 조사를 해봐야겠어."

"무슨 말씀을 들으셨어요?"

나는 신부님의 갑작스러운 말에 긴장했다. 새벽에 전화해서 "이상한 소리를 들었으니 조사를 해보았으면 좋겠다"는 이야기를 쉽게 할 분이 아니었기 때문이다. 또한 워낙 담력이 큰 분이어서 어지간한 일에는 놀라거나 흥분하지 않는 분인데, 이런 이야기를 꺼내는 것은 예삿일이 아니었다.

"승마계가 지금 쑥대밭이 됐는데, 문체부(문화체육관광부) 체육국장이 쫓겨나고 체육과장도 다른 데로 좌천되고, 승마협회의 심판들이 다 경찰에서 조사를 받았어. 이런 말도 안 되는 일이 지금 일어났는데, 그 뒤에 최순실이 있다는 거야! 안 의원, 최순실이라고 알아?"

베일에 가려진 국정농단의 주인공 최순실의 이름을 그날 신부님으로부터 처음 들었다. 이것이 최순실과의 악연의 시작이었다.

"아, 저는 최순실이라는 이름은 처음 듣는데요."

그러자 신부님은 내게 최태민 목사를 아느냐고 물어보았다. 정치인 중에서 최태민 목사를 모르는 사람들은 없을 것이다. 2007년 제17대 대통령 선거를 앞두고 한나라당 내부 경선 때 이명박 후보 측에서 박근혜 후보에게 최태민과의 관계를 텔레비전 토론에서도 집요하게 물고 들어갔던 것을 기억하고 있었다. 이후에도 최태민은 육영수와 박정희의 이름을 따서 지은 육영재단과 정수장학회 관련으로 심심찮게 유령처럼 언론에 드러나기도 했다. 나는 신부님께 최태민 목사는 알고 있다고 했다. 그러면서 왜 갑자기 최태민의 이름이 나오는지 의아했다.

박 신부님은 뜻밖의 이야기를 꺼냈다. 최순실이 최태민의 딸이라는 것과 그 최순실의 딸이 승마를 하고 있는데 최순실이 딸을 위해 승마계를 장악했고, 그로 인해 승마계가 쑥대밭이 되었다는 것이다. 지금까지의 이야기도 상식으로는 도저히 이해되지 않는데 신부님은 여기에 더해 상상할 수 없는 말을 꺼냈다. 바로 박근혜 대통령의 이야기였다.

"최순실의 딸을 위해 대통령이 나서서 승마인들을 혼내주라고 지시했다는 거야!"

세상 사람들이 전혀 알지도 못하는 최순실이라는 사람의 딸을 위해 대통령이 직접 나서서 승마인들을 혼내라고 했다는 것은 나로서는 도저히 이해되지 않는 일이었다.

박 신부님은 지인들과 모임을 갖다가 대통령의 지시로 인해 승마계가 쑥대밭이 되었다는 이야기를 하는 것을 듣고 예삿일이 아니기에 밤새 고민하다가 내게 전화를 한 것이다. 내가 국회 교육문화체육관광위원회, 즉 교문위 소속의 상임위원이기 때문에 이러한 이상한 일을 충분히 조사할 수 있다고 판단했기 때문이다. 나중에 알게 되었지만 신부님께 최초로 제보한 이는 20대 국회의원이 된 정의당 김종대 의원인데, 정작 김 의원은 신부님께 그런 소문을 전달한 사실을 모르고 있었다.

나와 박 신부님은 오래전부터 인연이 있었다. 신부님은 특별한 사회활동을 한 분으로, 단순한 천주교 신부님이 아니라 세상 돌아가는 흐름을 잘 알고 정치적 감각도 꽤 높은 분이었다. 신부님은 내가 백혈병소아암협회 회장을 맡고 있을 때 이사로서 도움을 줬고, 참여정부 시절에 하루에 100원씩 모아 한 달에 3,000원을 내어 북한을 지원하자는 '평화3000'이란 북한 지원 단체를 만들기도 했다. 그리고 이 운동에 참여한 분들의 모금으로 북한에 옥수수를 지원하고 평양에 어린이 두유공장도 지었다. 특히 2007년에는 평양 사동에 인조잔디구장을 지어주면서 신부님과 깊은 인연을 맺기 시작했다. 이후에도 신부님과 함께 평양과 개성, 금강산에 열 번 이상을 같이 다녀왔다.

신부님의 특별한 숙제를 들으면서 곰곰이 생각해보았다. 박근혜 정부 출범 이후 체육계가 뭔가 이상하게 흘러가고 있었다. 그 이상한 방향이 무엇일까 고민했는데 신부님의 말씀을 들으니 어떤 연결고리를 찾을 수 있는 느낌이 들었다.

박근혜 정부 출범 이후 취임한 지 얼마 되지 않은 시점에 박근혜 대통령은 국무회의를 열어 갑자기 "체육을 바꿔야 된다, 체육을 개혁해야 된다, 체육계 비리를 없애야 된다"는 등 취임 초기의 대통령이 할 수 없는 이야기를 여러 차례 했다. 사실 체육 문제는 중요한 것이기는 하지만 대통령이 국무회의 석상에서 체육계 이야기를 하는 것은 역대 정권에서 거의 없었다. 아마 올림픽이나 월드컵 행사를 할 때나 체육계 이야기가 나오지 그렇지 않은 경우는 있을 수 없는 일이었다.

제17대에 국회의원이 되어 제19대까지 국회의원을 지내면서 단 한 번도 대통령이 국무회의에서 체육계 문제를 이야기한 것을 본 적이 없었다. 외교·국방·교육·경제 등 대통령이 고민하고 처리해야 할 일이 얼마나 많은가! 물론 체육이 덜 중요하다는 것이 아니라 그건 장관들이 해도 충분히 할 수 있는 일인데 이상하게 대통령이, 그것도 취임 초기에 자꾸 체육계의 비리와 개혁을 이야기하는 것을 이해할 수 없었다.

역대 어느 대통령도 체육 개혁에 관심을 갖지 않았는데 왜 유독 박근혜 대통령이 체육계에 관심을 갖고 있었는지 나는 궁금했다. 특히 2013년 7월 24일 국무회의에서 체육단체장들이 본인의 명예만을 위해 일하지 체육계를 위해 일하지 않으니 이를 개선해야 한다는 취지로 발언한 것은 사실 충격이었다. 체육계 내부 문제들은 대부분 대통령이 알 수 없는 영역인데, 왜 저런 이야기가 대통령의 입에서 나왔을까? 나는 대통령의 이런 발언은 문체부 장관이나 고위 관계자가 체육계의 문제를 풀기 위해 대통령에게 건의한 것이라고 여기고 문체부 관계자들에게 물어보았다. 그랬더니 정말 이상한 대답이 나에게 돌아왔다. 문체부 고위 관계자들도 대통령이 왜 저런 이야기를 하는지 너무 궁금하니 나에게 알아봐달라는 것이었다.

나는 대통령과 친한 이에리사 의원이 이 문제를 알고 있을 것이라고 생각했다. 이에리사 의원은 잘 알려져 있다시피 1973년

제32회 사라예보 세계탁구선수권대회에서 크게 활약한 '탁구의 마녀'로 불리는 세계적인 탁구선수로, 교수를 하다가 새누리당 비례대표로 국회의원이 된 인물이었다. 그래서 나는 이에리사 의원이 체육계의 개혁을 위해 대통령의 입을 빌려 추진하는 것이라고 생각했다.

"이에리사 의원님, 대통령의 체육계 비리를 일소하라는 국무회 메시지를 의원님이 전해준 거예요?"

그렇게 물어보니 뜻밖의 대답이 들려왔다. 자신도 누가 그런 이야기를 해서 대통령이 국무회의에서 수차례 이야기를 하는지 너무 궁금하다는 것이다. 그리고 본인은 절대 그런 말을 하지 않았고 오히려 문체부 관계자들이 했을 것이라고 추정하고 있었다고 말했다. 나는 이 이야기를 누가 대통령에게 하고 있는 것일까 궁금했다. 문체부 장관도 차관도 고위 관계자도 아니고, 박근혜의 측근으로 비례대표 국회의원이 된 이에리사 의원도 아니란다. 그럼 도대체 누구란 말인가?

박 신부님의 전화를 끊고 아직 확실한 것은 아니지만 갑자기 그간의 궁금증의 실마리를 찾은 것 같은 느낌이 들었다. 혹시 대통령에게 체육계의 문제를 거론하는 인물이 최순실은 아닐까? 단 한 번도 얼굴을 본 적이 없는, 아니 단 한 번 이름조차도 들어본 적이 없는 비선의 여인이 체육계를 흔들고 있는 것이 아닐까? 이 여인을 추적해봐야겠다는 생각이 들었다.

새벽에 걸려온 박 신부님의 전화 한 통은 세상을 바꾸는 신호였다. 나의 인생도 이 전화로부터 새롭게 시작하게 되었다. 그리고 세상도 바뀌었다.

2013년 봄, 상주에서는 무슨 일이

박창일 신부님의 전화를 받은 날 아침부터 이상하게 전투력이 솟구쳤다. 나는 그날부터 승마인들을 만나기 시작했다. 승마인들을 통해 2013년 봄에 있었던 상주 승마장 사건의 내막을 확인할 수 있었다.

상주 승마경기장은 우리나라에 몇 안 되는 승마경기장이다. 이 경기장은 경기도 과천에 있는 경주용 승마장하고는 전혀 다른 곳이다. 올림픽이나 아시아 경기 대회의 승마경기를 위한 국내 경기장이었다.

나의 지역구인 오산에는 세마대洗馬臺란 전설이 담긴 지명이 있다. 임진왜란 당시 오산에 있는 독산성에 권율 장군이 올라가 독산성을 포위하고 있는 일본 군대를 따돌리기 위해 말 한 필을산 정상에 세우고 그 말에 쌀을 뿌려 멀리서 보면 말을 목욕시키는 장면을 연출하게 했다. 그 이유는 일본 군대는 독산에 물이 없어 조선 군사들을 포위만 하고 있어도 승리할 수 있다고 판단했기 때문에 일본군을 속이기 위해 그런 행위를 한 것이었다. 결국 이 세마洗馬 행위로 일본 군대가 물러갔다는 전설이 있어 거기에 정자를 만들고 '세마대'라고 했고 이 정자가 복원되어 오늘날까지 독산성 정상에 있다. 그래서 나는 오산시를 말[馬]을 콘텐츠로 하는 도시로 만들기 위해 상주 승마장에 여러 번 갔었고, 거기서 하는 경기를 모두 잘 알고 있었다.

그렇다고 하더라도 내가 2013년 4월에 상주에서 있었던 고등부 승마경기를 알 수 있었던 것은 아니었다. 그래서 상주 승마대회에서 있었던 이야기를 객관적으로 듣기 위해 노력했다. 그런데 이야기를 듣다보니 이 사건은 상상을 초월했다.

당시 두 사람을 만났는데, 첫 번째로 만난 사람은 한양대학교 김동환 교수였다. 그는 승마인 출신으로 유일하게 4년제 대학의 교수가 된 인물이었다. 그래서 승마계를 아주 잘 알고 있었다. 두 번째로 만난 사람은 서정균으로, 승마계의 전설로 불리는 인물이자 장시호와 정유라의 마장마술 코치를 했던 스승이기도 했다. 이들은 승마계에서 상당한 영향력이 있고, 합리적인 처신으로 인정받는 사람들이었다. 그런데 이들에게 들었던 2013년 상주대회의 전말은 너무도 충격이었다.

2013년 2월에 박근혜 대통령이 취임하고 처음으로 대한승마협회 주관으로 열린 대회가 바로 4월에 있었던 상주대회였다. 이 대회의 마장마술 고등부 경기에서 정유라가 준우승을 했다. 정유라의 준우승 사건이 박근혜·최순실 국정농단의 서막이었다.

당시 우승자는 고등학교 3학년에 재학 중인 김혁이었다. 독일 승마 유학을 마치고 돌아온 김혁의 마장마술 경기력은 국내 최고 수준이었다. 정유라는 김혁의 경기력을 따라갈 수 없었다. 이 대회에서 우승한 김혁은 이후 정유라로 인해 단 한 번도 우승하지 못했고 승마계의 불운아가 되었다. 진짜 승마 인재가 최순실과 박근혜로 인해 무너진 것이다. 다행히도 국정농단 사태 후 정권이 바뀌자 김혁은 국가대표로 발탁되었다.

정유라의 준우승으로 최순실과 박근혜는 분노하고 말았을 것이다. 최순실은 자기 딸의 실력이 최고라고 생각했는데 김혁이 우승했으니 말이다. 최순실은 김혁의 우승이 그를 편애하는 심판들의 농간이라고 생각했을 것이다. 최순실은 박근혜에게 이 결과를 이야기하면서 심판들이 성적을 조작했다고 한 것 같다.

며칠 뒤 상주대회 마장마술 경기 심판 전원이 상주경찰서로 불려갔다. 이들이 몇십 년 동안 심판을 했지만 처음 겪는 일이었다. 상주경찰서에서는 심판들을 불러다가 마장마술 경기가 조작된 것이 아니냐고 추궁하기 시작했다. 마장마술 경기가 어떻게 진행되는지 전혀 모르는 경찰들이 마장마술 경기가 조작되었는지 조사한다는 것은 정말 소가 웃을 일이었다.

설령 경기가 조작되었다는 의문이 들면 대한승마협회 전문가들이 조사해야 마땅한 것인데 어떻게 경찰들이 조사를 한단 말인가? 지금 돌이켜 이야기하자면 이런 것이다. 2014년 소치 동계올림픽 때 김연아 선수가 심판의 불공정한 판정으로 은메달을 땄다. 이때 우리 국민들은 분노했고 심사에 대한 재심을 청구하자는 논의가 잇달았다. 이때 만약 우리가 재심을 청구했으면 국제올림픽위원회인 IOC에서 국제빙상협회에 요청해 전문가들이 다시 논의했을 수 있다. 그런데 이러한 방식이 아니라 심판들이 김연아 선수에게 불공정한 점수를 준 것을 인터폴에서 수사를 하는 것과 다르지 않은 것이다. 이는 체육계 상식으로는 도저히 있을 수 없는 일이고, 광복 이후 국내 체육사에서도 처음 있는 해괴한 일이었다.

당시 심판들은 기가 막힐 노릇이었다. 물론 마장마술이라는 경기의 특성상 선수를 태운 말의 묘기를 심사하는 것인데 이 심사에서는 심판들의 주관적 요소가 들어가는 것은 사실이다. 그렇다 하더라도 심판들이 부정하게 성적을 매겼다고 하여 경찰이 조사하는 것에 심판들은 분노했다.

한 번 생각해보자. 대한민국에서 승마를 할 수 있는 사람들이 얼마나 되는지! 요즘이야 승마가 많이 대중화되었다고 하지만 그래도 경제적으로 여유가 없으면 승마를 하는 것은 매우 어려운 일이다. 심판들의 연령대가 대부분 50~60대 초반인데 이 나이의 사람들이 승마를 하려면 상당한 재력이 있어야 했다. 쉽게 이야기해서 대한승마협회의 마장마술 심판들은 경제적으로 국내에서 상위 1퍼센트 안에 들어가는 여유 있는 사람들이라는 것이다. 이들은 자신의 지인들 가운데 정치권에 있는 사람들도 있고, 본인이 재벌의 가족인 경우도 있을 것이다. 그런데 갑자기 성적이나 조작하는 파렴치범으로 몰려 경찰에서 수사를 받게 되었으니 그 황당함과 분노는 극에 달했을 것이다.

이들은 절대 호락호락한 사람들이 아니었다. 그래서 그들은 경찰에 항의를 하고 왜 이런 수사가 진행되는지 물어보았다. 이 사건의 지시를 도대체 어디서 한 것인지 이들은 정말 궁금했다. 경상북도 경찰청에서 지시한 것이냐는 물음에 경찰들은 아니라고 대답했다. 그럼 경찰청이냐고 물어보니 아니라고 대답했다고 한다. 그래서 또다시 검찰이냐고 물어보았단다. 그랬더니 수사를 진행하던 경찰들은 자조 섞인 목소리로 이들에게 경북도경도, 경찰청도, 검찰도 아니라고 이야기했다는 것이다.

상주경찰서의 경찰은 처음에는 아예 이야기하지 않았다. 워낙 무서운 곳에서 수사를 하라는 지시를 받았기 때문이다. 그러다가 어쩔 수 없이 진실을 이야기했다. 한 수사관이 심판 한 명에게 귀띔을 해주었다.

"이 사건을 조사하라고 지시한 곳이 블루하우스Blue House입니다."

이 소리를 들은 심판들은 너무도 놀랐다. 아! 우승을 하지 못한 어느 선수의 인맥이 청와대에 가 있구나 하는 생각이 들었다고 한다.

그래도 이들은 당시에는 최순실의 존재를 몰랐고 청와대 고위 관계자의 인척일 것이라고 생각했다고 한다. 그런데 조사를 받고 진실을 캐는 과정에서 청와대 안봉근 비서관이 깊이 연관되었다는 이야기를 듣게 된 것이다. 이 사건은 박근혜가 대통령으로 취임한 지 두 달 겨우 지난 뒤의 일이었다. 대통령 취임 직후면 할 일이 얼마나 많았겠는가? 그런데 이들은 그 많은 국가 대사를 뒷전에 두고 이 일에 매달린 것이다. 이들은 집권하면서부터 최순실과 관련된 것은 무엇이든지 개입을 했고 국정농단을 시작했다.

안봉근 비서관은 박근혜를 18년 동안 보좌한 실세 중의 실세였기 때문에 심판들은 어쩔 수가 없었다. 안봉근 이야기가 나오면서 상주대회의 준우승자인 정유라의 어머니 최순실의 존재가 드러나기 시작했다. 안봉근 비서관이 최순실에게 꼼짝도 못하는데 이유는 바로 최순실이 대통령 박근혜와 언니, 동생하는 사이이기 때문이라는 것이다.

참으로 무서운 일이었다. 대통령과 가장 가까운 사람이 상주대회의 심판 조작설을 지시했다니 이는 도저히 감당이 안 되는 일이었다. 우승자인 김혁의 아버지는 건설업을 하는데 검찰에게 계좌 추적까지 당했다. 이는 엄청나게 무서운 경고였다. 그래서 아무런 잘못이 없었지만 당시 심판위원장은 나머지 심판들에게 피해를 주지 말라고 부탁하고 그 대신 자신이 책임을 지고 사퇴하는 것으로 마무리하자고 했다.

이 상주사건으로 승마계는 완전히 충격을 받았고, 이로 인해 최순실의 존재가 드러나게 되었다. 최순실은 이 사건으로 자신의 권력을 보여주었지만, 나는 그녀를 천 일 동안 추적하는 계기가 되었고 결국 몰락의 길로 내딛게 되었다.

쑥대밭이 된 승마계

사마천司馬遷은 《사기史記》 〈열전〉에 연나라 사람으로 진나라 황제인 진시황秦始皇을 죽이려 했던 형가荊軻를 처음으로 기술했다. 그 이유는 바로 형가가 정의를 위해 목숨을 두려워하지 않았기 때문이다. 중국의 역사에 얼마나 많은 이들이 존재했던가? 그럼에도 사마천은 죽음을 두려워하지 않은 형가를 제일의 영웅으로 선택해 가장 먼저 기술한 것이다. 그만큼 사람들은 자신의 목숨과 재산을 소중히 여기지만, 정의를 지키기 위해 목숨을 내걸 만한 사람들이 흔치 않기 때문이다.

이러한 사례와 비유가 적절할지 모르겠지만 승마인들도 상당수는 자신을 지키기를 원했다. 그건 보통사람들에게 일반적인 일이었다. 나 역시도 그렇다. 승마인들은 상주사건을 계기로 자신을 지키기 위해서는 청와대의 눈치를 봐야 했다. 아니 최순실의 눈치였다. 그들에게 최순실은 가장 무서운 저승사자였다.

이로 인해 공정한 경기가 되어야 할 여러 승마경기에 문제가 생기기 시작했다. 일단 기존의 심판들이 정유라가 출전하는 경기가 있다는 소식을 들으면 심판을 맡지 않기 시작했다. 심판을 맡으면 어쩔 수 없이 압력에 의해 양심을 속이는 일을 해야 할 것이기 때문에 아예 심판을 맡지 않으려고 한 것이다. 그리고 어쩔 수 없이 심판을 맡게 되면 정유라한테 점수를 주어 무조건 1등을 하게 만들었다. 그러니 양심을 가진 승마인들은 자꾸 승마 경기대회에서 멀어질 수밖에 없었다.

이렇게 승마인들을 괴롭히기 시작한 최순실은 아예 승마협회를 장악하기로 했다. 자신의 딸 정유라를 국가대표로 만들고 그 성적으로 명문 대학에 입학시키려는 고도의 작전이 시작된 것이다.

그래서 최순실은 자신의 아바타로 박원오 전 대한승마협회 전무를 내세우기로 했다. 그때까지 최순실이 어떤 사람이었는지 승마인들은 제대로 알지 못했다. 단지 대통령과 가까운 사이여서 대통령을 통해 권력을 부리는 사람 정도로 생각했다. 그가 대한민국 권력 서열 1위인 줄은 꿈에도 몰랐던 것이다. 당시까지 최순실의 본모습을 아는 국민은 아무도 없었다. 그가 어떻게 생겼는지 모두들 알고 싶었으나 알 수 없었다. 나중에 최순실의 모습이 나온 사진은 두 장밖에 없을 정도였으니 말이다. 사진

하나는 주간지《시사인》의 사진기자인 조남진 기자가 찍은 것이고, 또 다른 하나는 독일에 있을 때 정유라를 도와주던 케이스포츠재단 노승일 부장이 찍은 것뿐이다.

나중에 들은 이야기이지만 조남진 기자 역시 주진우 기자의 요청으로 승마경기대회에서 정유라의 어머니로 추정되는 사람을 찍고자 했는데 그중 거만하게 위세를 부리는 사람이 있어서 몇 컷 찍었더니 그 사람이 최순실이어서 깜짝 놀랐다고 한다. 흰 블라우스를 입고 선글라스를 머리 위에 쓰고 있는 최순실의 사진이 조남진 기자가 찍은 사진이다.

그만큼 최순실은 자신의 존재를 드러내지 않기 위해 치밀하게 행동하던 사람이었다. 그래서 그녀는 자신을 노출시키지 않고 승마계를 장악하기 위해 박원오를 선택한 것이다. 승마계뿐 아니고 모든 부분에서 그런 행동을 했다. 이런 최순실에 대해 이명박 시절 이명박의 도곡동 땅의 진실을 알게 되어 억울하게 감옥에 갔던 안원구 전 대구지방국세청장(지금은 나와 같이 최순실의 재산을 추적하고 있다)은 최순실을 천재라고 이야기한다.

최순실이 자신의 아바타로 내세운 박원오는 승마계에서는 절대로 무시할 수 없는 존재였다. 박원오는 1990년부터 2008년까지 무려 18년 동안 승마협회 전무이사를 지냈으나, 횡령과 사기사건으로 1년간 실형을 살기도 했다. 박원오가 누군가로부터 돈을 받고 말을 사주겠다고 했으나 말을 사지 않고 돈을 횡령한 것이다.

어느 조직이나 마찬가지듯 실형을 살고 나온 사람은 조직의 대표나 중요한 실무를 맡을 수 없다. 승마협회를 통해 부정한 행위를 하던 박원오는 위기의식을 느꼈을 것이다. 그리고 다시 재기할 수 있는 기회를 찾았을 것이다. 권력과 돈줄의 촉을 가지고 있던 그는 그 과정에서 최순실을 찾아갔던 것이다.

박원오는 승마계에서 수완이 매우 뛰어나고 모사를 잘 꾸미는 사람으로 소문이 나 있었다. 그는 승마계의 인맥으로 대학 입시를 좌지우지했다. 그는 재벌가들의 자제들에게 승마를 하게 하고 대회에 나가 상을 받게 한 후 이를 통해 대학에 들어가게 했다. 이번에 정유라가 이화여자대학교에 들어간 것은 전형적인 박원오식 작품이다.

사실 마장마술을 할 수 있는 능력을 가진 대한민국 사람들이 몇 명이나 있겠는가? 마장마술은 선수의 능력보다는 말에 의해 좌지우지된다. 그래서 아시아 경기 대회에는 일본인들이 거의 출전하지 않아 한국인들이 대부분 우승하고 있다. 일본 선수들은 올림픽 외에는 아시아 마장마술 대회가 수준이 높지 않다고 해서 거의 출전하지 않는다. 그러니 한국에서 마장마술 국가대표로 선발되면 아시아 경기 대회에서 우승하는 것은 식은 죽 먹기와 같은 것이다.

승마를 통해 대학입시에 관여한 브로커 박원오의 정유라 대학 입학 제안은 최순실에게 매우 좋은 제안이었을 것이다. 그런데 이를 위해서는 반드시 심판들을 자기편으로 매수해야 했다.

심판들을 자기편으로 만들기 위해서는 경기마다 심판들을 선임할 수 있는 권한을 갖고 있는 대한승마협회 이사회를 장악해야 했다. 이사회를 장악하기 위해서는 회장을 자기편으로 세우고, 회장을 통해 새로운 이사회를 만들고 이사회가 자신들 입맛에 맞는 사람을 심판으로 내세우면 정유라는 매 경기마다 무조건 1등을 하고 국가대표가 될 수 있기 때문이다.

박근혜 대통령이 취임한 2013년은 정유라가 고등학교 2학년이 되는 해였다. 그러므로 이때 초반에 승마계에 비리가 있다고 강조하고 박원오가 주축이 되어 승마협회장을 바꾸면 모든 일이 가능해질 수 있었다. 박원오는 박근혜 대통령 집권 이전에 대한승마협회 회장을 자신의 입맛에 맞는 인물로 골라 회장으로 만들었다. 당시 승마협회 회장은 무조건 마사회 회장이 겸직하고 있었다. 재정 상태가 좋은 마사회 회장이 승마협회 회장을 하면 승마협회의 재정운영이 걱정 없기 때문에 마사회 회장에게 겸직하게 한 것이다.

당시 마사회 회장은 새누리당 출신인 김광원 전 의원이었다. 김광원 전 의원은 이명박 전 대통령의 측근이었는데 박원오가 그를 내쫓고 한화그룹의 임원을 대한승마협회장에 추대한 것으로 알려져 있었다. 대단한 힘이 아닐 수 없었다.

이로써 박원오를 통해 승마협회는 재편성되었고, 이들이 모두 박원오의 영향력 아래 있게 되면서 공정성을 상실한 특정인을 위한 협회로 전락하게 되었다. 참으로 개탄스러운 일이었다. 그러나 이후 승마협회를 장악하기 위해 만든 승마계 살생부殺生簿는 부메랑이 되어 그들을 죽이는 살생부가 되고 말았다.

승마계 살생부를 찾아서

승마계 사람들을 만나는 과정에서 살생부가 존재한다는 이야기를 듣게 되었다. 살생부! 얼마나 섬뜩한 말인가? 살생부라는 말을 듣는 순간 오래전 KBS에서 방영된 〈용의 눈물〉이란 드라마에서 이방원이 살생부를 만들어 조정 관료들을 죽이는 모습이 떠올랐다. 사람을 죽이는 문서가 있다는 것은 도저히 있을 수 없는 일이었다. 그래서 나는 말로만 떠돌아다니는 살생부의 존재를 확인하기 위해 승마계 사람들과 은밀히 접촉하기 시작했다. 살생부를 찾아내야만 망가진 승마계를 회복하고 최순실의 존재를 드러낼 수 있었기 때문이다.

하지만 살생부의 존재를 확인하기는 어려웠다. 승마계를 완전히 장악하기 위해 박원오가 반대세력을 제거할 목적으로 승마인들의 명단이 적힌 리스트를 작성했다는 소문만 돌았지 도저히 찾아낼 수가 없었다. 최순실과 박원오가 이를 철저히 비밀에 부치고 있었기 때문이다.

사실 나는 살생부를 찾는 것이 두렵기도 했다. 대통령 취임 초기이기는 하지만 살생부를 찾게 되면 권력 최고 실세의 엑스파일을 찾는 것이나 마찬가지이기 때문이다. 하지만 하늘은 스스로 돕는 자를 돕는다고 하지 않던가! 승마계를 장악하고 체육계를 농단하는 최순실의 존재를 찾고자 한다는 소문을 들었는지 누군가가 슬며시 내게 나중에 보라고 하면서 서류 봉투를 하나 전해주었다.

그 이후 국회의원회관의 사무실로 들어와 서류 봉투를 여는 순간 깜짝 놀라고 말았다. 내가 그토록 찾던 승마계의 살생부였기 때문이다. 그 살생부에는 제거해야 할 승마계 인사 10인의 명단과 승마계를 장악하기 위해 고도로 계산된 내용과 절차 등이 손글씨로 적혀 있었다. 예를 들자면 "체육단체장을 오랫동안 하면서 본인의 명예로 삼는 자, 체육단체장을 자식을 위해서 하는 자" 등을 제거해야 한다는 내용이었다. 자신의 명예를 위해서, 또는 자식의 발전을 위해 체육계 임원을 하는 사람들도 분명 존재한다. 하지만 이러한 것을 승마계 장악을 위한 명분으로 활용하는 것은 문제가 있었다. 그런데 이 내용을 2013년 7월 24일 국무회의에서 박근혜 대통령이 똑같이 이야기했다. 그날 국무회의 발언 내용을 확인하고 난 다음, 정유라를 위한 세력이 대통령 뒤에서 자신의 이권을 챙기기 위해 대통령을 이용하고 있구나 하는 확신이 들었다.

사실 앞서 이야기했지만 대통령이 체육계 개혁 이야기를 누구를 통해 듣고 국무회의에서 말했을까 하는 궁금증이 있었는데 이 살생부를 보고 나서 완전히 이해했다. 문체부도 이에리사 의원도 알고 싶었던 체육계 이야기의 주인공을 살생부를 통해 확인한 것이다. 살생부를 만든 장본인은 박원오였지만 그 박원오에게 살생부를 만들라고 지시한 것은 최순실이었으니 결국 최순실이 박근혜에게 체육계를 조정하게 만든 것은 아니었을까. 이것이야말로 최순실이 국정을 농단한 최초의 문서였던 것이다. 그래서 승마계 살생부는 무척 중요한 것이다.

나는 이 살생부를 박원오가 만든 것인지 확인하고자 했다. 그래서 박원오에게 국회의원회관으로 와달라고 요청했다. 박원오는 내가 승마계 살생부를 찾고 있다는 이야기를 들었을 것이고, 분명 긴장했을 것이다. 그러나 나를 찾아온 박원오는 의외로 자기 손으로 살생부를 가지고 왔다. 호박이 넝쿨째 제 발로 굴러들어 온 것처럼 느껴졌다.

나는 왜 살생부를 작성했는지를 물어보았다. 박원오는 역시 노련했다. 그는 내게 이 문서를 자신이 작성한 것은 맞지만 이 문서는 살생부가 아니라고 했다. 문체부에서 승마계를 혁신할 조언을 해달라고 해서 자신이 몇 자 적은 것일 뿐이라는 것이다.

지금 돌이켜 생각해보니 최순실 쪽에 있는 사람들은 처음에

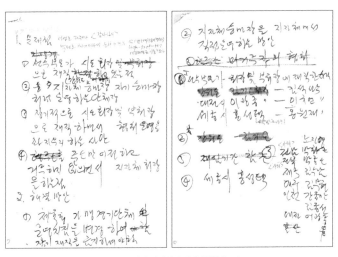

정유라를 위해 작성된 승마계 살생부(부분)

는 잘못했다고 시인하다가 조금 지나면 자신들이 한 일은 정당한 것이라고 억지를 부리는 공통점이 있는 것 같다. 박근혜도 그러했고, 최순실도 지금 그렇게 하고 있다. 처음에는 국민들에게 잘못했다고 용서를 구한다고 하다가 조금 시간이 지나면 절대 자신들은 잘못이 없다고 하고 있으니 말이다. 박원오도 마찬가지였다. 처음에는 잘못했다고 하다가 몇 분 지나고 나서부터 자신이 만든 살생부가 정당하다고 우기는 것이었다.

나는 살생부의 내용을 토대로 그가 거짓말을 하고 있다고 반박했다. 살생부에 담겨 있는 사람들은 대부분 승마협회 이사들로 광주협회장, 전남협회장, 대전협회장, 전북협회장, 강원협회장 등 10인이었다. 이들은 박원오의 부정과 비리를 비난한 사람들이었고 승마계에서 나름 신뢰받는 사람들이었다. 이들이 계속 승마협회 이사로 재직하면 심판 임용 권한을 갖게 되고 그러면 정유라를 1등으로 만들 수 없기 때문에 제거하려고 한 것이다.

박원오는 이때까지도 최순실의 존재를 전혀 이야기하지 않았다. 정유라를 왜 밀어주는지 묻자 그저 정윤회의 딸이어서 밀어준다는 정도의 이야기만 했다. 나도 이때까지 최순실이 오늘날 우리가 알고 있는 것처럼 엄청난 인물임을 알지 못했다. 그때만 하더라도 나도 최순실보다는 정윤회에 무게를 두고 그를 추적하고자 했다.

박원오는 자신이 의도적으로 살생부를 만든 것이 아니라고 발뺌을 하면서도 이 문서가 문체부로 건너간 것이 사실이라고 인정했다. 살생부 리스트에 오른 이들은 실제 모두 문체부로부터 제거되었다. 무서운 일이었다.

최순실은 박원오가 작성해준 이 문서를 자신의 태블릿 PC로 다시 작성해서 박근혜에게 전해주었을 것이다. 그리고 박근혜는 2013년 7월 24일 국무회의에서 한 자도 틀리지 않고 최순실이 만들어준 자료를 읽은 것이다. 우리는 몰랐지만 최순실의 국정농단은 이때부터 본격적으로 시작되었다. 그리고 승마계는 아수라장이 되었다. 나는 더욱 기이한 인연으로 이 사건을 통해 최순실을 쫓게 되었다.

나쁜 사람 노태강의 유배

나쁜 사람이 아닌데 나쁜 사람이 되어 자신의 평생직장인 공직을 강제로 그만둔 남자가 있다. 대통령한테 찍혀서, 아니 최순실에게 찍혀서 나쁜 사람이 된 노태강 전 문체부 국장의 이야기다. 정권이 바뀌고 그는 문체부 차관으로 돌아와 평창올림픽의 성공적 개최를 주도했으니 세상일은 알다가도 모를 일이다.

나는 능력 있는 노태강 국장이 끝내 최순실에게 찍혀서 공직을 그만둔 사건에 일말의 책임을 느끼고 있다. 만약 내가 박근혜·최순실의 국정농단을 추적하지 않았다면 그가 문체부의 변방에 머물기는 했겠지만 최소한 공직에서 강제로 쫓겨나지는 않았을지 모르기 때문이다.

나는 제17대 국회에 입문해서 초선 때부터 노태강 국장과 인연을 맺었다. 그는 부드럽고 수더분한 외모와는 달리 체육에 대단한 관심을 갖고 있는 특이한 공무원이었다. 일반적으로 행정고시 출신들은 엘리트 의식이 강하고 문화 예술에 관심이 있을 수는 있지만 체육에 대한 관심은 덜한 편이다. 노태강 국장과 친하게 지내는 문체부 공직자들한테 들은 이야기지만 그는 문화·예술뿐 아니라 체육에도 깊은 관심을 갖고 있었다. 문체부 공직자들 중에서 노태강 국장을 두고 좋지 않은 소리를 하는 사람을 본 적이 없었다.

스포츠를 좋아한 것 때문인지 문체부에서는 노태강 국장을 일찍부터 체육 쪽의 전문성을 가진 공직자로 양성했다. 체육 분야는 매우 다양한 종목에 정부 지원을 받아 운영되는 단체들이 많기 때문에 체육계 전반과 체육인들을 잘 알 수 있는 전문성 있는 공직자가 필요했다. 일종의 붙박이 같은 스타일이었다. 그 붙박이에 노태강 국장과 진재수 과장은 아주 적격이었다.

내가 노태강 국장을 처음 만난 것은 그가 문체부 체육과장을 할 때였다. 그러니 꽤 오랜 인연을 맺은 것이다. 나는 교육과 체육전문가로서 참여정부 시절 체육과 관련된 주요 현안과 정책을 만드는 데 깊이 관여했다. 그래서 문체부의 체육 관련 업무를 보는 공직자들과 체육계 인사들과의 교분이 자주 있었다.

노태강이 나쁜 사람이라고 박근혜 대통령에게 지목되어 좌천된 것은 언론에 많이 나왔기 때문에 국민들도 이 사실을 이미 알고 있을 것이다. 그러나 그가 청문회에 나와서 길게 이야기하지 않았기 때문에 깊은 내막은 잘 모를 것이다. 그는 최순실의 지시를 올바르게 수행(?)하지 않았기 때문에 희생당한 것이다. 노태강 국장의 균형 잡힌 소신이 자신을 험난한 역사로 끌고 간 것이라고 할 수 있다.

문제의 상주 승마경기대회 후 심판들이 상주경찰서로 가서 조사를 받고, 그 이후 박원오가 살생부를 만들었다. 이 살생부를 가지고 박근혜와 최순실은 정유라의 미래를 방해할지 모르는 승마계 인사들을 모두 제거하기로 결정한 것 같다. 그래서 제거 명분을 만들기 위해 2013년 7월 국무회의에서 체육계 비리를 조사하라는 발언을 하기 전인 2013년 5월, 특별히 유진룡 문체부 장관에게 승마계의 비리와 전반적인 운영의 문제점을 감사하라고 지시했다.

박근혜가 지시하자 유진룡 장관은 참으로 이상했을 것이다. 나중에 그의 인터뷰를 보니 '왜 대통령이 그런 작은 일을 지시했을까' 하고 생각했단다. 그러나 대통령의 지시는 중요한 것이고, 그것은 곧 정책으로 반영되는 것이기에 유진룡 장관은 승마계 감사를 지시했다. 오랫동안 체육 부문에서 일했던 노태강은 대통령의 지시가 매우 이례적이라 생각하고 자신의 뒤를 이어 체육 전문 공직자로 활약하고 있는 진재수 과장에게 승마계 감사를 하도록 했다. 진재수 과장은 매우 조심스럽게 승마계 인사들을 만나고 문제점을 들여다보았다.

진재수 과장은 감사 대상인 강원협회장, 호남지역 회장들의 의견과 감사를 지시하게 만든 박원오 세력 모두의 의견을 들었다. 이 의견을 듣고 노태강 국장과 진재수 과장은 아주 합리적인 보고서를 작성했다. 감사를 해보니 양쪽 모두가 문제가 있고, 이를 해결하기 위해서는 양쪽의 인사들을 정리해야 한다는 것이다. 하지만 이 보고서는 박근혜와 최순실이 원하는 보고서가 아니었다. 이들이 원하는 것은 자신들이 제거하려는 승마계 인사들이 모두 나쁜 놈들이 되어 승마계에서 퇴출되어야 했다. 그런데 거꾸로 자신들의 이런 의도를 모르고 양쪽 모두가 잘못이 있다는 이야기를 보고서로 올렸으니 이들의 분노는 말할 수 없이 컸을 것이다.

최순실에게 노태강은 천하의 나쁜 놈이었을 것이다. 그녀의 분노는 곧 박근혜의 분노였다. 박근혜가 분노한다고 최순실이 모두 분노하는 것은 아닌데 반해 최순실이 분노하면 박근혜는 무조건 분노하는 것이다. 박근혜의 제1의 탄생이 박정희와 육영수로부터였다면 박근혜의 제2의 탄생은 최태민으로부터 시작된 것이고, 박근혜의 제3의 탄생은 최순실로부터라고 나는 생각한다.

박근혜는 승마계 감사보고서를 받고 곧바로 유진룡 장관을 불러 노태강과 진재수를 나쁜 사람으로 지목했다. 두 사람을 경질하라는 것이다. 유진룡은 일개 문체부 국장·과장을 대통령이 나쁜 사람이라고 지목하고 경질하라는 것을 도저히 이해할 수 없었다. 이는 역대 정권에서 단 한 번도 없었던 매우 특별한 일이었기 때문이다. 그러나 유진룡 장관은 대통령이 어디서 무슨 소리를 들었는지 모르겠지만 일시적인 말일 것이라고 생각해서 노태강 국장을 불러 자초지종을 이야기하고 그냥 버티자고 했다. 이 일이 바로 2013년 7월 23일 국무회의 직전의 일이다. 그러나 유 장관의 버티기는 두 달을 넘기지 못했다. 계속된 청와대의 강요에 끝내 노태강을 경질시켜 다른 곳으로 좌천시켰다.

노태강은 자신이 왜 좌천되는지 알지도 못한 채 좌천되고 말았다. 이사관 승진을 눈앞에 두고 있던 가장 잘나가는 문체부 국장이 좌천된 사건에 문체부는 술렁거렸다. 그러나 대통령의 지시로 일어난 인사여서 문체부에서는 쉬쉬했다. 그래서 나는 노태강 국장이 경질되었는지 당시에 알지 못했다. 그가 경질된 것을 알게 된 것은 아주 우연한 일 때문이었다. 아니, 내가 최순실과 싸우게 된 운명적인 일이었는지 모른다.

나는 해외로 약탈된 문화재 환수운동에 열중하고 있었다. '문화재찾기한민족네트워크'란 단체를 만들어 공동대표를 했다가 지금은 국회의원 겸직 금지법으로 공동대표를 내려놓고 고문으로만 활동한다. 하지만 지금도 열정적으로 이 일에 참여하고 있고, 2016년 봄에도 프랑스 국립중앙박물관에 있는 화성성역의궤 채색본을 찾아내기도 했다. 나는 한신대학교 김준혁 교수와 문화재제자리찾기 대표인 혜문 스님과 함께 2013년 5월과 9월에 미국 LA박물관을 방문해 중종의 왕비인 문정왕후 어보 반환 협상에 성공했고, 2017년 6월 문재인 대통령의 첫 번째 방미 이후 대통령께서 직접 어보를 가지고 한국으로 돌아왔다.

이 성공 이후 여러 단체들의 문화재 반환 협상을 지원했는데 가장 대표적으로 지원한 단체가 바로 '이천오층석탑환수위원회'였다. 2014년 3월에 이천오층석탑환수위원회의 도움을 주기 위해 이천오층석탑환수위원회 위원장, 김준혁 교수, 국립중앙박물관의 김영나 관장을 만났다. 그런데 관장실에 들어갔는데 거기에 노태강이 있었다. 문체부에서 가장 능력 있고 신뢰받는 체육 국장이 문체부 행정 관료들에게는 가장 한직인 국립중앙박물관 지원단에 있어서 나는 너무 깜짝 놀랐다. 그래서 노태강을 보자마자 "아니 노 국장님 여기 왜 계십니까?"라고 물었다. 그러자 그는 계면쩍은 얼굴로 약간 멋쩍게 웃으면서 "의원님! 저 잠시 유배왔습니다"라고 대답했다. 아! 지난 1월에 신부님이 문체부 국장이 좌천되었다는 전화를 했는데, 그제서야 이분이 이쪽으로 온 것을 알게 되었다. 나는 노태강 국장의 손을 잡고 아무 말도 할 수가 없었다.

그때까지 나는 정유라와 연계된 승마계 문제에 대해 여러 가지를 조사하고 있었는데 노태강이 이곳으로 좌천되었다는 사실을 몰랐다는 것에 깊은 자책을 느꼈다. 그리고 다시 이 일을 집중적으로 조사하고 세상에 공개해야겠다는 다짐을 하게 되었다.

그리고 한 달이 지나지 않아 국회 대정부질문에서 살생부를 공개하며 체육계를 흔들어대는 세력들에 대한 문제를 거론했다. 이때부터 보이지 않는 손인 최순실의 국정농단이 조금씩 세상에 드러나게 되었고, 절대 강자의 역린이 공격받는 시간이 다가오고 있었다. 나는 청와대·국정원·검찰 등 자신들의 실체를 드러내지 않는 최순실의 세력과 서서히 부딪히고 있었다. 그 세력이 얼마나 거대한지도 모르면서!

수상한 김종의 등장

자신의 의지나 생각이 없이 그저 시키는 대로만 하는 사람을 우리는 '꼭두각시'라고 부른다. 그렇게 불리는 사람은 참으로 부끄러울 것이다. 아니, 그렇지 않을 수도 있다. 애초부터 영혼이 없으니 염치나 부끄러움이 전혀 없기 때문이다. 박근혜·최순실 국정농단의 주역들 모두가 염치와 부끄러움이 없는 불쌍한 영혼들인데 이들 중에서 가장 불쌍한 영혼은 바로 문체부 김종 제2차관일 것이다. 왜냐하면 그는 철저한 최순실의 꼭두각시였기 때문이다.

한양대학교 체육학과 교수를 하던 김종이 문체부 제2차관이 된 것은 2013년 10월 말이었다. 그가 문체부 차관이 되었다는 소식에 체육계 인사들 모두가 놀랐다. 그는 교수 시절부터 다른 쪽에 관심이 있었지 국가발전이나 사회 문제에 전혀 관심 없는 사람이었기 때문이다.

김종이 문체부 차관이 되고 나서 내 사무실로 인사를 왔다.

"의원님, 체육계를 개혁하겠습니다. 체육계 부정비리를 제가 척결하겠으니 도와주십시오."

너무도 뜻밖의 이야기를 그가 내게 꺼냈다. 체육계 비리를 척결하고 개혁을 하겠다니 참으로 반가운 소리였다. 국회에서 나는 체육계 개혁을 주도했던 사람이었다. 그래서 기득권 인사들과 대립하면서 체육계 부정비리 척결을 주장해왔다. 그런데 김종 차관이 와서 체육계를 개혁하겠다고 하니 반갑기는 하지만 너무 의아했다. 내가 알고 있는 그는 절대 체육 개혁을 이야기할 사람이 아니었기 때문이다.

김종은 요즘 이야기하는 이른바 금수저 출신이다. 그는 교수가 된 이후에도 공무원들에게 열심히 로비해서 프로젝트 따는 일에 골몰하던 체육계의 유명한 로비스트였기에 그가 체육 개혁을 주도한다니 도저히 앞뒤가 안 맞는 이야기라고 생각한 것이다.

나는 그에게 "체육 개혁을 하겠다고 하니 내가 도와주겠다"고 하고 향후 협력해서 잘해보자고 이야기하면서도, 저런 생각을 김종 스스로 가졌을 리는 만무하고 도대체 누가 명령을 내린 것일까 궁금했다.

그런데 체육 개혁을 하자던 김종은 개혁은커녕 체육계를 개악改惡하기 시작했다. 그는 2014년 1월에 스포츠 4대악 신고센터를 만들어 '승부조작 및 편파판정', '(성)폭력', '입시비리', '조직사유화'를 반드시 없어져야 할 스포츠 분야 4대악으로 지목하고 체육 분야 정상화 과제를 지속적으로 추진한다고 발표했다.

내용은 참으로 좋은 것이었다. 이 신고센터를 만들기 전 2013년 10월에 '체육단체 비정상적 관행의 정상화 방안'에 따라 대한체육회 내에 '공정체육센터'를 구성해 신고 접수 기능을 수행하고 있었다. 이러한 일이 겉으로는 체육 개혁을 하는 것 같지만 가만히 들여다보면 체육계 4대악의 하나인 조직사유화를 들어 자신들의 반대 세력을 제거하기 위해 만든 것이다. 아이러니하게도 자신들이 내세운 4대악의 승부조작과 입시비리는 자신들 스스로 한 것이다. 정유라의 이화여자대학교 합격을 위해 승부를 조작하고 입시비리를 저지르면서 체육 개혁을 이야기하니 이 얼마나 웃기는 일이 아니겠는가!

김종은 박근혜와 최순실의 지시를 받아 지난 2013년 '체육단체 정상화 방안' 관련 종합 대책을 발표하고 12월까지 2,099개 체육단체의 종합 특별감사를 대대적으로 시행해 상당수의 반대 세력들을 제거했다. 그럼에도 그간 체육계에서 존중받아온 인사들을 제거하기 위해 2014년 1월에 스포츠 4대악 신고센터를 설치하고 여기서 조작 사건을 만들어 개악을 추진한 것이다.

이와 같은 개혁 아닌 개악으로 가장 피해를 본 사람들은 대부분 나와 가까운 체육계 인사들이었다. 대표적인 사람이 테니스스타 이형택과 정현의 스승으로 알려진 주원홍 대한테니스협 회장이었다. 테니스 마니아인 나는 국회의원이 된 이후 대한테 니스협회 이사가 되었고, 과거 체육시민연대 대표로 10년간 활 동했던 주원홍 회장과는 더욱 각별하게 지냈다. 주원홍 회장은 체육계의 주류인 분이었지만, 체육 개혁을 이야기할 정도로 혁 신적인 사고를 갖고 있었다. 그런데 이분을 횡령 혐의로 뒤집어 씌워 대한체육회에서 영구제명시켰다. 이는 주원홍 회장을 몰 아내기 위한 의도적 사건이었다. 물론 새로운 정권이 들어선 후 명예회복을 하고 복권되었지만, 그때의 영구제명으로 주원홍 회장은 상당한 명예 손상을 입어 아직도 수면제를 먹어야 잠을 이룰 수 있을 정도다.

또 이들에 의해 제거 대상이 된 인물이 대한야구협회 대외협 력국장인 나진균이었다. 김종은 나진균을 협회 카드를 부당하 게 사용했다고 몰아 감사를 하고 일방적으로 해임시켰다. 나진 균 국장은 대한야구협회의 잘못을 양심선언하고 야구협회의 개 혁을 지속적으로 요구했던 인물이었다. 그렇기 때문에 사실이 아님에도 저들은 나진균을 거짓으로 조작해 해임했다. 2015년 11월 중앙노동위원회에서 해임이 부당하다고 최종 결정을 했 음에도 나진균을 복직시키지 않다가 그 역시 정권 교체 후 복직 되었다.

박원오와 대립하던 한양대학교 김동환 교수는 승마선수 출 신으로 교수가 된 전설적인 인물이었는데 정유라의 승마경기를 원칙적으로 해야 한다고 주장했다가 비리 교수로 몰려 김종 차관 시절 숱한 고초를 겪었다.

이렇게 체육 개혁을 주장하는 이들을 몰아내는 일을 김종이 주도했다. 그런 그가 어떻게 체육 개혁을 이야기할 수 있단 말인가? 나는 김종이 체육 담당 제2차관에 임명된 후 얼마 지나지 않아 내내 그와 대립할 수밖에 없었다.

내가 그를 문제적 인간이라고 확신한 것은 대한체육회와 국민생활체육회의 통합 과정에서였다. 우리나라 체육계에만 존재하는 특이한 현상이 바로 엘리트 체육과 생활 체육의 양분이었다. 다른 나라는 엘리트 체육과 생활 체육을 나누지 않는다. 그런데 우리만 두 단체로 나뉘어 갈등과 대립 속에 엄청난 정부 예산을 사용하고 있었다. 그래서 김대중 정부 이후 우리나라 체육 개혁의 가장 큰 과제는 두 단체를 통합하는 것이었다. 국회에 들어오기 전부터 나는 두 단체의 통합을 주장했고, 국회에 들어온 이후에는 지속적으로 통합을 추진했다.

2013년 말, 나는 '체육단체통합법'을 만들기 위해 대한체육회 김정행 회장, 국민생활체육회 서상기 회장과 통합을 논의하고 오랜 설득 끝에 두 사람이 모두 통합하겠다고 합의를 보았다. 10년에 걸친 나의 오래된 노력이 결실을 맺은 것이다. 2014년 2월, 나는 이 합의를 김종 차관에게 이야기했다. 야당 국회위원인 내가 마지막까지 주도하면 정부에서 안 해줄 수 있을 것 같아서 정부가 주도해 이 일을 마무리하게 하고자 했다. 그래서 김종 차관에게 이 개혁의 열매를 정부가 따드시라고 했다. 그러면 그가 매우 좋아할 것이라고 생각했다. 그런데 김종의 답변은 너무도 의외였다.

"아니, 나는 이런 데 관심이 없고, 해야 할 다른 일들이 있어요. 아! 이런 걸 왜 해?"

이게 도대체 무슨 말인가? 체육 개혁의 가장 중요한 현안에 대해 왜 이런 일을 해야 하느냐고 말하는 것이 정부의 체육 책임자가 할 말인가? 결국 그들이 원하는 것은 체육 개혁이 아니라 정유라의 입시였고, 케이스포츠재단을 만들어 돈을 해먹겠다는 것이었다.

이후 김종은 최순실의 지시로 체육계를 농단하기 위해 우리나라 체육계의 주요단체를 접수하고 그 책임자를 모두 자신의 측근으로 앉혔다. '국민생활체육회', '국민체육진흥공단', '한국체육과학연구원'의 책임자를 자기 사람들로 임명하고 돈줄을 장악했다. 그 돈줄이 나중에 모두 최순실의 수중으로 들어가도록 체계를 정비하고 사람을 심었던 것이다.

김종이 차관으로 임명된 것은 그가 바로 스포츠마케팅 전공자였기 때문이다. 스포츠를 통해 돈을 버는 것을 전공한 이였으니 최순실이 원하는 가장 좋은 적임자였다. 김종은 차관 재직 내내 나를 적으로 생각하고 있었다. 그의 체육 개악을 내가 막았기 때문이다.

사실상 내가 막은 것은 그가 아니라 최순실이었다. 그러니 최순실은 나를 이 나라에서 없어져야 할 첫 번째 인물로 생각했을 것이다. 노승일 부장의 말에 따르면 최순실이 나를 저주하는 표현을 자주 썼다고 한다. 나중에 설명하겠지만 훗날 제20대 총선 때 새누리당 이한구 공천위원장이 반드시 낙선시켜야 할 야당 의원 다섯 명 가운데 하나로 나를 지목한 것은 곧 최순실의 적대감이 극도로 표출된 것이라고 본다.

최순실을 세상 밖으로

단 하나의 사건으로 인해 보이지 않는 권력 실세의 진실이 세상에 알려진 것은 아니다. 여러 가지 우연한 사건들이 필연으로 만나게 되고, 그 필연이 진실을 드러낸다. 정유라에서 시작된 최순실의 실체는 소치 올림픽에서도 우연히 찾을 수 있었다.

더불어민주당에서 문화 체육 분야는 교문위 붙박이인 내가 최고의 전문가다. 그래서 2014년 2월에 열린 소치 올림픽에 국회 대표로 나와 이에리사 의원이 참관자로 선정되었다. 우리는 비록 정당은 다르고 정치 지향도 달랐지만 체육계를 사랑하는 마음은 동일했다. 이에리사 의원은 그야말로 전설적인 인물이었다. 나는 새누리당과 정부의 체육 관련 정책의 상당수가 이에리사 의원에게서 나오는 것이라고 생각했다. 그러므로 이에리사 의원이 김종 차관과 자주 이야기를 나누고 그에게 정책을 제안할 것이라 생각했다.

그런데 이국땅인 러시아 소치에서 들은 이에리사 의원의 이야기는 전혀 달랐다. 김종 차관이 자신에게 전혀 의견을 묻지 않는다는 것이었다. 그는 김종에 대한 불만이 가득했다. 그렇다면 김종은 체육 개악을 위해 누구와 이야기를 하는 것일까? 결국 4대악 비리신고센터를 만들어 진정으로 체육 개혁을 주장하는 이들을 제거하는 이 세력은 바로 박원오에게 살생부를 만들게 한 장본인일 것이라는 확신이 들었다. 살생부에 나오는 이야기가 대통령의 국무회의 발언으로 토씨 하나 틀리지 않고 나오는 것은 보이지 않은 검은 손의 힘이 그만큼 큰 것이고, 그 힘이 그를 좌지우지한다는 의미였다.

이 검은손을 세상에 공개하는 것이 나의 임무라고 생각했다. 앞서 이야기했지만 나는 두려웠다. 권력의 실세와 맞붙는 것인데 어찌 내가 두렵지 않겠는가! 당시 나와 가까운 사람들이 갑자기 세무조사를 받기 시작했다. 보이지 않는 힘이 국세청을 움직이며 안민석 죽이기를 시작한 것이다. 체육 개악을 주도하는 권력을 세상에 드러낼 때 저 힘이 나를 죽이지 않을까 하는 생각에 자신을 돌아보았다. 내가 저들에게 털끝이라도 약점을 잡힐 만한 잘못이 있는가? 나의 아내가 나도 모르게 잘못된 언행과 비리를 저지르지는 않았을까? 나의 부모·형제들이 혹시 부정·비리에 연루되지 않았을까?

나는 참으로 많은 생각을 했다. 그리고 차분하고 세밀하게 주변을 살펴보았다. 그러고 나자 자신이 생겼다. 유학을 마치고 한국에 돌아와 연구원 생활과 대학 교수 생활, 그리고 국회의원이 된 후 지금까지 단 한 평의 땅도 사본 적이 없고, 단 한 건의 주식도 사본 적이 없었다. 나는 돈을 받지 않는 정치인으로 살기로 결심하고 그 일을 실천해왔다. 로비에 연루될 가능성을 차단하기 위해 정치하면서 골프채 한 번 잡지도 않았다. 아무도 믿지 않겠지만 나는 집 한 채 없는 여당 중진위원이다. 나를 털어도 먼지 날 것조차 없었다. 나의 아내도, 나의 부모·형제들도 어떤 비리에 연루되어 있지 않았다.

하지만 나도 자식을 키우는 사람이어서 자식 문제로 상대방에게 문제를 제기하는 것은 가급적 피하려고 했다. 자식이 무슨 죄가 있겠는가? 그러나 정유라의 입시부정을 위한 승마계의 살생부와 승부 조작은 차원이 다른 사건이었다. 왜냐하면 정유라의 부모가 바로 대통령의 최측근인 정윤회이고 최태민의 딸인 최순실이었기 때문이다. 이들은 대통령과 가장 가까운 권력의 정점에 있는 사람들이었다. 그래서 이들의 문제를 세상에 알려야 한다고 생각했다. 다만 이때까지만 해도 최순실의 존재보다는 정윤회의 존재가 더 무서운 세력이고 실제 박근혜를 조종하는 사람이라고 생각했다. 그러한 생각은 머지않아 깨졌다. 정윤회와 최순실의 이혼을 보면서 실제 주역은 최순실이었구나 하는 확신이 들었다.

나는 어떤 방식으로 정유라의 승마 특혜를 세상에 알릴지 고민하다가 대정부질문을 이용하기로 했다. 대정부질문은 면책특권이 있기 때문에 명예훼손이나 허위사실로 고발당할 우려는 없었다. 하지만 상주사건부터 이에리사 의원을 만나 이야기를 듣고 조사하면서 모아둔 퍼즐 중에서 혹시라도 사실과 다른 부분이 있다면 자기 딸을 명예훼손했다고 정윤회와 최순실이 나를 고소할 수 있고, 그렇게 된다면 일이 어그러질 수 있었다. 또 박근혜 정권의 사법부나 검찰에서 나를 얼마든지 엮을 수 있기 때문에 나에 대한 방어 차원에서 대정부질문을 선택한 것이다.

운명의 시간은 바로 임시국회 323회 대정부질문이 열린 2014년 4월 8일이었다. 처음에 나는 정홍원 국무총리에게 최순실 딸의 '승마 공주' 특혜 의혹을 질의했다. 정유라의 승마에 대해 어떤 표현을 쓸까 고민하다가 '승마 공주'란 단어를 생각했다. 예전에 이명박 전 대통령이 삼청공원에 있는 서울시 테니스장을 혼자 사용한 것을 두고 '황제 테니스'란 비유로 언론에 보도된 것이 떠올랐다. 그래서 정유라는 '승마 공주'란 단어로 비유한 것이다. 정홍원 총리는 전혀 모른다고 답변을 했다.

당시 문체부 유진룡 장관은 런던국제도서전 주빈국 행사에 참석하느라 영국 출장 중이어서 조현재 1차관이 대신 대정부질문 대상자로 나왔다. 나는 질의 전에 먼저 박원오가 작성한 살생부를 파워포인트 화면에 띄웠다. 모두 깜짝 놀라는 분위기였다. 나는 조현재 차관에게 정부가 부당한 정치적 압력을 체육단체에 가하는 것이 IOC 헌장 제27조 제6항에 위배된다는 사실을 알고 있냐고 질문했다. 조현재 차관은 정부가 체육단체에 부당한 압력을 가하는 것은 올바르지 않다고 했다. 그러면서 내가 문제 제기한 체육단체장들이 물러난 것은 정부가 압력을 가해서가 아니라 비리 때문이라고 못 박았다. 그는 그렇게 이야기할 수 밖에 없었을 것이다. 일단 조현재 차관을 들여보냈다.

다음 질문의 대상은 안전행정부 김병규 장관이었다. 나는 2013년 상주 승마경기대회 후 상주경찰서에서 왜 심판들을 조사했냐고 질문했다. 경찰 조사와 관련해서는 문체부의 영역이 아닌 안전행정부의 소관이었기 때문이다. 그러자 그는 전혀 보고를 받은 바 없다고 했다.

다시 조현재 차관을 불러 김연아 선수가 소치 올림픽에서 심판의 부당한 편파 점수로 심사를 받았다면 국제올림픽위원회에 제소를 해야 하느냐 아니면 인터폴에 해야 하느냐고 질문했다. 조현재 차관도 2006년과 2007년에 걸쳐 체육 국장을 했기 때문에 이런 문제를 누구보다도 잘 알고 있었다. 그는 일반적으로 국제올림픽위원회에 하는 것이 맞다고 대답했다. 나의 의도에 걸린 것이다. 나는 왜 상주 승마대회를 대한체육회에서 하지 않고 경찰에 조사를 맡기게 했냐고 물었다. 자신은 자세히 모르니 돌아가서 조사를 해보겠다는 너무도 뻔한 대답을 했다. 나는 좀더 공격적으로 질문했다. 이 질문은 더 무섭고 큰 질문을 위한 사전 준비였다.

"승마계에서는 이 일에 대해서 특정 선수를 비호하고 특정 선수에게 지속적으로 특혜를 주고 국가대표를 만들기 위해서 보이지 않는 검은손이 개입한 것이라는 의혹을 제기하고 있는데 이 보이지 않는 검은손이 누구인지 짐작이 가십니까?"

바로 정윤회와 최순실을 겨냥한 질문이었다. 이는 역린이었다. 박근혜에 대한 역린! 보이지 않는 손은 대통령일 수도 있고 정윤회일 수도 있고 최순실일 수도 있었다. 아니, 그들 모두가 한 몸이었으니 결국 그들 전체에 대한 역린이었다.

그러자 조 차관은 전혀 모른다고 대답했다. 나는 2013년 8월 말~9월 초 일주일 사이에 체육정책의 핵심 3인방이었던 청와대 서미경 문화체육비서관, 문체부 노태강 국장, 진재수 과장이 잇따라 전격 경질된 것은 보이지 않는 검은손이 작용한 게 아니냐고 물었다. 조현재 차관은 이 물음에 답할 수 없었다. 그도 그들이 얼마나 무서운 존재인지 알고 있었기 때문이다. 나는 다시 파워포인트를 띄우며 살생부에 나오는 명단과 문체부의 감사로 인해 사퇴한 체육계 인사들의 명단이 동일하다는 것을 보여주며 검은손의 실체를 말하라고 다그쳤다.

그리고 마지막으로 내 인생의 가장 중요한 변곡점이 되는 질문을 했다. 이 질문으로 인해 나와 최순실의 싸움이 본격적으로 시작되었다.

"상주사건의 문제가 된 인물인 정 아무개 선수는 대통령의 최측근이라고 불리는 정윤회 씨의 딸입니다. 어머니는 최태민 목사의 다섯째 딸 최순실 씨입니다. 지난 1년간 한 선수를 위한, 한 선수의 부모에 의한, 그래서 승마협회가 쑥대밭이 됐다는 것이 승마인들의 일치된 의견입니다. 어떻게 생각하십니까?"

이 질문으로 나는 세상 사람들에게 정유라, 정윤회, 최순실의 존재를 드러냈다. 향후 헌정 사상 최초로 대통령 파면에 이르게 한 시발점이 된 엄청난 발언이었다. 이것은 우리 역사의 흐름을 바꾼 결정적 사건이었다. 그 발언 이후 나는 고통 속으로 빠져들어갔다. 세상을 쥐고 흔드는 최고 권력의 역린을 건드렸기 때문이다.

승마 공주를 보호하라

2017년 1월 23일, 나는 페이스북에 하나의 글을 올렸다.

> 박근혜 대통령에게 '나쁜 사람'으로 지목되었으나 기분이 나쁘
> 지 않다. 가소롭다. 정유라를 도와주라고 지시한 대통령이야말
> 로 '나쁜 대통령'이다. 최순실과 한 몸인 '역대급 나쁜 대통령'이
> 다. 저는 더 욕먹도록 노력하겠습니다. 다만 제가 국민들에게는
> 좋은 사람이기를 바랍니다.

이 글을 올린 이유는 바로 김종 차관이 이날 헌법재판소에서
열린 박근혜 대통령의 탄핵 심판 사건 8차 변론에서 "2015년 1
월 박 대통령을 한 차례 만났는데 그 자리에서 대통령이 정유라

같은 유망주의 기를 죽이는 안민석 의원은 나쁜 사람이라고 말했다"고 폭로했기 때문이다. 박근혜에게 나는 나쁜 사람이었다. 이 소리를 들으며 박근혜와 최순실이 얼마나 나를 미워했는지를 알 수 있었다.

2014년 당시 나의 대정부질문은 지금 보면 역린을 건드린 엄청난 것이었지만 당시 여야를 막론하고 국회의원들이나 정부관계자들이 볼 때는 아주 터무니없고 이상한 의혹을 제기한 것으로 비춰질 수 있었다. 그래서 그날 대정부질문 때도 새누리당 의원들은 야유하고 야당 의원들도 아주 냉소적이었다. 나와 가깝게 지내는 한 의원은 "안민석 의원 너 왜 그래?"라고 핀잔을 주기도 했다.

그런데 며칠 뒤에 이상한 일이 발생했다. 3일 뒤에 문체부를 대상으로 하는 상임위가 개최되었다. 그때는 유진룡 장관이 출석했다. 그리고 새누리당 김장실 의원이 첫 포문을 열었다. 그는 대한장애인농구협회장을 역임하기도 했기에, 크게는 체육계 인물이라고 볼 수도 있었다. 그는 유진룡 장관을 대상으로 나의 문제 제기가 타당하냐고 질의했다. 당연히 유 장관은 아니라고 했다. 짜고 치는 질문과 대답이었다. 결국 김장실 의원은 내가 거짓된 내용으로 질의한 것이라며 유 장관을 옹호하는 것으로 끝났다. 내가 다시 유 장관을 상대로 정유라의 문제점을 이야기하자 갑자기 이에리사 의원이 방해하며 나를 공격했다.

당시 이에리사 의원은 나의 정유라 특혜 의혹 제기에 "이 선수의 장래를 우리가 어떻게 책임질 거냐. 그 점에서 너무 애석하고, 그 선수의 명예나 그 선수의 장래를 누가 책임질 거냐"라고 하면서 나를 거의 파렴치범으로 몰아갔다. 박인숙, 강은희 의원도 정유라를 비호하는 발언을 했다. 이에 대해 유진룡 장관은 내가 지나치게 사실을 과장하고 있으며, 허위 정보가 많다고 답변했다. 유 장관은 당시 모든 것을 다 알고 있었음에도 이렇게 거짓 답변을 한 것이다.

물론 그럴 수밖에 없는 현실이었음을 충분히 이해한다. 김희정 의원 역시 "오히려 장려해야 될 선수를 이 정치권에서 이른바 불공정한 세력과 결탁해서 괜찮은 유망주를 죽이는 일을 하고 있지 않은가, 저는 그런 걱정마저 든다"며 "어린 선수이지 않나? 아주 오랫동안 훌륭하게 커왔더라. 보호해야 된다"며 정유라를 감쌌다. 김 의원은 석 달 후 여성가족부 장관으로 발탁되었다. 이날 나를 공격하고 정유라를 비호한 의원들은 모두 승승장구했고, 김희정 의원의 뒤를 이어 강은희 의원도 여성가족부 장관이 되었다. 물론 최순실의 진실이 밝혀지고 나서 강은희 장관은 나중에 국민 여러분께 대단히 죄송하게 생각한다며 공개 사과하기도 했다.

그때 나는 새누리당 의원들이 모두 나를 공격하는 것을 보며 이것은 마치 김정일의 아들 김정은을 보호하기 위해 옹호하는 수준의 발언이라고 생각했다. 어떻게 여당 의원들이 저럴까라는 생각을 하며 새누리당 의원들도 비선실세의 눈치를 본 것이라고 생각했다. 국회의원들까지 그들 손바닥 안에 있다면 이 나라는 끝난 것이나 마찬가지였다. 여당 의원들의 벌 떼 같은 공격을 야당 의원들 역시 속수무책으로 지켜볼 뿐 윤관석 의원 말고는 강 건너 불 구경하듯 했다. 나는 외톨이 신세가 되었다.

새누리당 의원들의 공격이 있은 지 3일 뒤인 4월 14일에 김종 차관이 서울종합청사에서 직접 나의 대정부질문에 대한 반박 기자회견을 열었다. 보통 대정부질문에서 발언이 세다고 하더라도 정부가 그에 대한 반박 기자회견을 하는 것은 있을 수 있는 일이 아니었다. 그런데 어찌 보면 문체부를 상대로 하는 대정부질문에서 그리 큰 질의가 아닐 수 있는 일인데, 김종 차관이 나서서 반박 기자회견까지 하는 상황을 보며, 오히려 나는 이 사건을 더욱 확신하게 되었다.

김종은 "대한승마협회의 일부 관계자가 정치권 등을 통해 제기한 시·도 승마협회장 사퇴 압력, 특정 선수 특혜 논란은 근거 없는 의혹 제기"라고 반박했다. 그리고 총 13쪽이나 되는 엄청난 분량의 보도자료를 돌렸다. 그는 이 기자회견에서 정유라를 두둔하는 발언을 했다. 그는 "논란이 제기된 정 모 선수는 초등학교 4학년인 2006년부터 정식 선수로 등록해 매년 꾸준히 대회에 참가, 수많은 경기에서 1위를 한 경력 등 독보적인 실력을 보유하고 있다는 평가를 받고 있다"고 말했다. 여기에 더해 정유라의 국가대표 선발도 전혀 문제가 없었다는 것이다.

이 기자회견만 보면 내가 죽일 놈이었다. 전혀 문제가 없는 선수를 승부조작을 통해 1등이 되려고 한 도덕적 파렴치범으로 만든 꼴이 되었으니 말이다. 그런데 곰곰이 생각해보면 이는 도저히 있을 수가 없는 일이었다. 만약 국회의원이 국회 일정에 따른 정기회의든 임시회의든 대정부질문에서 오해될 만한 발언을 했다고 해도, 정부가 기자회견을 해서 반박하지는 않는다. 그런데 일개 고등학교 승마선수의 성적 조작 의혹에 대한 질의 때문에 김종이 직접 해명에 나선 것은 매우 이례적인 것이고, 이는 누군가의 지시가 없으면 있을 수 없는 일이었다. 더구나 당시 조현재 차관의 이야기를 들어보니 유진룡 장관이 김종에게 기자회견을 하지 말라고 말렸는데 유 장관의 말을 듣지 않고 김종이 독단적으로 기자회견을 했다는 것이다. 이 기자회견으로 유진룡 장관과 김종 차관은 사이가 틀어졌다고 한다.

나는 이 지시를 누가 했을 것인지 생각했다. 나와 김종이 체육개혁에 대해 인식을 달리하고 있어도 최소한 그가 나를 이렇게 공격할 수는 없었다. 나는 과거에 그와 여러 차례 세미나를 같이했다. 당시 국내에 스포츠마케팅을 전공하고 온 교수가 김종뿐이어서 나는 김종을 단골 패널로 불렀다. 그래서 그와 자주 만났고, 그런 인연으로 아주 각별하지는 않지만 서로 척을 지고 사는 사이는 아니었다. 물론 박근혜 정부가 들어선 이후 김종이 차관이 되고 나서 나와 적대적으로 돌아섰지만, 그래도 이 정도의 발언으로 나를 공격하지는 않을 것이라고 생각했다. 그런데 그의 기자회견 내용은 강도가 높았다.

나는 김종의 기자회견 직후 곧바로 반박 기자회견을 열었다. 그가 한 기자회견의 문제점을 하나하나 지적하고 나의 문제 제기가 올바르다는 것을 다시 강조했다. 사실 김종의 기자회견 내용은 수준이 낮았다. 그 정도의 내용으로 나를 공격할 수 없었다.

나는 여러 곳을 통해 4월 11일 상임위 사건과 4월 14일 김종의 기자회견의 배후조종자가 누구인가를 찾았으나 청와대라는 심증만 있을 뿐 밝히지 못한 채 넘어갔다. 그러나 이번 특검에서 김종은 김기춘 전 청와대 비서실장의 지시가 있었다고 자백했다. 김기춘이 김종에게 지시해서 나를 궁지에 몰아넣으라고 했던 것이다. 김기춘이 아니고는 그런 공작을 할 사람이 없었다. 그가 체육계를 장악하고자 한 것은 당연히 박근혜와 최순실의 지시가 있어서였다.

이들이 한 일을 보면 이해된다. 노태강 국장을 경질하고 난 후 문체부는 새로운 체육 국장을 임명해야 했다. 김종은 자신의 말을 잘 듣고 최순실의 지시대로 이행할 사람을 물색했던 것 같다. 딱 한 명이 있었는데 그가 바로 우상일이었다. 우상일은 2014년 12월 5일 교육문화체육관광위원회 전체회의에서 김종에게 "여야 싸움으로 몰고 가야"란 메모로 논란을 일으킨 인물이다.

우상일은 김종의 한양대학교 박사 과정 제자로 당시 미국에서 연수 중이었다. 행정고시 출신들은 어느 정도 승진하면 대부분 외국으로 연수를 가서 석사 학위나 박사학위를 따온다. 나랏

돈으로 몇 년간 연수라는 명목으로 가족들을 데리고 가서 쉬기도 하고 공부도 한다. 9급이나 7급 출신 공무원들은 꿈도 못 꾸는 일이다. 우상일이 미국 연수를 하고 있었기 때문에 김종은 그를 데려다가 체육 국장을 시킬 수 없었다. 유진룡 장관도 이에 반대했다. 그럼에도 김종은 행자부 장관에게 우상일을 데려올 수 있는지 자문했다. 당시 행자부 유정복 장관도 유진룡 장관에게 반대 의견을 냈다. 그러면 전체 공직자들의 교육과 연수의 틀이 깨진다는 것 때문이다. 그리고 그 체육 국장 자리는 꼭 우상일이 아니어도 상관없는 일이었다. 그러나 김종은 우상일이 필요했다. 우상일만큼 최순실의 뜻을 이행할 만한 사람이 없기 때문이었다.

김종은 유진룡 몰래 김기춘에게 도움을 청했다. 김기춘은 박근혜, 최순실과 한 몸이었기 때문이다. 김종의 부탁을 받은 김기춘은 유진룡 장관에게 우상일을 귀국하도록 종용하는 전례 없는 일을 만들어 우상일의 연수를 중단하게 하고 체육 국장으로 발령을 냈다. 미국 연수 중인 우상일이 문체부의 핵심보직인 체육 국장이 된 것은 해방 이후 행정 역사상 처음 있는 일이었다. 우상일은 나중에 국회에서의 메모 사건으로 보직을 변경했는데, 기가 막히게도 예술정책관이 되어 박근혜 탄핵의 핵심 사안이자 김기춘과 조윤선 전 문체부 장관을 구속하게 했던 블랙리스트의 실무책임자가 되었다.

어쨌든 이 사건으로 유진룡과 김종은 돌아올 수 없는 강을 건

넜다. 그들 중 누군가는 그만 두어야 했다. 그렇다면 누가 그만 두어야 했을까? 당연히 차관이 그만두어야 했던 것이다. 그러나 그만둔 인물은 유진룡이었다. 얼마 지나지 않아 그는 박근혜에게 해임당했다. 김기춘이 유진룡을 그만두게 한 것이다. 결국 승마 공주를 보호한 가장 핵심적인 인물은 김기춘이었고, 그는 나를 공격하는 데 자신의 힘을 쏟아 부었다.

그러나 전혀 뜻밖의 사건으로 정유라와 최순실은 세상 사람들로부터 잊히게 되었다. 나 역시 그들을 신경 쓰지 못했다. 곧바로 세월호 침몰 사건이 터졌기 때문이다. 너무도 가슴 아픈 현대사의 한 장면이 우리를 기다리고 있었다.

세월호가 살린 승마 공주

2014년 6월, 정유라는 아시아 경기 대회 승마 부문 국가대표가 되었다. 최순실의 지시에 의해 박원오가 준비한 시나리오 대로 정유라는 국가대표가 된 것이다. 그리고 아시아 경기 대회에서 입상을 하고, 그 결과로 자신들이 원하는 대학으로 진학할 수 있는 준비를 완료했다.

그런데 여기서 문제가 생겼다. 자신들의 계획에 전혀 없던 나의 대정부질문 때문이었다. 내가 정유라를 거론하고 그의 부모인 정윤회와 최순실의 존재를 꺼낸 것이다. 그래서 김기춘의 지시로 여당 국회의원들은 벌 떼같이 달려들어 나를 공격하고, 문체부는 나의 대정부질문이 허구라고 반박 기자회견을 했다. 이에리사 의원은 정유라의 어린 시절 성적을 파워포인트로 설명하며 천재적인 선수라고 추켜세우기까지 했다.

그러면서도 이들은 너무도 걱정되었을 것이다. 아무리 자신들이 정유라를 치켜세우고 안민석이 거짓말을 했다고 주장해도 내가 공격적으로 나오면서 실제 자료를 더 구체적으로 들이대면 복잡한 문제가 생길 수 있기 때문이었다. 그런데 갑자기이들의 악행을 구제하는 참사가 발생했다. 바로 세월호가 침몰한 것이다.

나는 4월 14일 김종의 기자회견에 대한 반박 기자회견을 하고 이들과 일대 전쟁을 준비했다. 내가 국회의원을 하는 이유는올바른 정의를 세우고자 하는 고전적 정치인이 되고 싶어서였다. 공자는 "정政은 정正이다"라고 말씀하셨다. 즉, 정치란 바른것으로 바른 사회를 만들기 위해 바르게 행동하고 실천하라는것이다. 나는 동양고전을 깊이 공부하지는 않았지만 그래도 공자의 이 말은 늘 마음에 새기고 있었다. 그래서 나의 보좌진들과 정유라의 승마 공주 문제, 정윤회와 최순실의 승마협회 장악을 구체적으로 조사하기로 하고 준비 작업에 들어가고 있었다. 정유라의 승부조작을 공개적으로 드러내 체육계의 정의를 세우고자 한 것이다. 이것이 바로 정의로운 정치라고 생각했기 때문이다.

그런데 이틀 뒤인 4월 16일, 한국 현대사에서 가장 큰 비극중의 하나인 세월호 침몰 사건이 터지고 말았다. 이 사건으로인해 나의 상주사건 재조사와 김종의 체육계 개악에 대한 조사를 더는 할 수 없었다. 당시에는 그 일을 할 수 있는 분위기가 아니었다. 일각에서는 세월호 침몰 사건에 대한 여러 이야기가 존재하지만 아직은 정확히 알 수 없는 일이기에 세월호에 대한 진실은 이야기할 수 없다. 하지만 딱 한 가지 이야기는 할 수 있다. 세월호 사건으로 승마 공주 정유라는 살아난 것이다. 만약 세월호 사건이 없었다면 나의 끈질긴 공격으로 정유라의 실체가 밝혀졌을 테고 그녀의 국가대표 선발은 어려웠을 것이다. 물론 박근혜와 최순실이 어떤 방법으로든 정유라를 국가대표로 만들 수 있었겠지만, 모든 국민들이 그 실체를 좀더 빨리 알게 되었을 것이다.

참으로 기가 막힌 것은 세월호 참사 다음 날 김종의 행동이었다. 기본적으로 김종은 교육자라고 할 수 없다. 대학교수직의 영구제명이 있다면 김종을 반드시 영구제명시켜야 한다. 세월호 사건 다음 날, 학생들의 비극은 염두에 두지 않고 오로지 정유라를 국가대표로 만들어 대학에 보내는 일에만 정신이 팔려 있었기 때문이다.

김종은 세월호 참사 이틀 전인 4월 14일 나의 대정부질문에 대한 반박 기자회견을 마치고 YTN 기자를 따로 만나 승마계 비리에 얽힌 문건을 은밀히 건넸다. 김종은 제보 문건을 기자에게 내밀면서 스포츠 4대악 신고센터에 접수된 승마 국제심판을 역임하고 있는 한양대학교 김동환 교수에 관한 추문이라고 했다. 김동환 교수는 승마협회 임원으로 정유라의 국가대표 선발

과정에서 원칙을 강조했던 인물이었다. 김종은 정유라의 국가 대표 선발을 위해서 YTN을 이용해 원칙을 강조하는 김 교수를 비리의 당사자로 몰고 가려고 한 것이다. 더구나 그는 국제적으로 저명한 국제심판에다가 자신과 같은 한양대학교 교수였다. 그가 비리가 없는 사람이라는 것을 관계자들은 너무도 잘 알고 있었다.

김 교수는 매우 강직한 사람이었다. 그러니 김동환을 제거하는 것이 그들에게는 중요했다. 만약 아시아 경기 대회 승마 국가대표 선발전에 김 교수가 심판으로 배정된다면 정유라의 국가대표 선발은 어려워질 가능성이 있기 때문에 그를 비리로 몰아 심판 배정을 못 받게 하려고 했던 것이다.

이렇게 교활한 김종은 4월 16일 세월호의 참사를 목도하고도 다음 날 YTN 기자들에게 세월호만 보도하지 말고, 승마계 비리를 취재하고 체육 개혁에 대해 보도하라고 이야기했다. 이게 말이 되는가? 여기에 더해 김종은 4월 25일 YTN 취재진에게 "세월호에 빠지지 말고 승마 빨리빨리 하란 말이야"라고 말했다. 이에 취재진이 김동환 교수가 체육계에서 인정받는 인물이라고 하자, "양아치야, 양아치야"라며 김 교수를 비하했다. 그러면서 김종은 "대통령께서 세월호 사건이 일어난 다음 날, 체육 개혁 확실히 하라고 명령이 내려왔다. 24시간 그 얘기(세월호 참사)만 하나. 정책도 챙겨야지"라고 승마계 비리 조사가 박근혜의 뜻임을 거듭 강조했다.

김종에게 세월호 방송만 하지 말고 체육 관련 뉴스를 방송해서 세월호를 희석시키라고 지시한 자는 바로 김기춘으로 짐작된다. 김기춘은 세월호 참사 직후 김종에게 YTN에 김동환 교수의 비리를 조사하게 하고 체육 개혁을 보도하게 하라고 지시했다. 이 사실은 계속 숨겨져 있다가 지난 특검의 조사 과정에서 김종이 이야기한 것이다. 김종은 자신이 살기 위해 진실을 털어놓은 것이다. 비록 진실을 이야기했다 하더라도 이들은 용서의 대상이 아니다.

짐승도 자기 자식이 다치면 슬퍼하는데 이들은 국민이 자신들의 자식임에도 이를 가슴 아파하지 않고 오로지 정유라의 대학 입시에만 매달려 있었다. 이들은 그야말로 미친 인간들이다. 이런 미친 인간들이 이 나라의 국정을 담당했으니 나라가 엉망이 될 수밖에 없었다.

나는 국회의원으로서 세월호의 비극을 조사하는 데 최선의 노력을 다하면서 한편으로 아시아 경기 대회 승마 국가대표 선발 과정을 유심히 지켜보았다. 예상대로 정유라는 4등으로 국가대표가 되었고, 김동환 교수의 제자인 한양대학교 김혁은 탈락해 비운의 선수가 되었다.

세월호 참사 이후 두 달 만인 6월에 승마 마장마술 국가대표 선발대회가 3일 동안 진행되었다. 정유라는 첫날과 둘째 날 점수는 낮았는데 마지막 날 다른 선수들보다 훨씬 높은 점수를 받아 국가대표 4위로 선발되었다. 최순실의 지시로 박원오가 새로 선출한 이사들이 외국 심판을 배정했지만 실력과 무관하게 정유라는 국가대표가 될 수 있었던 것이다. 이는 말도 안 되는 성적 조작이다. 자신들이 스포츠 4대악 중 하나인 승부조작을 근절한다고 해놓고 버젓이 성적을 조작한 것이다.

당시 경기를 지켜보던 선수들 부모와 승마인들 사이에서 해도 해도 너무한다는 이야기가 끊이지 않았다. 나는 2017년 가을 스페인 국제심판에게 당시 정유라의 국가대표 선발 과정 영상을 보여주었다. 그는 한마디로 도저히 있을 수 없는 심사라고 단정했다. 너무도 부끄럽고 분노가 치밀었다.

최순실과 정유라는 세월호 참사로 모든 것이 묻혔기 때문에 원하는 대로 대학입시를 준비했다. 나는 정유라가 어느 대학에 수시 원서를 넣는지 주시했다. 내가 파악한 대학은 고려대학교, 이화여자대학교, 중앙대학교, 한국체육대학교였다. 정유라는 한국체육대학교는 애초에 가지 않겠다고 했다고 한다. 정유라 측은 서정균 코치를 통해 고려대학교에 체육특기생으로 받아줄 수 있겠냐고 타진했는데 고려대학교에서 마장마술 선수는 뽑지 않는다고 통보했다. 마장마술은 말이 중심이 되어 하는 경기이기 때문에 체육특기자로 선발하지 않는다는 것이다. 중앙대학교는 아시아 경기 대회에서 딴 금메달은 수시 접수 이후에 딴 것이기 때문에 규정상 점수에 추가할 수 없다고 하여 정유라를 탈락시켰다. 만약 정유라를 뽑았으면 중앙대학교도 입시부정에 연루되었을 것이다.

사실 나는 정유라가 중앙대학교와 이화여자대학교에 원서를 넣는다는 소식을 듣고 두 대학 측에 원서 접수 다음에 아시아 경기 대회에서 딴 메달을 평가 점수에 넣으면 입시부정이라고 경고했다. 만약 불공정하게 합격을 시킨다면 이번 입시부정은 정권이 바뀌고 난 다음 큰 문제가 되어 탈이 날 수 있다고 경고했다. 그 대상자가 4월 8일 대정부질문에서 이야기한 비선실세 정윤회, 최순실의 딸이기 때문이라는 말도 추가로 더 이야기해 줬다.

중앙대학교는 나의 이야기의 심각성을 받아들였고 이화여자 대학교는 무시했다. 정유라는 최경희 총장과 김경숙 체육대학 장을 비롯한 이화여자대학교 교수진의 조직적인 지원 아래 이화여자대학교에 합격했다. 나의 문제 제기로 정유라의 이화여 자대학교 입시는 입시부정으로 결정이 나서 입학 자체가 취소 되었지만 지금까지도 이화여자대학교 입시부정의 주범은 끝내 드러나지 않고 있다.

세월호 참사로 온 나라의 국민들이 슬픔에 빠져 있는데, 박근 혜와 최순실은 오로지 정유라를 이화여자대학교에 입학시키기 위한 생각만 했다. 이를 위해 언론을 주무르고 엄청난 공권력을 동원했다. 그리고 이는 인간에 대한 예의가 아니다.

그러나 하늘은 절대 이러한 악인들을 용서하지 않는다. 정유 라와 최순실이 독일에 가서 희희낙락하며 엄청난 국정농단을 하는 동안, 하늘은 나에게 이들을 잡으라는 명령을 내렸다. 그

들은 전혀 모르고 있었지만 말이다. 하늘의 명령은 세월호 참사
의 진실을 규명하고, 국정농단의 진실을 추적하라는 것이었다.

제2부

어둠은 빛을 이길 수 없다

_ 아이스크림 가게에서 찾은 최순실 모녀

대통령의 '나쁜 사람' 안민석을 낙선시켜라

세월호는 최순실 모녀의 모든 것을 묻어버렸다. 아니 그럴 수밖에 없었다. 그러는 사이 정유연은 정유라로 이름을 바꿨다. 이름을 바꾸고 얼굴을 성형하여 신분을 감추려고 하는 것이 최 씨 일가와 관련된 사람들의 공통점이다. 그러나 이때까지 나는 정유연이 이름을 바꾼 게 정유라임을 알지 못했다.

민주당 의원으로서 세월호 진상 규명을 위한 노력에 전력을 기울이다 보니 최순실 모녀를 찾는 일에 집중할 수 없었지만 그 와중에도 정유라의 근황을 찾기 위한 추적을 계속하고 있었다. 최순실이 이화여자대학교 입학, 학사비리 재판에 출석해서 나를 두고 "(내 딸을) 아주 졸졸 거의 따라다녔다. 거의 목숨을 건 것 같았다. 국회의원 일은 안 하고……"라고 발언할 정도였다.

정유라가 2015년 이화여자대학교에 입학했지만 당시 임신 중이어서 학교에 나가지 않은 사실은 알고 있었다. 이 이야기는 차후에 하도록 하겠다. 정유라가 학교에 없는 것은 거의 확실했다. 그래서 최순실의 승마계 아바타인 박원오에게 정유라의 소재를 물어보기 위해 2015년 5월 그를 다시 만났다. 박원오는 여전히 능구렁이였다. 박원오는 정유라가 어디에 있는지 전혀 모른다고 딱 잡아뗐다. 그는 정유라가 독일행을 준비하는 것을 뻔히 알고도 나에게 알려주지 않았다. 지금쯤이면 분명히 정유라가 아기를 낳았을 텐데 도대체 어디로 간 것일까 궁금해하다가 제20대 국회의원 선거 준비를 하게 되었다.

사실 나는 국회의원을 할 생각이 있던 사람은 아니었다. 대학 교수를 하며 평생 시민운동만 하려고 했다. 서울대학교 사범대학을 졸업한 후 학생운동 전력으로 미발령 상태로 있었다. 그러다가 1987년 항쟁 후 6·29 선언 덕분에 발령을 받고 중학교 교사로 재직하다 사직하고 비행기 표 한 장 달랑 들고 미국으로 유학을 갔다. 온갖 고생을 다하며 일리노이 대학교에서 석사를 하고 좀더 전문적으로 공부를 하기 위해 노던콜로라도 대학교에 진학해 교육학 박사 학위를 받았다. 그리고 한국으로 돌아와 연구원 생활을 하다가 중앙대학교 교수가 되었다.

처음 한국으로 돌아와 어린 시절부터 성장한 오산에 정착해야 한다고 생각하고, 오산에서 태릉의 연구원으로 출퇴근하는 일을 마다하지 않았다. 출퇴근은 너무 힘들었지만 오산은 나에게 어머니의 품과도 같았다. 나는 대학 시절 오산의 친구, 선후배들과 모임을 만들어 민주화 운동에 참여하고 지역 발전에 기여할 수 있는 모임을 만들었다. 중앙대학교 교수가 된 후, 시민 운동을 다시 시작하기 위해 2000년 화성·오산 환경운동연합을 만들었다. 환경에 대한 나의 관심은 매우 컸다. 그래서 '화성·오산 환경운동연합' 운영위원장을 맡아 활동하다가 2002년 노무현 후보를 지키기 위해 유시민·김두관·문성근 등 선배들과 개혁당 활동을 했던 것이 계기가 되어 제17대 국회의원 선거에 출마하기에 이르렀으니, 나야말로 노무현 때문에 정치에 발을 디딘 원조 친노인 셈이다.

국회의원을 하다 보니 이 자리가 정말 중요하다는 생각이 들었다. 지금도 내가 연속 4선 의원으로서 중요한 당직을 맡지 못하고 있는 것은 처음 국회의원이 되었을 때, 유력한 국회의원에게 줄서기를 하거나 계파정치를 하지 않겠다는 다짐의 자업자득이다. 나는 당 사무총장이나 최고위원 한 번 못했지만 단 한 번도 후회한 적은 없었다. 대신 국회의원이 올바른 생각을 하면 국가를 위해 정의로운 일을 할 수 있다는 확고한 신념을 갖게 되었다. 그래서 제20대 국회에서도 세월호 진상 규명을 방해하고 국정을 농단하는 최순실을 비롯한 보이지 않는 검은손의 실체를 찾아내기 위해 반드시 국회의원에 당선되어야 한다고 생각하고, 2015년 가을부터 선거 준비에 들어갔다.

그런데 문제가 생기기 시작했다. 나와 같이 민주당에서 시의원 활동했던 C 의원이 총선을 앞두고 나를 불법 정치자금 건으로 고발한 것이다. 내가 오산 시장과 시도의원들에게 정기적으로 비자금을 상납받아서, 사적으로 썼다는 주장이었다. 나를 너무 잘 알고 있던 그가 이런 황당한 사건을 만들어 고발했다니, 기가 막힐 노릇이었다. C 의원은 시의원 시절 음주 운전과 해당 행위로 인해 제명되었는데, 그 앙갚음 때문인지 몰라도 말도 안 되는 허위 사건으로 나를 고발한 것이다.

더 나아가 그는 이 사건을 수원지검이 아닌 서울중앙지검에 고발했다. 당시 서울중앙지검은 악질 정치 검사의 대명사인 우병우와 관련이 있었다. 그런데 더 놀라운 것은 나를 고발한 사건이 서울중앙지검에 접수되자마자 종편 방송에서 하루 종일 방송을 하는 것이었다. 고발 접수만 된 것을 가지고 하루 종일 방송을 하니 오산 시민들은 모두 안민석도 돈을 받았구나 하고 생각하게 된 것이다. 다음 날 모든 일간지에도 내가 정치 자금을 받은 것처럼 기사가 나왔다. 새누리당 이권재 지역위원장을 비롯한 시의원들은 오산 시청에서 기자회견을 하며 나를 구속하라고 주장했다. 이후 나는 졸지에 불법 정치 자금을 받은 부정부패 정치인으로 몰리게 되었다.

이렇게 선거 6개월을 앞두고 날벼락을 맞았다. 나의 정치적 자산은 돈 안 받는 청렴한 국회의원이란 깨끗한 이미지였는데, 이런 말도 안 되는 모략으로 한순간 나는 돈을 받은 파렴치한이 되어버렸다. C 의원은 자신의 차량에 안민석을 구속하라고

써 붙이고 오산 구석구석을 돌아다녔다. 일요일에는 내가 다니는 교회 앞에서도 나를 구속하라고 시위했다. 당시 나는 국회에서 가장 중요한 역할을 하는 예산결산위원회 민주당 간사였다. 2016년의 정부가 편성한 모든 예산을 심의하는 국회 예결위는 막강한 자리였다. 그 일 때문에 나는 법무부 장관과 차관을 자주 만났다. 법무부 장관에게도 나의 억울함을 주장하면서 빨리 수사를 해달라고 요청했다.

그럼에도 검찰은 나를 조사하지 않고 선거 때까지 변죽만 울렸다. 민주당 시도의원들과 고발장에 나와 있는 오산의 선후배들 열 명 정도만 검찰이 불러 조사를 했다. 당시 법사위원장은 나와 각별한 사이인 이상민 의원이었는데, 나는 이상민 의원에게도 빨리 조사해서 선거 전에 종결하도록 해달라고 요청했다. 이상민 의원도 이 사건이 무죄든 유죄든 빨리 수사를 해달라고 법무부 장관에게 요청했다. 그는 나를 빨리 수사해서 범죄 사실이 있으면 기소하고, 범죄 사실이 없으면 무혐의 처분을 해달라고 했다. 언론에서는 내가 정말 돈을 받은 것처럼 계속 보도했다. 얼마 뒤 이상민 의원이 내게 연락해 지금 검찰에서 안 의원을 수사하지 않는 것은 혹시 청와대 우병우가 수사하지 말라고 해서 움직이지 않는 게 아닐까 하고 말했다. 그때 나는 우병우란 사람이 얼마나 대단한 존재인지 알게 되었다. 우병우는 나와 전혀 상관 없는 사람인데 왜 이렇게까지 하는 것일까 생각했다.

나는 내 사건을 우병우의 절대적인 영향력 아래 있는 서울중앙지검에서 나의 주소지 관할인 수원지검으로 이첩해달라고 요청했다. 이러한 요청은 너무도 합리적인 것이기에 바로 이첩해주어야 마땅했다. 그런데도 서울중앙지검에서는 요지부동이었다. 그래서 이상민 법사위원장이 강력하게 요청해 상식적으로 도저히 납득되지 않지만 무려 두 달 만에 수원지검으로 이첩되었다. 그리고 그들은 나를 제외하고 고발장에 있는 모든 사람들을 조사했다. 하지만 아무리 조사해도 나에게 죄가 없다는 증거만 나왔다. 어느 누구도 내게 돈을 준 사실이 없으니 이 사건은 애초부터 의도된 것이었음을 검찰도 판단하게 되었다. 그래서 더더욱 나를 선거 전에 부르지 않았던 것이다. 당사자인 나를 조사하지 않은 것은 선거에 영향을 주기 위해서였다. 다행히 선거가 끝나고 무혐의로 최종 종결되었다. 진실이 밝혀진 것이다. 하지만 나는 고발로 인해 오산 시장과 오산시 시도의원에게 돈을 받았다는 누명을 쓰고 선거 기간 내내 시달렸다. 시민들도 "안민석은 깨끗한 줄 알았는데, 안민석도 돈을 받았어?"라며 실망과 우려의 이야기를 했다. 내 정치 인생의 선거 중 제20대 국회의원 선거는 최악의 선거가 되었다.

선거와 관련해서 나를 당혹스럽게 만든 특별한 사건이 하나 더 있었다. 그것은 2016년 3월 초 선거를 한 달 정도 앞둔 시점에서 새누리당 이한구 공천심사위원장이 지난 몇 년 동안 계속 국정의 발목만 잡고 민생을 외면했던 야당 의원들을 이번에 꼭 낙선시켜야 한다며 그 명단을 발표했는데, 여기에 내가 포함되

었다. 새누리당이 반드시 낙선시켜야 한다고 발표한 국회의원
은 박영선·이종걸·정청래·이해찬·안민석이었다. 나는 웃음이
나왔고, 너무 황당했다. 박영선·이종걸·이해찬은 새누리당이
껄끄러워할 만한 거물 정치인이고, 정청래 의원도 새누리당에
공격을 많이 하는 사람이니 그렇다 하더라도, 나는 솔직히 그럴
만한 반열에 드는 의원인지 알 수 없었다. 당시 이한구 공천심
사위원장은 나의 지역구에 '자객'을 보내 반드시 나를 낙선시키
겠다고 했다.

그런데 정말 이상한 점은 이한구 의원은 나를 잘 모른다는 것
이다. 물론 나의 이름은 알 수 있었겠지만 대면해서 인사를 나
눈 적도 없었다. 그런 사람이 어떻게 나를 반드시 낙선시켜야
한다고 기자회견을 했을까? 당시 이한구는 박근혜의 밀명을 받
은 공천심사위원장이었다. 그러니 선거 후 새누리당이 개혁한
다고 나설 때 제일 먼저 제명된 인물이기도 했다.

그가 나를 공격하는 이유는 청와대에 있는 박근혜 대통령 때
문일텐데, 그렇다면 박근혜는 왜 나를 이토록 죽이려고 한 것일
까? 청와대 민정수석인 우병우는 왜 검찰을 시켜 나를 수사하
지 못하게 만드는 것일까? 지금 돌이켜 생각해보면 이는 모두
최순실의 지시였을 것이다. 국정에 발목을 잡는 의원, 즉 정유
라의 발목을 잡는 내가 그들에게는 국정의 발목을 잡는 것이었
다. 그러니 그들에게 나는 노태강·박영선·이종걸·정청래와는
비교가 안 되는 가장 나쁜 사람이었던 것이다. 그들의 역린을

건드린 최초의 인물이었기에.

특검에서 밝혀진 바에 따르면 2015년 1월 박근혜 대통령이 김종에게 나를 나쁜 사람으로 지목했고, 노승일에 따르면 최순실은 2015년 한 해 동안 여러 차례 안민석을 때려잡아야 한다고 했단다. 만약 내가 4선 국회의원이 되면 계속해서 정유라 건을 파헤칠 것이고 그러면 최순실은 자기가 계획한 모든 것이 수포로 돌아갈 가능성이 있었기 때문에 무조건 선거에서 떨어뜨리려 한 것이다. 참으로 다행히도 나는 박근혜와 최순실의 집요한 공격으로부터 살아남아 제20대 국회의원으로 당선되었다. 그래서 다시 박근혜·최순실 국정농단을 추적할 수 있었다. 이것은 하늘의 뜻이었다. 나는 정유라를 찾기 위한 신발 끈을 다시 조여 매기 시작했다.

아이스크림 가게에서 찾은 최순실 모녀

박근혜와 최순실의 엄청난 공격에도 제20대 국회의원이 된 나는 다시 정유라를 찾기 시작했고, 우상호 원내대표에게 간청하여 다시 교문위에 남게 되었다. 그래서 정유라가 학교를 정상적으로 다니고 있는지 이화여자대학교에 알아보기로 했다. 내가 직접 이화여자대학교 교수들에게 말하면 거짓말을 할 것 같아 이화여자대학교 교수들과 친한 내 지인에게 알아봐달라고 부탁했다. 정유라의 소재를 알기 위해서 어쩔 수 없이 이 방법을 택할 수밖에 없었다.

선거 준비 직전 이화여자대학교에 정유라가 재학 중인지 확인했는데 이름이 없어서 이상하다고 생각했다. 그러고 나서 바로 박원오를 만났을 때 정유라는 독일에 있다고 했다. 하지만 선거가 끝나고 다시 정유라를 추적하려고 알아보니 정유라가 이화여자대학교에 있다는 것이다. 그런데 이화여자대학교 체육과 학생 명부에 정유라는 없었다. 정말 도깨비에 홀린 것 같았다. 정유라가 이화여자대학교에 다닌다고 가정할 때 수업을 듣기 위해 일주일에 한 번은 독일에서 비행기를 타고 와야 하는데 그건 현실적으로 매우 힘든 일이다. 돈이 많으니 비즈니스석을 타고 왔다 갔다 할 수는 있겠지만, 그게 실제로 가능한 일인가? 일본이나 중국 정도의 거리라면 가능하겠지만 독일은 너무 멀다고 생각했다. 나의 추리력으로 정유라를 찾는 것은 힘들었다.

이렇게 고민하는 나에게 하늘이 도움을 주었다. 나는 내 지역구 오산에서 2011년부터 초등학교 생존 수영 교실을 추진했다. 세월호 참사가 있기 오래전부터 모든 학생들이 수영을 할 수 있어야 한다고 생각했다. 전국에서 오산에서만 실시하고 있었는데 세월호 참사로 생존 수영의 중요성이 부각되면서 전국의 모든 초등학교에서 오산처럼 시행하는 중이다.

나는 교육부 장관에게 건의해 김승겸 연구사와 관련 전문가들이 함께 일본의 생존 수영 현장을 시찰했다. 그때가 2016년 8월 29일이었다. 열 명 정도가 일본 도쿄에 가서 생존 수영과 관련된 내용을 참관하고 저녁 식사를 마친 후, 비 내리는 도쿄 외곽의 숙소 근처에서 편하게 맥주를 한 잔 마시기로 했다. 그런데 일행 중 한 분이 케이스포츠재단 정동춘 이사장이 자신의 친구라는 이야기를 꺼냈다. 그러면서 그분은 정동춘이 이사장을 할 사람은 아닌 것 같은데 재단 이사장을 한다며 이런저런 이야기를 했다. 정동춘은 원래 운동 처방 전문가로 케이스포츠 재단과는 맞지 않는데 왜 이사장을 할까라는 의문이었다.

정동춘이란 사람은 잘 아는 바가 없었지만, 이 이야기를 듣는 순간 무언가 비밀이 있다는 느낌이 들었다. 왜냐하면 일본에 오기 전에 KBS의 스포츠제작부장 정재용 기자와 만났을 때 김종이 케이스포츠재단을 만들어 분명 사고칠 것 같다는 이야기를 들었기 때문이다. 그래서 일단 한국으로 돌아가서 케이스포츠 재단과 정동춘에 대해 알아보기로 했다. 이때까지 정동춘과 최순실의 관계는 알 수 없었다.

어쨌든 일본에서 우리는 수영교육연구회를 만들기로 결의하고 본격적인 연구회 운영을 위해 준비 모임을 서울교육대학교에서 하기로 했다. 이 모임은 이후 최순실을 추적해 감옥에 가게 할 수 있었던 가장 결정적인 계기가 되었다.

2016년 9월 9일에 서울교육대학교에서 회의를 하기로 한 그날, 일찍 온 몇 분이 날씨가 더우니 학교 앞 가게에서 아이스크림을 먹으며 잠깐 이야기하자고 했다. 그리고 아이스크림 가게에서 교수 한 분이 이상한 이야기를 꺼냈다. 최순실이 이화여자대학교에서 딸의 지도교수에게 행패를 부렸는데 대통령과 친한 사람이라고 했다. 이 이야기를 듣는 순간 너무 놀라서 심장이 멎는 듯했다. 그렇지만 평정심을 유지하기 위해 노력했다. 이화여자대학교? 대통령과의 친분? 그는 필시 최순실이었다.

최순실이 지도교수에게 행패를 부렸다고 하는 것을 보니, 분명 정유라 때문일 것이다. 그렇다면 정유라는 학교에 다니고 있는 것이었다. 최순실은 절대로 자신의 모습을 드러내지 않는 사람이다. 그녀는 늘 대리인을 내세웠다. 승마협회도 박원오를 내세웠고, 문화계를 장악하기 위해 만든 미르재단도 차은택을 내세웠으며, 체육계를 장악하기 위해 김종을 내세웠다. 그리고 심부름은 장시호에게 시켰다. 그런 최순실이 이화여자대학교에 직접 나타났을 때는 자신의 딸인 정유라 문제 때문이었을 것이다. 최순실이 와서 행패를 부렸다면 분명 교수가 학점을 주지 않았기 때문일 것이라고 직감적으로 생각했다. 나는 그 자리에서 그 교수에게 행패를 부린 사람이 최순실이 분명 맞는지, 그리고 최순실을 아는지 다시 물어보았다. 그랬더니 그는 최순실이라는 여자가 대통령과 관련이 있다는 소문이 있다고 했다. 나는 더 이상 아무 말도 하지 않았다.

나는 아이스크림 가게에서 최순실의 이야기를 듣고 여러 가지 퍼즐을 맞춰보았다. 정유라는 분명 박원오의 이야기대로 독일에 있다. 그리고 이화여자대학교도 다니고 있다. 하지만 지도교수는 정유라가 독일에 있으면서 학교를 다니지 않아 학점을 주지 않았다. 아마 최순실은 우리 애가 올림픽 메달을 따기 위해 독일에 가서 힘든 승마 훈련을 하고 있는데 왜 성적을 주지 않느냐고 따졌을 것이다. 이때는 이화여자대학교 학칙이 변경되어 정유라에게 학점을 주어도 문제가 되지 않는 것인지 몰랐다. 이 이야기는 제3부 청문회 이야기에서 다시 하겠다.

다음 날 나는 모임에서 만났던 교수에게 전화해서 누구에게 그런 이야기를 들었는지 물어보았다. 그는 기억은 잘 나지 않지만 2016년 1학기 학회에서 세미나에 갔다가 조교한테 들었다고 했다. 자신의 조교가 이화여자대학교 체육과 출신인데 같은 과 출신 조교들끼리 그런 이야기를 했다는 것이다. 아마도 정유라 지도교수 함정혜 교수의 조교가 그 어처구니없는 상황을 목격하고 자기와 가까운 조교들끼리 이야기를 하다가 그 내용이 퍼진 것 같았다.

나는 교수의 이야기를 듣고 매우 조심스럽게 접근했다. 사실이 아닌 내용을 공개하면 오히려 역공을 당할 수 있기 때문에 사실을 반드시 직접 확인해야 했다. 중앙대학교 교수를 지냈던 터라 함정혜 교수와는 서로 안면은 있었지만 깊은 인연이 없었다. 게다가 이미 정치인이 되었기 때문에 내가 전화를 하면 부담될 것이라고 생각해서, 함정혜 교수와 누가 가까운지를 수소문했다. 확인해보니 중앙대학교의 전선혜 교수가 가장 가까운 사이라는 소식을 들었다. 마침 전선혜 교수와 나는 허물없는 사이였다. 나는 전선혜 교수에게 최순실의 이야기를 조심스럽게 꺼내고 그 사실을 육하원칙에 따라 물어봐달라고 부탁했다. 전선혜 교수의 전화를 받은 함정혜 교수가 말하길 최순실이 연구실에 들어오자마자 "너 따위가 무슨 교수야?"라고 소리부터 질렀다고 했다. 이때가 2016년 봄, 벚꽃이 질 무렵이었다.

최순실이 아무리 대통령과 깊은 관계가 있는 사람이라고 해도 함정혜 교수가 당할 사람이 아니었다. 최순실은 함정혜 교수와 크게 다툰 뒤 이화여자대학교에 요구해 정유라의 지도교수를 교체했다. 전화 한 통화로 지도교수를 바꿀 수 있다니, 참으로 대단한 권력이었다. 이화여자대학교는 정유라를 위해 2015년 9월 내규를 바꿨는데, 함정혜 교수가 이에 따르지 않으니 대학 본부에서 정유라를 위해 최순실의 의도대로 지도교수를 변경한 것이다. 중요한 것은 이 과정에서 정유연의 이름이 정유라로 개명되었다는 사실이다. 이름을 바꿨으니 학생 명단에 정유라의 이름이 나타나지 않았던 것이다.

정유라를 대학입시에 성공시킨 최순실의 아바타 박원오가 "정유라는 최순실보다 더 교활하다"고 했으니 정유라의 개명은 최순실의 의도가 아니라 정유라의 의도였을지도 모른다. 그러나 정유라로 개명한 정유연은 정유년에 그 못된 진실이 폭로되었다. 결국 정유라가 한국으로 송환되었지만 구속은 면했다. 부정입시와 학사 비리를 도운 이화여자대학교 총장과 교수들은 구속되었는데, 수혜자인 정유라는 구속되지 않은 이유를 국민들은 납득할 수 없다.

하늘이 도운 국정감사

하늘은 우리 편이었다. 착하고 선량한 사람들이 고통 받고 악인이 성공하고 권력을 누리는 것을 보며 하늘을 원망한 적이 한두 번이 아니었다. 그러나 최순실의 국정농단을 밝히는 데 하늘은 정의의 편이었다.

전선혜 교수가 함정혜 교수와 통화해서 최순실의 폭언을 확인한 날은 2016년 9월 23일이었다. '쎄시봉' 윤형주 선배와 일 년 전의 약속을 지키기 위해 국정감사를 앞둔 나는 당시 윤동주 시낭송회 행사로 북간도 용정에 있으면서도 수시로 전선혜 교수와 통화하며 최순실의 폭언을 확인했다. 내가 하는 일을 돕고자 하는 하늘의 뜻인지 2016년 9월 20일에 최순실과 관련된 뜻밖의 기사가 나왔다. 바로 《한겨레》 기사였다. 《한겨레》는 모처에서 정보를 듣고 케이스포츠재단의 정동춘 이사장을 최순실이 추천했다고 밝혔다. 나는 이전에 일본에서 케이스포츠재단의 정동춘 이사장의 이야기와 KBS 정재용 기자로부터 케이스포츠재단이 사고칠 것이라는 이야기를 들으며 케이스포츠재단에 대한 의문이 들었지만 정동춘 이사장을 최순실이 추천했으리라고는 생각하지 못했다. 최순실이 승마협회를 농단하며 체육계 개악을 주도하고 있었기에 이를 바로잡기 위해서라도 최순실의 만행을 백일하에 드러내야 한다고 생각하고 있었는데 갑자기 케이스포츠재단에 최순실이 영향력을 행사하고 있다는 소식을 듣고 깜짝 놀랐다. 그래서 당일 《한겨레》 류이근 기자와 만나 최순실을 쫓는 일을 공조하기로 했다. 그리고 나서 윤동주 시인 기념 시낭송회가 있는 용정에서 머무르던 1박 2일 동안 전선혜 교수와 통화하면서 최순실이 함정혜 교수에게 폭언한 것을 최종 확인했던 것이다.

나는 용정에서 류이근 기자에게 바로 전화했다. 그리고 최순실이 이화여자대학교 함정혜 교수에게 폭언한 것을 기사로 터뜨려달라고 부탁했다. 그러면 정유라가 이화여자대학교에 입학했지만 학교를 다니지 않고 독일에 있었음에도 정상적으로 성적을 주려고 하는 말도 안 되는 상황을 국민들이 알 수 있게 되기 때문이었다. 나는 사흘 뒤인 2016년 9월 26일, 국정감사 교육문화체육관광 분야 질의 첫날에 《한겨레》에 보도된 기사를 토대로 교육부 장관에게 최순실의 이화여자대학교 학사농단을 질의해서 국정감사의 주요 이슈로 만들려고 했다. 그래서 류이근 기자에게 주말인 9월 24일과 9월 25일 함정혜 교수를 취재해 다음 주 월요일인 9월 26일 기사로 내달라고 부탁했다. 류이근 기자 역시 나의 제안에 동의하고 함정혜 교수를 만나려고 했지만, 함정혜 교수가 지방에 가게 되어 도저히 인터뷰를 할 수 없다고 했다. 어쩔 수 없이 9월 26일에 월요일에 류이근 기자가 인터뷰를 하게 되었다. 나는 그 사실을 듣고 너무 실망했다. 나의 계획이 차질을 빚게 된 것이다. 9월 26일 국정감사를 하지 못하면 3주 후 확인감사 때 할 수밖에 없었다. 그러면 최순실의 이화여자대학교 학사농단을 이번 국정감사에서 주요 의제로 다룰 수가 없는 것이다.

그런데 하늘이 돕기 시작했다. 국정감사 첫날인 9월 26일 새벽에 새누리당 지도부가 국정감사 전면 보이콧을 선언했다. 당시 김재수 농림축산식품부 장관 해임건의안 처리 과정에서 정세균 국회의장은 누군가에게 "세월호(특조위 기간 연장)나 어버이연합(청문회) 둘 중에 하나를 내놓으라는데, (새누리당이) 안 내놔. 그래서 그냥 맨 입으로…… 그냥은 안 되는 거지"라고 했다. 이 대화는 국회 의사중계시스템 마이크를 통해 녹음되었고, 국회 홈페이지 영상회의록에도 공개되었다. 그러자 새누리당 지도부는 9월 25일 밤 10시부터 9월 26일 새벽까지 이어진 심야 의원총회에서 정세균 의장이 중립성을 지키지 않았으니 사퇴하라고 농성했고, 국정감사를 보이콧한 것이다. 이후 새누리당은 2주 동안 국정감사를 하지 않았다.

9월 26일 월요일 아침에 교문위 위원들은 세종시의 교육부 국감장으로 갔는데 새누리당의 국정감사 불참으로 국정감사를 진행할 수 없었다. 야당 의원들 전체가 "새누리당 의원들 왜 안 들어오느냐, 빨리 들어와서 국감을 해야 할 것 아니냐"고 의사진행 발언을 했다. 오전 내내 의사진행 발언을 하다가 점심때가 되었다. 식당으로 이동하는 동안 나는 류이근 기자에게 전화했다.

"지금 새누리당 의원들이 국정감사를 보이콧해서 파행되었어요. 그래서 오늘 오후에 국정감사를 야당 단독으로 강행할지 여부를 점심 먹으며 결정할 것입니다. 내가 오늘 국정감사를 이틀 뒤에 다시 열게 할 테니 내일 조간 기사를 쓸 수 있나요?"

그렇게 물어보니 류이근 기자는 방금 함정혜 교수를 만나고 왔으니, 기사를 쓰는 것은 전혀 문제가 없다면서 엄청 즐거워했다.

해마다 하는 국정감사에서 수요일은 반드시 쉬었다. 국정감사를 준비하는 것이 참 힘든 일이고 더 차분하게 준비할 수 있게 여야 합의 아래 수요일은 국정감사를 하지 않았다. 그래서 첫날인 월요일에 여당 의원들이 국정감사에 참여하지 않은 것을 핑계로 오늘 할 것을 수요일에 하자고 교육부 장관에게 제안해서 추진하면《한겨레》기사를 토대로 최순실의 이화여자대학교 학사농단을 국정감사의 중요 이슈로 부각시킬 수 있었다.

나는 이 상황을 점심을 먹으며 전체 야당 의원에게 이야기했다. 그랬더니 모든 의원들이 찬성했다. 야당 의원들 전체가 최순실이 박근혜의 측근이고 이 사람이 이화여자대학교에 가서 행패를 부린 것은 권력 남용이니, 이것을 공격하면 박근혜 정권에 타격을 줄 것이라고 생각한 것이다. 만약 당시 초선의원들이 국정감사 첫날이라 열정이 넘쳐 교육부 장관을 상대로 자신들이 준비한 것으로 국정감사를 진행하자고 했으면 최순실의 이화여자대학교 학사농단을 터뜨리지 못했을 것이다. 또한 이후 발생한 고영태와 노승일의 박근혜·최순실 국정농단 폭로는 일어나지 못했을 것이다. 나는 국정감사 첫날 새누리당 의원들의 보이콧을 보면서 정의의 여신이 우리 편이구나 하는 생각이 들었다. 그래서 최순실의 실체를 드러내고 박근혜 정권의 국정농단을 만천하에 알릴 수 있겠구나 하는 확신이 들었다.

나는 교문위 유성엽 위원장에게 수요일에 국정감사를 한다고 했을 때 이준식 교육부 장관이 반드시 출석하도록 다짐을 받아야 한다고 강조했다. 분위기로 봐서 최소 일주일 내내 새누리당은 국정감사에 참여하지 않을 것이 뻔했다. 그런 상황을 교육부 장관이 모를 리 없었을 것이다. 그래서 새누리당 위원들이 나오지 않더라도 유성엽 위원장이 교육부 장관의 출석을 책임지게끔 해야 한다고 한 것이다. 유성엽 위원장은 지금은 비록 당이 다르지만 나와는 사적으로 매우 가까운 사이였다. 그러니 나의 의도를 충분히 알아들었을 것이다.

오후에 다시 국정감사를 시작하자마자 야당 의원들이 의사진행 발언을 통해 국정감사 첫날 중요한 내용이 많지만 여당 의원 없이 국정감사를 할 수 없으니 오늘 할 국정감사 일정을 수요일로 연기하자고 했다. 그러면서 새누리당 의원들을 성토했다. 정세균 의장의 발언이 국정감사를 보이콧할 사안이 아닌데 왜 그러냐고 항의하기도 했다. 또한 지금이라도 여당 의원들을 설득해 국정감사장으로 나오라고 하자고 주장했다. 그러나 새누리당 의원들이 강경한 태도를 취하는 바람에 월요일 오후에 국감장에 나오는 것은 현실적으로 불가능한 상황이었다. 그래서 야당 의원들이 교육부 장관에게 수요일로 연기하자고 요구하며, 수요일에 여당 의원들이 나오지 않더라도 장관은 국정감사에 반드시 출석하겠다고 약속하라고 했다. 유성엽 위원장은 자신이 여당 의원들을 설득해 수요일에 반드시 출석하도록 하겠다고 하며 장관에게 출석 다짐을 받았다. 이준식 교육부 장관은 여당이 참석하지 않더라도 반드시 출석하겠다고 약속했다.

다음 날 《한겨레》 1면에 류이근 기자가 최순실이 함정혜 교수에게 폭언한 것을 기사로 보도했다. 박관천 전 경정이 국가권력 1위가 최순실이고, 2위가 정윤회이며, 3위가 박근혜라고 했을 때 국민들은 모두 비웃었다. 최순실이 박근혜와 가까운 것은 사실이지만 그녀가 박근혜를 조종하는 권력 1위일 것이라고 아무도 생각하지 못했기 때문이다. 그러나 《한겨레》의 기사로 국민들은 최순실의 존재를 실감하게 되었다.

만약 정세균 의장이 누군가와 했던 발언이 국회방송에 나가지 않았다면, 새누리당이 그 내용을 듣고 정세균 의장에게 항의

하는 수준에서 마치고 국정감사를 보이콧하지 않았다면 최순실의 이화여자대학교 학사농단은 국정감사에서 위력 있는 폭발로 나타나지 않았을 것이다. 이것은 대한민국에 정의가 바로 서게 하려는 하늘의 뜻이었다.

그날 이후 국정감사에서 비선실세 최순실에 의한 이화여자대학교 입시부정과 정유라를 위한 학칙 개정이 공개되면서 온 국민들의 분노가 하늘을 찌르게 되었다. 미르재단과 케이스포츠재단 보도에도 별다른 반응을 보이지 않았던 국민들은《한겨레》기사를 접하고서야 최순실의 만행에 분노하기 시작했다. 특히 학부모들과 청년 대학생들의 분노가 가장 컸다. 초·중·고등학교 12년 동안 죽어라 고생해서 대학에 가고 학점 따느라 고생하는 대한민국 대학생들에게 정유라는 이해할 수 없고 용서할 수 없는 별난 짓을 하는 이방인으로 비춰졌다. "돈도 실력이니 돈 없는 너의 부모를 원망하라"는 정유라는 점점 청년들과 국민들의 저주의 대상이 되었다.

이화여자대학교의 이상한 학칙

"아, 의원님, 이거 이상해요. 학칙이!"

수일째 밤새우며 국정감사를 준비하느라 국정감사장에서 꾸벅꾸벅 졸던 김문경 비서관이 내 뒤에서 부르며 손에 든 문서를 보여주었다. 이화여자대학교 학칙이었다. 김문경이 내게 보여준 이상한 학칙은 국정감사장을 뜨겁게 달구었고, 최순실의 권력 농단이 얼마나 엄청났는지 온 국민이 알게 되면서 또 다른 분노의 계기가 되었다.

새누리당의 집단 파업(?)으로 《한겨레》류이근 기자의 최순실 이화여자대학교 난동 기사는 수요일에 엄청난 화산 폭발로 이어졌다. 월요일 점심에 세종시에서 점심을 먹으며 짠 작전은 그대로 적중되었고 국민의당과 더불어민주당의 공조는 찰떡궁합이었다. 최순실을 드러내어 박근혜 정권에 타격을 주는 국정감사는 그들이 원래 한 몸이었기에 잘 운영될 수밖에 없었다. 우리는 새누리당 의원들에게 빨리 들어오라고 이야기하면서도 새누리당 의원들이 없기 때문에 시간을 더 많이 할애해서 새벽까지 국정감사 질의를 할 수 있었다. 그날 국정감사 질의는 전체가 합의해 이화여자대학교 입시부정만으로 하기로 했고, 실제 국정감사 질의는 그렇게 정리되었다. 야당 단독으로 초유의 국정감사가 진행된 것이다.

나는 교육부 장관에게 《한겨레》 류이근 기자의 최순실 이화여자대학교 난동 기사를 보여주며 대통령 측근인 최순실을 아느냐고 물어보았다. 이준식 장관의 대답은 안 봐도 뻔했다. 자신은 최순실을 모른다는 것이다. 다른 의원들도 이화여자대학교 사건을 질의했고 그때마다 이준식 장관은 발뺌하기에 급급했다. 이렇게 성과 없이 흘러가는가 싶었던 순간 또다시 하늘이 도왔다. 김문경 비서관이 찾아낸 이화여자대학교 학칙 변경 건이 국정감사의 모든 흐름을 바꾸어놓은 것이다.

김문경 비서관은 국정감사 이전에 최순실과 관련된 승마협회 사건과 체육계 농단 사건을 조사하느라 거의 파김치가 되었다. 운명의 수요일, 김문경은 내가 주문한 내용을 거의 찾기는 했지만 왜 최순실이 함정혜 교수를 찾아와서 학점을 올려달라고 소리를 질렀는지 그 구체적인 이유를 밝힐 증거를 찾지 못한 상태였다. 나는 처음에 최순실이 막무가내로 함정혜 교수를 찾아가 학점을 달라고 했을 것이라고 생각했다.

　최근 대학에서는 운동선수들에게 예전처럼 관대하게 학점을 주지 않는다. 혹시 기억나는지 모르겠지만 김연아 선수가 외국 훈련으로 인해 고려대학교에 학기 등록은 하고 수업을 듣지 못해 F학점을 여러 과목 받은 사실이 있다. 김연아 선수는 이 점에 대해 너무도 당연한 것이라고 생각하고 국내에 들어와 학교 수업과 운동을 병행했다. 그래도 김연아 선수는 올림픽에서 금메달을 따며 세계적인 선수로 성장했다. 박태환 선수도 마찬가지였다. 박태환 선수도 단국대학교에 재학할 때 외국 전지훈련으로 수업을 듣지 못해 학점을 받지 못했다. 고려대학교나 단국대학교 모두 선수들이 유명하다고 해서 그냥 학점을 주지 않았다.

　이것이 이치에 맞는 것이다. 운동선수들이 운동만 하고 수업은 듣지 않으면 교양과 전문 지식이 부족해 나중에 선수생활을 그만두고 사회생활하기가 쉽지 않다. 그래서 나는 일찍부터 초·중·고등학교 운동선수들의 학교 수업 이행과 대학 운동선수 역시 대학 교육을 모두 이수해야 한다고 주장하고 이를 법률로 만들었다. 그래서 현재 대학에서 수업을 듣지 않는 학생들에게 학점을 주지 않는 것은 너무도 당연하게 생각하고 있다.

　그런데 최순실은 그렇게 생각하지 않았을 것이다. 권력의 최측근이기에 무례하고, 자신의 이익을 위해서는 상대방을 짓밟는 것을 부끄러워하지 않기에 그는 함정혜 교수를 찾아가 무조건 학점을 달라고 협박했을 것이라고 나는 추측했다. 그런데 최순실의 이화여자대학교 난동 직후 이화여자대학교는 정유라가 합법적으로 학점을 받을 수 있게 학칙 자체를 정유라 맞춤형으로 변경했다.

이화여자대학교가 학칙을 변경한 내용은 바로 '국가대표, 연수, 훈련으로 인해서 결석을 하더라도 출석으로 인정할 수 있다'는 것이었다. 이는 정유라를 위한 맞춤형 학칙이었다. 나는 학칙을 보자마자 도저히 있을 수 없는 학칙임을 알 수 있었다. 앞서 이야기했지만 지금은 운동선수들이 수업에 참여하지 않으면 학점을 받을 수가 없다. 그럼에도 학점을 달라고 하면 이는 교육적으로 문제가 있는 것이다. 그런데 이화여자대학교는 시대를 역행해서 운동선수가 훈련과 시합으로 4년 내내 학교를 나오지 않아도 학점을 줄 수 있게 바꾼 것이다.

나는 김문경 비서관이 발견한 이 내용을 질의 순서가 빠른 노웅래 의원과 협의하고 질의하도록 부탁했다. 아무리 내가 류이근 기자에게 최순실과 정유라 사건을 기사로 쓰게 하고, 국정감사의 가장 중요한 이슈로 부각시켰더라도 나 혼자 해결할 수 있는 일은 아니었다. 이날 더불어민주당 의원들은 오전부터 집중적으로 이화여자대학교의 정유라를 위한 학칙 변경 질문의 불을 당겼다. 이 학칙 개정은 2016년 6월 18일에 개정된 것이다. 정유라가 학교를 다니기 훨씬 전이 아니라 그가 학교를 다니기 시작하고 나서 학칙이 변경된 것이다. 이 점을 질의하자 교육부 장관은 대답하지 못했다.

그렇게 이준식 장관과 지루한 공방을 하던 중 전재수 의원이 이화여자대학교 학칙 변경에 대한 새로운 사실을 발견했다. 전재수 의원도 이화여자대학교 학칙을 읽어보다가 학칙 변경 끝에 새로 개정된 학칙을 3월 1일자로 소급 적용한다는 부칙이 들어가 있던 것을 발견한 것이다. 이 부칙은 거의 맨 뒤에 조그맣게 들어가 있어 마음먹고 꼼꼼히 살피지 않으면 도저히 찾을 수 없었다. 추후 확인해보니 이화여자대학교는 학칙이 바뀌기 전에 이 내용을 최순실이 학교를 첫 번째로 방문한 2015년 9월, 학과 내규로 만들어 교수들에게 모두 공람하게 했다. 2015년 2학기부터 실제 이 내규가 적용된 것이다.

이 내규에 따라 최순실이 함정혜 교수를 찾아가 행패를 부린 것을 정확히 알 수 있었다. 최순실이 함 교수를 찾아간 것은 2016년 4월 말이었는데 이때는 중간고사가 끝나는 시기이니 그때 대략의 점수가 나왔을 것이다. 그런데 다른 교수들은 모두 정유라에게 점수를 주었는데 함 교수는 주지 않은 것이다. 이번에 밝혀진 대로 소설《영원한 제국》을 쓴 이인화 작가로 알려진 류철균 교수는 부당하게 학점을 주고 이를 감추기 위해 대학원생으로 하여금 답안지를 대신 작성하게 했을 정도였는데 함 교수는 학점을 주지 않았으니 최순실이 엄청 화가 났던 것이다. 그래서 함 교수가 끝까지 학점을 못 주겠다고 하니 최순실이 내규를 근거로 행패를 부리고, 최경희 총장과 김경숙 학장에게 요청하여 아예 지도교수를 바꾼 것이다. 만약 함 교수의 소신과 용기가 없었더라면 최순실의 패악은 세상에 드러나지 않았을 것이다. 장기간의 농성 투쟁을 거침없이 했던 이화여자대학교 학생들과 함 교수야말로 쑥대밭이 된 이화여자대학교의 양심 아이콘이다.

한 특정 학생을 위해 학칙을 바꾸고 거기다 부칙까지 만들어 소급적용하는 것은 유신시대나 가능했던 것이지 21세기 대한민국 사회에서 어떻게 가능하단 말인가? 이런 비교육적 악행을 저지르고도 참회하지 않는 교수들은 대학 사회에서 영원히 퇴출되는 것이 마땅하다. 그들은 법정에서 최후의 순간까지 잘못을 인정하지 않았다.

분노한 나는 이대로 국정감사를 하는 것은 도저히 있을 수 없다고 생각했다. 이 사실을 명확히 규명하기 위해 국정감사를 중지하고 이화여자대학교에 가서 최경희 총장을 만나 따지자고 제안했다. 그래서 국정감사를 중지하고 유성엽 위원장과 여러 의원들이 논의했다. 어떤 의원은 나의 주장에 동조해 함께 이화여자대학교에 가자고 했고, 어떤 의원은 국정감사 중에 습격하다시피 방문하는 것은 오히려 역풍을 맞을 수 있다고 했다. 우리는 교육부 국정감사에서 사전에 정유라의 이화여자대학교 입시와 관련해 이화여자대학교 총장을 증인으로 신청했는데 새누리당의 방해로 증인 채택이 불발되었다. 그래서 나는 증인 채택이안 되었으니 우리가 찾아가자고 강력히 요구했고, 위원장은 나의 손을 들어주었다. 그리하여 9월 28일 야당 국회의원 전체가 국회 버스를 타고 오후 7시에 이화여자대학교를 찾아갔다.

교문위 의원들이 국정감사 중에 이화여자대학교를 방문한다는 소식이 바로 언론사에 들어갔다. 이화여자대학교 본관에 언론사 카메라가 잔뜩 진을 치고 있었다. 최경희 총장과 김경숙 학장 등 보직교수들이 우리를 기다리고 있었다. 그리고 그들은 우리들이 지적한 학칙 개정과 소급적용에 대해 거짓말로 일관했다. 그들은 철면피였다. 정유라의 이화여자대학교 입시에 대해 문제점을 질의했지만 학교 측은 전혀 문제가 없었다고 항변할 뿐이었다.

그러나 우리는 마냥 이화여자대학교에 있을 수 없었다. 다시 국정감사장으로 돌아와야 했다. 국정감사장으로 돌아온 우리는 장관을 상대로 이화여자대학교 학칙 변경과 부칙 제정, 그리고 내규의 내용을 질의했다. 장관은 대답하지 못했지만 국민들은 언론을 통해 도저히 상상할 수 없는 비교육적이고 부도덕한 이화여자대학교의 학칙 변경에 대해 알게 되었다. 그렇게 최순실의 정체와 그의 본색이 조금씩 국민들 앞에 드러났고 박근혜 정권은 도덕적으로 용서가 안 되는 파렴치한 정권이란 것을 국민들이 명확히 인식하기 시작했다. 국정 농단의 화산은 폭발 직전이었다.

차은택과 늘품체조, 그리고 최순실

집단에서 체조를 하는 의미는 무엇일지 생각해보는 사람들은 별로 없을 것이다. 지금 40대 이상의 장년들이라면 누구나 학창 시절 조회시간에는 체조를 했다. 조회가 시작되기 전 운동장에서 모두 모여 음악과 구령에 맞춰 함께 체조를 해야 했다. 그리고 그 체조를 제대로 하지 못하면 선생님에게 얻어맞기까지 했다. 체조를 못한다고 욕을 하고 때리기까지 했으니 당시 학생들이 체조를 얼마나 싫어했을지 알 수 있다.

우리는 체조를 떠올릴 때 올림픽 경기에 나오는 체조 경기와 리듬체조 정도만을 생각하며 개인 체조가 대부분이라고 알고 있다. 그러나 체조는 사실 개인 체조가 아닌 집단을 통제하기 위한 목적으로 나온 것이기도 하다. 집단을 건강하게 만들기 위해 체조를 만들 수도 있지만 집단 자체를 통제하기 위해 체조를 만들기도 했다. 일제강점기에 '도수체조'라는 이름으로 혹독하게 식민 통치를 한 것만 봐도 알 수 있다. 결국 지배자들에게 체조는 집단 전체를 일원화하는 전체주의 사상을 실현할 도구일 수도 있다.

갑작스럽게 웬 체조 이야기를 꺼내나 하고 독자들이 궁금해할 수 있다. 체조 이야기를 꺼내는 것은 최순실이 만든 '늘품체조' 이야기를 하기 위해서다. 늘품체조는 차은택이 만든 것으로 알고 있지만, 차은택은 2017년 1월 23일에 있었던 헌법재판소 증인 심문에서 늘품체조는 최순실의 기획으로 만들어진 것이라고 했다. 최순실은 딸 정유라를 위해 승마계와 체육 전반에 대한 농단만이 아니라 체조까지 손을 댄 것이다.

나는 왜 최순실이 체조에 손을 댔을까 생각해보았다. 그래서 내린 결론은 그가 박정희 시절의 전체주의 세상으로 되돌아가고자 하는 꿈을 꾸었기 때문이라고 생각한다. 그는 유신시대의 재현을 위해 박근혜를 아바타로 내세워 권력을 잡고 조종했을 것이다. 이게 사실이라면 최순실은 너무도 무서운 사람이다. 박정희 시대의 폭력적인 전체주의 시대로 돌아가 영원한 권력을 얻었다면 그는 우리 역사에서 가장 무서운 여성 권력자 중 하나가 될 것이다. 그래서 박정희가 만들었던 새마을체조와 전두환이 만든 국민체조를 자신이 다시 만들고자 한 것이다. 나는 그것이 바로 늘품체조라고 생각한다.

내가 차은택과 늘품체조를 알게 된 것은 2014년 여름에 있었던 하나의 제보 때문이었다. 박근혜 정부가 한국스포츠개발원을 통해 2년 동안 새로운 국민체조를 만들고 있었는데 거의 완성 단계에서 갑자기 폐기하라고 했다는 것이다. 그때 처음으로 차은택이라는 사람의 이야기가 나왔다. 당시에 우리에게 들어온 제보는 차은택이 걸그룹 티아라의 안무가와 함께 늘품체조를 만들고 있다는 것이다. 그때는 차은택이 문화계의 황태자란 소리를 듣지 못했고, 나는 잘 모르고 있었다.

제보 내용에서 더 놀라운 것은 그 체조 발표회에 대통령이 참석해 함께 시범을 보인다는 것이었다. 아니, 대통령이 한가하게 체조 시연에 나간다는 것 자체가 말이 안 되는 것이었다. 세월호가 침몰되어 모두가 슬픔에 빠져 있고 진상규명도 전혀 이루어지지 않은 시점에 연예인들과 체조 시연회를 한다는 것이 믿기지 않았다. 그런데 이상한 것은 정부가 체조를 만들기 위해 용역까지 써놓고는 그것을 폐기한다는 것이다. 나는 보좌진과 이 부분을 알아보기로 했다.

정부는 애초 국민체조로서 '코리아체조'라는 것을 만들기로 했다. 그래서 문화관광체육부에서 2012년부터 예산을 5억 정도 책정해 체조를 만들고 있었다. 그런데 완성된 이 체조는 세상에 나올 수 없었다. 왜냐하면 최순실이 이 체조를 없애버렸기 때문이다. 앞서 이야기했지만 최순실은 전체주의를 지향하고 있어서 이를 형상화·현실화하고 싶어 했을 것이다. 그래서 일찍부터 집단 체조에 관심이 있었고, 자신이 직접 체조를 만들고자 하는 욕망이 컸던 것으로 생각한다. 그러므로 자신의 욕망을 채우기 위해 자신에게 허락을 받지 않고 추진했던 코리아체조를 단칼에 없앤 것이다. 코리아체조를 만들기 위해 노력했던 담당 공직자와 한국스포츠개발원의 전문가들은 무척이나 실망했다. 최순실의 말 한마디에 코리아체조는 사라진 것이다. 최순실의 국정 농단은 이런 작은 것까지도 깊숙이 자행되었다.

최순실은 국민들이 가볍게 체조를 즐길 수 있어야 한다고 생각했고, 자신이 구상하는 체조를 만들고 싶어 했다. 그러나 그녀는 체조를 알지 못했다. 체조는 춤이 아니라 정식 스포츠이기 때문에 전문가들이 따로 있는데 그녀는 무조건 자기가 최고라고 생각한 것이다. 영생교주 최태민의 딸이니 그리 생각할 수도 있었을 것이다. 그러니 아주 엉터리 체조가 만들어진 것이다.

늘품체조는 기본적으로 체조가 가지고 있는 구성 요소가 전혀 없었다. 그래서 처음 늘품체조를 만든 사람이라고 알려진 유명 트레이너 배윤정과 정아름은 마음고생을 많이 했다고 한다. 왜냐하면 체조 전문가가 만든 것이 아니기 때문에 당연히 이런 말 저런 말이 나올 수밖에 없기 때문이다. 그러자 문체부는 자신들이 체조 동작을 만든 것이 아니라 정아름이 정부에 제안해서 만든 체조라고 계속 거짓말을 했는데 이는 최순실이 만들었다는 것을 숨기기 위해 그런 것이라고 볼 수밖에 없다. 나중에 정아름은 늘품체조는 자신이 만든 것이 아니고, 차은택이 와서 몇 가지 동작을 넣어 시연해달라고 해서 해준 것이고 사례비도 제대로 받지 못했다고 토로했다. 이 내용은 한때 방송 뉴스의 메인으로 나오기도 했다.

우리는 처음에 차은택이 이 체조를 주도한 것으로 생각했는데 사실은 애초부터 최순실이 기획한 것이었다. 그런 면에서 차은택도 최순실의 아바타이자 꼭두각시였다. 최순실이 체조에 대한 시나리오를 생각하고 이를 차은택에게 지시해 진행하게 했다. 문체부는 이 조잡한 체조에 무려 3억 5천만 원이라는 거액을 주었다. 정부의 돈을 빼먹는 데 우리나라 역사상 최순실 같은 전문가는 없을 것이다. 최순실은 2014년 11월 26일 문화의 날 행사에 대통령을 참석하게 하여 늘품체조를 시연했다.

늘품체조는 박근혜 대통령과 손연재, 양학선 등 유명 스타들이 대거 동원된 상태에서 발표회를 가졌다. 나중에 김종 차관은 헌법재판소 신문 과정에서 늘품체조 시연회에 손연재 등 유명 선수들을 초대한 것은 청와대의 아이디어였다고 했다. 그리고 대통령 행사라서 문체부가 아닌 청와대 교육문화수석실에서 모든 시나리오와 참가자를 검토해 결정했다고 했다.

늘품체조는 최순실의 지시로 차은택이 맡아 진행했는데 사전 시연을 무려 네 번이나 했다. 네 번을 진행하는 동안 김종 차관과 우상일 국장이 모두 참석했다. 대한민국 정부의 체육담당 차관이 할 일이 얼마나 많은데 최종 완성 발표회도 아니고 발표회를 준비하는 시연회에 꼬박꼬박 와서 미주알고주알 이런저런 지적과 지시를 하고 갔다는 것이 나로서는 도저히 납득되지 않는 일이다. 김종 차관은 늘품체조 시연회에 와서 다시 해보라는 등 고압적인 지시를 해서 그 안에 있던 시연자들이 분노했다. 그래서 당시의 모습을 찍은 사진을 내게 보냈다.

나는 이 사진을 보고 늘품체조와 관련된 것을 국회에서 김종에게 공식 추궁했다. 그러고는 연이어 질문을 해댔다. "당신은 그렇게 할 일이 없나? 저기 왜 앉아 있나? 저 늘품체조가 뭐냐? 저 배후에 누가 있는 거냐? 그래서 도대체 차은택이 누구냐?" 등이었다. 그렇게 엉터리 늘품체조로 인해 차은택의 존재가 수면 위로 떠오르기 시작했다. 나는 이때까지 차은택을 실제로 만난 적은 없었다. 다만 차은택이 문화계의 숨은 황태자란 소리를 듣게 되었다.

이후 2015년 5월에 이탈리아 엑스포에 국회 대표로 김종덕 문체부 장관과 같이 가게 되었다. 이때 국회의원은 나 말고 여러 명이 있었다. 당시 귀빈들과 엑스포 한국전시관에 관람하러 갔는데 어떤 사람이 모자를 쓰고 선글라스를 끼고 안내를 했다. 그리고 자신이 전시관을 기획했다고 아주 거만하게 이야기했다. 나는 속으로 도대체 대한민국 정부의 장관과 국회의원 여러 명을 앞에 두고 어두운 전시관에서 검은 선글라스를 끼고 거기에 모자까지 쓰고 안내하는 이 자는 누구일까 궁금해했다. 아무나 그리 오만하게 행동할 수 없었다. 김종덕 장관에게 물어보았더니 차은택이란 사람이라고 했다.

그때 나는 '늘품체조를 만든 장본인이 바로 이자였구나' 하고 분노했다. 차은택은 내가 자신을 주목하기 시작했는지 전혀 눈치 채지 못했을 것이다.

하다못해 체조까지 자신들 마음대로 하고 정부로부터 엄청난 금액의 체조 개발 예산을 받아 허접하기 짝이 없는 체조를 만들어 대통령까지 출연시키는 이 어두운 세력이 나와 국민 앞에 있었다. 하늘이 내게 이 사람을 보게 한 것은 반드시 거짓의 실체를 밝히라고 명령한 것이다.

그래서 나는 하루하루 이들을 생각하고 이들의 실체를 밝히기 위해 발로 뛰었다. 최순실과 차은택의 실체를 밝히는 것은 역사의 진실을 밝히는 것과 하나도 다르지 않았기 때문이다.

케이스포츠재단과 미르재단의 진실

'케이K'와 '미르'는 무엇을 뜻하는 것일까? 어느 정도의 교양을 갖춘 사람이라면 이 두 단어의 의미를 이해할 수 있을 것이다. 케이는 '코리아KOREA'의 첫글자다. 미르는 전설의 동물 '용龍'의 우리말이다. 용의 정확한 우리말은 '미리'다. 역사학자이자 독립운동가인 단재 신채호가 1928년에 〈미리와 미리의 대격전〉이란 글을 썼는데 이 미리가 바로 용이었다. 그러므로 미리는 용을 말하는 것이고, 그 미리를 옛 사람들은 미르라고도 불렀다.

최순실은 바로 그 미르를 재단 이름으로 썼다. 용은 즉 왕을 뜻하는 것이니 최순실이 미르를 쓴 것은 왕의 의미일 터이고, 케이와 미르를 합치면 한국의 용, 다시 말해 한국의 왕인 셈이다. 최순실 자신이 곧 한국의 왕인 것이다. 여담이지만 국민의당 대표인 박지원 의원이 케이와 미르를 합치면 '미륵'이라고 했다. 아마도 최순실을 아버지 최태민의 뒤를 이은 사이비교주로 본 듯하다. 하지만 나는 최순실이 자신이 영원한 한국의 왕으로 군림하고자 하는 의도를 갖고 두 재단을 만들어 이름을 그렇게 지었다고 본다.

케이스포츠재단과 미르재단의 이야기가 본격적으로 언론에 나온 것은 2016년 여름이다. 당시 두 재단의 배후에 최순실이 있다는 이야기가 흘러나왔다. 의혹으로 제기되던 것이 2016년 9월 20일 《한겨레》 기사에 나오면서 케이스포츠재단의 정동춘 이사장을 최순실이 추천했다고 주장했다. 나는 2016년 8월 말에 일본에서 정동춘의 이야기를 처음 들었고, 이후 한국으로 돌아와 최순실의 이화여자대학교 농단을 조사하면서 정동춘과 최순실의 존재를 조사했다.

내가 조사한 내용은 지금까지 언론에 나온 적이 없다. 내가 검찰이나 특검의 조사 내용을 정확히 모르기 때문에 단언할 수는 없지만, 정동춘이 이 두 곳에서 조사를 받으며 어느 정도 진실을 이야기했을 수는 있을 것이다. 그랬다면 두 기관에 최순실이 어떤 경로를 통해 두 재단을 만들었는지 그 내용이 있을 것이다. 하지만 검찰이나 특검은 자세한 정황을 밝히지 않을 것이기에 내가 두 재단이 만들어지게 된 사실을 이야기하겠다. 이는 내가 발로 뛰고 사람들을 만나 찾아낸 진실이다.

정유라는 초등학교 때 강남에 있는 '지그재그'라는 유아·아동 스포츠학원을 다니기 시작했다. 자신의 딸을 남들보다 우월한 곳에 다니게 하고 싶었던 최순실은 당시 강남에서 가장 유명한 유아·아동 스포츠학원에 보낸 것이다. 지그재그 학원을 운영한 사람은 양재하, 이경하였다. 이 두 사람과 최순실은 처음에는 운영자와 학부모로서 그냥 인사 정도만 하는 사이였다.

강남의 상류층 자녀를 대상으로 유아·아동 스포츠학원을 운영하여 돈을 꽤 많이 번 이경하는 정동춘과 서울대학교 사범대학 체육학과 선후배로 아주 가까운 사이였다. 정동춘은 운동 처방 전문가인데 돈이 없어 어려운 처지였다. 그때 이경하가 돈을 투자해 2011년 스포츠 마사지숍을 만들었다. 그들이 차린 스포츠마사지숍은 최순실의 건물과 길 하나 사이에 있었다. 정확하게 말하면 마사지숍이 아니라 운동기능 회복센터였다.

정동춘은 국민체육센터에서 운동처방실장으로 근무했던 전문가였다. 이경하는 정동춘의 전공을 이용해 강남의 돈 많은 여성들에게 운동기능 처방을 하자고 제안한 것이다. 최순실과는 바로 옆 건물이었기 때문에 이경하는 지그재그에서 만났던 최순실에게 자신의 센터를 이용하게 했다. 최순실은 이곳에 와서 정동춘의 처방에 만족하고 그를 아주 마음에 들어했다. 그즈음 최순실은 지그재그 스포츠단을 운영하는 양재하에게 자신의 건물 3층이 비어 있으니 이 건물에 들어오라고 제안했다. 지금 사용하고 있는 곳보다 훨씬 저렴하게 세를 주겠다는 조건이었다. 당시 이경하는 정동춘과 스포츠 마사지숍을 하느라 양재하와 헤어진 상태였기 때문에 지그재그 학원은 양재하 단독으로 운영하고 있었다. 그러면서 최순실은 양재하에게 장시호를 소개시켜주었다. 장시호도 연세대학교 체육학과 출신이기 때문에 같이 동업할 수 있다고 판단했던 것 같다. 이경하를 통해 양재하에 대해 여러 이야기를 들었기 때문이다.

양재하는 서울대학교 체육학과 93학번이고, 이경하는 83학번이었다. 양재하는 학교에 다닐 때부터 선후배들의 신망을 받았고 학업 성적도 매우 우수했다. 그는 졸업 후 교사 임용시험을 보지 않고 강남에 유아·아동 스포츠학원을 차려 이른바 대박을 쳤다. 강남에 있는 부자들은 모두 자신의 자녀를 지그재그 학원에 보내려고 했다.

당시 최순실은 양재하와 장시호를 잘 엮어 양재하를 자신의 오른팔로 만들려고 하는 의도가 있었다. 그러나 양재하는 이 제안을 거들떠보지도 않았다. 그러자 최순실은 양재하에게 새로운 제안을 던졌다. 바로 자신과 동업해 지그재그 스포츠단을 전국 체인으로 만들자는 것이었다. 그래서 돈을 벌어보자는 계산이었다. 최순실은 과거 유치원 원장을 했기 때문에 유아체육으로 돈을 벌 수 있다는 확신을 갖고 있었다. 양재하가 실제 지그재그로 그 예시를 보여주기도 했다. 사실 유아교육의 대부분은 유아체육이다. 그러니 유아체육계로 나가고 싶었던 최순실이 강남의 신화였던 양재하와 동업하면 돈을 버는 것은 누워서 떡 먹기인 셈이었다.

그런데 양재하는 사업을 크게 넓힐 생각이 없었다. 그래서 최순실의 제안을 거절했다. 그러자 최순실이 갑자기 자기 건물에서 나가라고 한 것이다. 우리는 이 한 사건만 보아도 최순실의 인간성을 알 수 있다. 자신의 말을 잘 들으면 가깝게 지내고, 자신의 말을 듣지 않으면 무조건 괴롭히는 사람이다. 결국 상당한 돈을 들여 인테리어를 했던 양재하는 6개월 만에 최순실의 건물에서 쫓겨나고 말았다. 최순실은 이때 스포츠로 돈을 벌 수 있다는 확신을 갖게 되었다.

2014년 여름에 이경하가 "야, 내일 급히 차관한테 피티하러 들어가야 돼"라며 양재하에게 파워포인트 자료를 만들어달라고 부탁했다. 전체 판을 그릴 수 있는 능력을 양재하가 갖고 있었기에 이경하는 양재하를 이용한 것이다. 양재하가 이경하의 부탁으로 기획서를 만들어준 것이 케이스포츠재단의 초기 형태였다. 최순실이 지그재그 스포츠단을 보고 김종과 공모해 케이스포츠재단 모델을 구상한 것이다.

물론 이것이 전부는 아니다. 당시엔 지그재그와 다른 형태의 종합형 스포츠클럽이 한국에 도입되고 있었다. 2014년까지 정부가 클럽당 9억씩 지원하는 종합형 스포츠클럽이 전국적으로 30여 곳이 운영되고 있었는데, 선진국형 모델이어서 나는 이것을 적극 도입해야 한다고 했다. 그런 종합형 스포츠클럽을 최순실이 자신의 사욕을 위해 변형해 이용한 것이다.

《한겨레》에 따르면 최순실은 처음 케이스포츠재단의 이사장을 이경하에게 맡으라고 했다. 그러나 이경하는 당시 사정이 있어서 도저히 맡을 수가 없었다. 그래서 자기와 동업하는 정동춘에게 맡긴 것이다. 모든 기획과 추진은 최순실이 하고 얼굴만 정동춘으로 한 것이다.

당시 양재하는 어떻게 이경하가 문체부 차관을 만날 수 있을까 매우 의아해했다고 한다. 그런데 문체부 차관이 자기가 기획한 내용을 모두 수용해 케이스포츠재단을 만들어 매우 놀랐다고 하니 이 배후에는 당연히 최순실이 있었던 것이다. 나는 케이스포츠재단과 최순실의 관계를 조사하기 위해 이경하를 만나려고 무척 노력했다. 수소문 끝에 이경하와 통화가 이루어졌고 그가 사는 집 근처에서 만나기로 했으나 끝내 그는 나타나지 않았다.

나는 최순실이 케이스포츠재단 설립에 대해 이경하한테 어떤 지시를 해서 어떤 그림을 그리게 했는지 반드시 알아내고 싶었다. 그 과정에서 이경하가 서울시 관악구에서 테니스클럽을 운영한다는 정보를 듣고 주진우 기자와 함께 야밤에 테니스 코트를 찾아 나섰다. 관악구 민방위 교육장 인근에 테니스장이 있다는 이야기를 듣고 찾아가는데 관악산 중턱에 있어서 늦은 밤에 한참을 걸어 올라가야 했다. 무서웠다. 주진우 기자는 "의원님, 이러다가 쥐도 새도 모르게 죽습니다. 저쪽은 조폭들 끼고 있습니다"라며 겁을 주기도 했다. 실제 우리 둘은 최순실의 사주를 받은 조폭들이 갑자기 나타나 우리를 해칠까봐 엄청나게 긴장하면서 관악산을 올라갔었다. 그러나 이경하가 피해서 끝내 만나지 못했다. 최순실을 쫓는 과정에서 숨는 자가 범인이라는 확신을 갖게 되었는데 아직도 숨어 있는 이경하의 역할이 언젠가는 드러나게 될 것이다.

최순실이 케이스포츠재단을 만들 때, 전국에는 35개의 케이스포츠클럽이 있었다. 정부는 2015년 1월 종합형 스포츠클럽 명칭을 케이스포츠클럽으로 바꿨고, 김종과 최순실은 300개의 클럽을 만들려고 했다. 최순실은 케이스포츠재단을 만들어 케이스포츠클럽 전체의 위탁 관리 운영권을 가지려고 했다. 이 내막은 박근혜 정부 출범 초기부터 은밀히 진행되었다.

박근혜 정부가 시작되면서 종합형 스포츠클럽이 생기기 시작했다. 각 지역에서 엘리트 체육과 생활 체육을 서로 융합한다는 취지로 만든 것이다. 유럽에서는 스포츠클럽이 이미 정착되었고 일본에서도 2000년부터 종합형 스포츠클럽이 운영되어 2015년까지 2,500여 곳이 있었다. 나는 박근혜 정부가 가장 잘하고 있는 정책이 바로 종합형 스포츠클럽의 설립과 운영이라고 생각했다. 전국에 300곳 정도를 만들면 우리 체육은 이제 서양처럼 엘리트 체육과 생활 체육이 자연스럽게 함께 발전할 것이라고 기대하며, 2014년 초 김종 차관과 함께 일본의 종합형 스포츠클럽을 시찰하기도 했다.

당시 국회에서 나는 일본과 똑같이 종합형 스포츠클럽이라는 이름을 사용하지 말고 우리 식의 이름을 쓰면 어떻겠냐고 제안했다. 문체부는 종합형 스포츠클럽을 2016년 1월 케이스포츠클럽으로 변경했고, 최순실의 케이스포츠재단은 2016년 2월에 설립되었다. 이름의 변경과 재단의 설립은 모두 고도로 계산된 것이었다. 최순실은 너무도 교묘하게 자신이 만든 재단을 케이스포츠재단이라고 하여 케이스포츠클럽을 총괄하는 재단으로 오해할 수 있게 이름을 지었다. 아니, 처음부터 케이스포츠재단을 생각하고 케이스포츠클럽으로 이름을 바꿨을 가능성이 높다. 노승일의 증언에 따르면 최순실은 체육계 실세인 김종에게 전국에 케이스포츠클럽 300개를 만들어 연간 3억씩 지원해주고, 각 지역의 케이스포츠클럽은 3억 원 중 2억 원은 운영비로 쓰고 1억 원은 지역 클럽의 컨설팅과 관리비로 재단에 상납하는 구조로 만들었다고 했다. 그러니 최순실은 가만히 앉아서 연간 300억씩 벌어들이려고 했던 것이다.

정부는 최순실의 케이스포츠재단에 체육인재육성재단에서 하던 일을 주었다. 문체부는 2007년에 체육인재육성재단을 만들어 운영하고 있었는데, 이를 2016년 1월 1일자로 국민체육진흥공단 산하 한국스포츠개발원과 통합해버렸다. 케이스포츠재단 설립에 걸림돌이 되는 체육인재육성재단은 2015년 김종의 주도로 해체되었고, 이에 저항한 김나미 사무총장은 우병우 민정수석실로 불려가 고초를 당하기도 했다. 그리고 그간 체육인재육성재단이 하던 모든 일을 케이스포츠재단이 가져가버렸다.

이뿐 아니라 최순실은 초유의 발상을 시도했다. 바로 2018년 동계올림픽의 경기장 운영권을 케이스포츠재단이 갖는 것이었다. 이는 이사회를 장악해 영원히 체육계를 장악하려는 의도였다. 최순실은 자신들의 정권이 연장될 것이라고 확신한 것이다. 게다가 새누리당에서 반기문을 내세우면 분명 정권 재창출은 성공하고, 그러면 영원히 수구세력들의 정권이 이어질 것이라고 믿은 것이다.

케이스포츠재단은 바로 이런 그림 속에서 만들어졌다. 그러나 이것은 그들의 헛된 꿈이었다. 최순실도 구속되었고, 박근혜 대통령도 구속되어 머지않아 정권 교체가 이루어질 것이기 때문이다. 사필귀정事必歸正. 모든 일은 반드시 바른길로 돌아가게 마련이다.

의문의 박태환 죽이기

지난 2016년 브라질 리우데자네이루 올림픽 당시 우리 국민들이 가장 안타까워한 것은 박태환의 '노 메달' 탈락이었다. 박태환이 마지막 스퍼트를 하고도 결선에 오르지 못하고 전광판을 보며 고개를 숙이는 모습을 본 한국사람 중에 아쉬워하지 않은 사람은 아무도 없었을 것이다.

그런데 박태환에 대한 아주 의외의 반응들이 있었다. 분명 박태환이 올림픽 대표 선발전에서 1등을 해서 국가대표가 되었음에도 올림픽에 나가지 말고 후배들한테 양보했어야 했다는 것이다. 그러고는 박태환이 올림픽에 나가려고 그렇게 욕심을 부리며 출전했다가 개망신을 당했다는 여론이 있었다. 나는 이 여론의 출처를 분명히 알 수 있었다. 그 여론을 만들어낸 장본인은 바로 문체부였다. 김종을 대표로 하는 문체부의 조직적인 박태환 죽이기가 시작되었고 올림픽 이후에 그를 부관참시하려고 했던 것이다. 그리고 리우데자네이루 올림픽 이후 박태환이 영원히 수영을 하지 못하도록 하려고 했던 것이다.

왜 김종은 박태환을 미워한 것일까? 왜 김종은 박태환이 올림픽 출전을 하지 못하도록 한 것일까? 이는 박태환이 단순히 2014년 인천 아시아 경기 대회에서 약물 도핑 테스트에 걸렸기 때문이 아니라 바로 정유라 때문이었다고 나는 확신한다. 정유라를 위해 최순실이 박태환으로 하여금 올림픽 출전을 하지 못하도록 압력을 넣은 것이다. 그 이유는 무엇 때문이었을까? 박태환은 올림픽에 나갈 수 있는 권한이 당연히 있었다. 김종이 금지 약물 투약 혐의로 그를 못 나가게 한 것은 법을 위반한 것이다. 2011년 IOC는 '오사카 규정'을 만들어서 잘못된 약물을 투여한 선수에 대해 이중처벌을 금지하도록 했다. 만약 잘못된 약물을 투여한 것이 발각되어 국제 연맹으로부터 처벌을 받았고 그 기간이 만료되었으면 해당 국가에서는 더는 처벌을 하지 못하는 규정을 만들었다.

박태환은 2014년 9월 아시아 경기 대회 도핑 테스트에서 걸려 국제수영연맹FINA으로부터 18개월 선수 자격 정지를 받았다. 그런데 그 기간이 지났음에도 대한민국 정부가 올림픽에 나가지 못하게 하는 것이었다. 박태환 선수 입장에서는 매우 불공정하다고 판단했을 것이다. 그래서 정부에 정당한 절차를 밟아 선수로 출전하고자 했다. 그런데 문체부는 계속해서 박태환이 올림픽에 나가는 것을 방해했다. 그래서 온 국민이 다 알다시피 박태환 측에서 IOC에 제소를 하는 지경까지 간 것이다. 이는 도저히 납득이 가지 않는 일이었다.

박태환은 징계 중에도 훈련을 계속하고자 했다. 그런데 이상한 일이 다시 발생했다. 박태환이 88올림픽 수영장에서 훈련을 하려고 하는데 문체부에서 수영장을 사용하지 못하게 한 것이다. 아무리 징계 중인 선수여도 박태환은 아시아 경기 대회와 올림픽에서 금메달을 따고 국위선양을 했던 수영 영웅이었다. 그런 선수에게 훈련장도 사용하지 못하게 하는 것은 선수 생명을 완전히 끝나게 하겠다는 뜻이었다. 이는 도저히 있을 수 없는 일이었다.

이런 어처구니없는 일이 발생하자 박태환의 아버지와 박태환의 스승 노민상 감독이 나를 찾아왔다. 노민상 감독은 나와는 깊은 인연이 있는 분이었다. 내가 오산 지역에서 추진했던 생존 수영 때문에 그와 인연을 맺었다. 2010년 가을 오산 지역 초등학생들을 대상으로 하는 생존 수영을 제안했을 때 지역의 학교장들과 공무원들이 이런저런 이유를 내세워 반대해 좌절될 뻔했다. 그때 노민상 감독이 그분들을 설득해 생존 수영을 추진할 수 있게 되었다. 노민상 감독의 도움으로 현재 오산은 생존 수영의 메카로 자리 잡게 되었다. 노민상 감독과 그런 인연으로 나는 박태환의 훈련을 위해 문체부와 국민체육진흥공단 관계자들과 만났다. 그리고 왜 박태환을 88올림픽 수영장에서 훈련하지 못하게 하느냐고 항의했다.

박태환이 수영 훈련을 못 하면 징계가 해제된 이후 올림픽에 나갈 수 없는 것은 자명했다. 선수가 훈련을 하지 못하면 몸 상태를 만들 수 없기 때문에 대회 출전이 불가능하기 때문이다. 나의 항의로 결국 수영장 관리를 맡은 국민체육진흥공단은 박태환에게 훈련을 허락했다. 나는 국민체육진흥공단이 대한민국 스포츠 영웅인 박태환을 괴롭히는 것은 분명 보이지 않는 힘이 작용한 결과라고 생각했다. 그 배후에 당연히 김종이 있을 텐데 왜 김종이 박태환에게 훈련을 못 하게 하는지 당시에는 그 이유를 알지 못했다.

2016년 봄, 박태환의 징계가 끝나 올림픽에 출전하기 위해 훈련을 본격적으로 하고 있는데 갑자기 문체부에서 올림픽에 출전할 수 없다고 통보했다. 2014년 대한체육회 신설 규정에 따라 도핑 테스트에 걸린 선수는 국제연맹의 징계가 끝나도 3년간은 국가대표로 출전하여 국제경기에 나갈 수 없다는 것이다. 박태환은 좌절했다. 그는 겨우 국내 대회만 출전할 수 있는 상황이 되었다. 즉, IOC가 금지한 이중처벌을 대한체육회가 정면으로 위배하면서 박태환의 올림픽을 방해했다.

나는 국회의원 선거가 끝난 후 2016년 5월, 박태환이 출전한 수영대회에 그를 격려하기 위해 광주로 갔다. 그리고 그 당시 박태환의 아버지와 노민상 감독에게 진실을 이야기해달라고 했다. 그래야 내가 진실을 밝히는 데 도움을 줄 수 있다고 했다. 그랬더니 박태환의 아버지는 눈물을 글썽이며 어떻게 안 의원마저 의심하냐고 서운해했다. 박태환 아버지의 눈물을 바라보며 박태환의 금지 약물 투여가 의도적인 것이 아닌 의사의 실수에 의한 것이라고 확신했다. 그래서 박태환 구명운동을 해야겠다고 마음먹었다.

서울로 돌아와 박태환의 올림픽 출전금지가 타당한지 국회에서 전문가 세미나를 개최했다. 나를 비롯한 대부분의 참석자들은 세미나를 통해 처음으로 2011년 IOC의 이중처벌을 금지하는 '오사카 규정'을 알았다. 이 규정대로라면 박태환의 올림픽 출전은 전혀 문제될 것이 없었다. 단, 박태환이 국내 올림픽 대표 선발대회에서 우승하는 것이 전제였다. 처음부터 그를 올림픽에 절대 출전할 수 없게 하는 것은 말이 안 되는 것이었다. 중요한 것은 정부가 IOC의 규정을 어기고 있었다는 점이다. 대한체육회는 IOC의 규정을 따라야 하는데 상급기관의 규정을 어기면서까지 박태환을 올림픽에 못 나가게 하는 것이다.

나는 교문위원회에서 김종에게 IOC 규정을 보여주면서 "이게 규정이다. 각 나라의 체육회들이 모여서 IOC가 되는 것이고, 이 상급기관 IOC의 규정을 우리나라의 NOC(국가올림픽위원회)인 대한체육회가 따라야 하는 것이다"라고 했다. 그때 김종은 IOC 규정은 따를 수도 있고 따르지 않아도 상관없다고 대답했다. 그래서 나는 김종에게 "당신이 문체부 차관이 맞냐?"고

면박을 줄 정도였다.

결국 박태환은 국내 행정심판에서 이기고 IOC 제소에서도 이겨서 리우데자네이루 올림픽에 출전하게 되었다. 국민들이 생각해도 정말 이상하지 않은가? 정부가 올림픽을 앞두고 메달 하나라도 더 딸 수 있도록 선수를 격려하고 도와주어야 하는데 오히려 메달을 딸 수 있는 가장 유력한 선수를 못 나가게 하는 것은 도저히 납득이 가지 않는 일이었다. 언론에도 나왔지만 김종은 박태환을 불러 올림픽에 나가지 못하게 협박했다. 대학교수 자리를 마련해줄 테니 올림픽에 나가지 말라고 하기도 했다. 이는 회유가 아니라 명확히 협박이다. 그렇게 협박을 했으니 마음에 상처를 입은 박태환이 훈련을 제대로 할 수 있었겠는가? 그래서 박태환이 올림픽에 나가 죽을 쑨 것이다.

그런데 최근 박태환은 어떤가? 김종이 구속되고 마음 편하게 훈련하니 2016년 12월 캐나다 윈저에서 열린 국제수영연맹 쇼트코스(25미터) 세계선수권대회에서 3관왕을 차지했다. 최근 훈련에서는 9년 전 올림픽에서 금메달을 딸 때보다 더 좋은 성적이 나오고 있다. 만약 지난 올림픽 때 김종이 박태환을 협박하지 않고 올림픽에 출전할 수 있게 했으면 박태환은 충분히 메달을 딸 수 있었다.

그렇다면 김종이 이렇게 박태환을 괴롭힌 이유는 무엇일까? 그것은 바로 정유라 때문이었다. 정유라를 IOC 선수위원으로 만들기 위해서였다. 만약 박태환이 지난 리우데자네이루 올림픽에서 우승을 하고 은퇴를 하면 IOC 선수위원이 되는 것은 명확한 일이었다. 그래서 박태환을 IOC 선수위원이 되지 못하게 하기 위해 기를 쓰고 올림픽에 출전하지 못하게 한 것이다. 8년 임기인 IOC 선수위원은 한 국가에서 한 명밖에 할 수 없는 규정이 있기에 박태환이 되면 정유라는 될 수 없었다.

최순실은 정유라를 2020년 IOC 선수위원으로 만들기 위해 그 해에 있는 도쿄 올림픽 승마 경기에서 메달을 따게 만들 생각이었다. 정유라가 독일에서 훈련한다고 하지만 기량이 뛰어난 선수는 아니다. 그러나 정유라가 하는 마장마술은 기본적으로 말에 의해 성적이 좌우되기 때문에 유럽의 비싼 명마를 사서 경기에 나가면 충분히 메달을 딸 수 있었다.

최순실은 삼성의 이재용과 거래해 삼성이 100억 원 이상의 명마를 사주고, 유럽 최고의 일급 코치를 붙이면 메달을 충분히 딸 수 있다고 판단했다. 그래서 올림픽에서 메달을 따고 세계 굴지의 기업인 삼성과 정부와 합작하면 정유라를 2020년 올림픽 선수위원으로 만드는 것이 가능하다고 여겼을 것이다. 그리고 장기적으로 IOC 선수위원인 정유라를 국익을 위해 노력한 인물이라고 하여, 2024년 국회의원 선거에 비례대표로 추천할 생각을 하지 않았을까 추측해본다. 결국 정유라 IOC 위원 만들기 프로젝트를 위해 박태환 죽이기에 나섰다는 것이 나의 주장이다. 그렇지 않고서야 박태환을 올림픽에 나가지 못하도록 집요하게 방해한 김종의 비행을 설명할 도리가 없다.

베트남 외교 행낭과 록히드마틴

사람이 사는 데 돈은 무척 중요하다. 기본적으로 돈이 있어야 최소한의 삶을 살아갈 수 있기 때문이다. 공자孔子는 이로움을 무척 중요하게 생각했다. '이利'란 말은 '화禾'와 '도刀'의 합성어다. 이를 다시 풀어보면 '벼[禾]'가 익으면 '칼[刀]'로 베어 수확한다는 말이다. 그러니 '이'란 나쁜 것이 아니라 정당한 노력 속에서 얻은 결과물이고 우리는 이 결과물인 '이', 즉 이익을 당연히 원하는 것이다.

맹자孟子 역시 '유항산자有恒産者가 유항심有恒心'이라고 했다. 어느 정도 수준의 재산을 갖고 있는 사람이 백성을 도와줄 수 있는 아름다운 마음을 항상 가질 수 있다는 것이다. 이는 경제 관념의 이야기로 많지는 않더라도 돈을 버는 것은 중요하다는 의미다. 그래서 옛날부터 사람들은 돈을 벌기 위해 노력했고, 실제로도 더 많은 돈을 벌어 이익을 원하는 것은 나쁜 게 아니다.

그러나 돈을 벌기 위해 정당하지 않은 방법을 쓰는 것은 용서받아서는 안 된다. 힘없는 사람들은 정당하지 않은 방법으로 돈을 벌 수 있는 기회가 없다. 그러나 힘 있는 사람들은 자신들의 관계와 지위를 이용해 비정상적인 방법으로 돈을 번다. 이렇게 정상이 아닌 방법으로 돈을 버는 사람들은 자신들이 아무리 돈이 많아도 가난한 사람들을 도울 궁휼한 마음을 갖지 않는다.

최순실은 그저 힘만 있는 사람이 아니다. 그는 박관천의 말대로 우리나라의 권력 서열 1위였다. 박근혜 대통령을 조종하는 사람이었으니 그의 힘은 전혀 상상할 수 없을 정도다. 지금 이야기하고자 하는 것이 바로 그가 권력을 이용해 외교와 국방 분야에서 돈을 벌었다는 의혹들이다.

2016년 국정감사 마지막 날 놀라운 제보가 들어왔다. 작년에 최순실이 국정농단의 주인공이란 소리를 들을 때 독일에 있는 최순실에게 변호의 기회를 준 《○○일보》 인터뷰의 주인공인 문화부장 유○○ 기자가 제보한 것이다. 그는 승마선수 출신인 장유원이 미르재단에 있다고 했다. 그런데 최순실과 등을 돌려 최순실의 또 다른 태블릿 PC를 특검에 넘겨준 장시호의 원래 이름은 장유진이었다. 장유진과 장유원! 갑자기 나는 두 사람이 남매가 아닐까 생각했다. 이름이 비슷하니 분명 그럴 것이라고 확신한 것이다. 그래서 미르재단뿐 아니라 여기저기 장유원이 있는지 확인했다. 그 결과 장유원의 존재와 연락처를 알게 되었다. 장유원은 전화를 받지 않았다. 우리는 끝내 장유원을 찾지 못했다.

다음 날 나는 정유라의 승마코치인 서정균에게 전화해서 장시호에게 동생이 있냐고 물어보았다. 서정균은 장시호에게도 승마를 가르친 인물이었기 때문에 잘 알고 있을 것이라 생각했다. 서정균은 박원오와 함께 장시호에게 승마를 가르치고 연세대학교에 입학시켰다. 장시호는 자신의 실력으로 연세대학교에 입학했다고 하지만 나는 그렇게 생각하지 않는다. 승마인들도 박원오와 서정균의 관계를 너무 잘 알기 때문이다. 승마계에서는 당시 서정균이 고등학생이던 장시호에게 승마를 가르쳤고, 박원오가 입시 브로커 역할을 하여 연세대학교에 입학시킨 것으로 알려져 있다. 정유라의 이화여자대학교 입시부정도 1998년 장시호의 연세대학교 승마특기자 입학의 데자뷔처럼 닮은 듯하다.

서정균은 그런 소리는 들은 바 없다고 하며 동생이 아니라 오빠가 있을 것이라고 이야기를 했다. 그때 나는 처음으로 장시호의 오빠인 장승호의 존재를 알게 되었다. 그래서 장승호가 어디 있는지를 추적했다. 당시 장승호는 베트남에 있었다. 나는 장승호를 찾기 위해 그가 있는 베트남 호치민을 뒤졌다. 나는 호치민의 한국학교를 몇 차례 방문하면서 교민들과 인연을 맺고 있었다. 한국학교를 도와주는 교민들은 대부분 그 지역에서 경제적으로 안정된 생활을 하는 사람들이었다. 그리고 교민사회는 그리 크지 않아 교민들의 동태를 대부분 알고 지낸다. 그래서 나는 호치민에서 장승호의 이야기를 듣게 되었다.

장승호는 2008년 호치민에 와서 사업을 하다 실패해서 손해를 보았다고 한다. 장승호의 어머니는 최순실의 언니인 최순득이다. 최순득 역시 최태민의 딸이니 최순실과 크게 다를 바 없었다. 최순득은 베트남에서 장승호를 도와줄 후견인을 찾았다. 그 사람이 2013년에 베트남 대사로 임명된 전대주다. 전대주는 LG화학 베트남 법인장으로 재직하다가 불미스러운 사건으로 LG화학과 갈라선 후 호치민에서 회사 컨설팅을 했던 사람이다.

박근혜·최순실 국정농단을 조사하던 특검은 전대주를 불러 조사했다. 전대주는 처음에는 최순실과 관련이 없다고 부인했는데 나중에 특검에서 최순실이 추천해서 베트남 대사가 된 것임을 실토했다. 조카인 장승호를 돕기 위해 외교 경험이 전혀 없는 일반 사업가를 대사로 임명했으니 최순실이 얼마나 부도덕한 사람인지 다시금 확인할 수 있다.

그런데 전대주가 베트남 대사로 임명되고 나서 외교가에 이상한 소문이 돌기 시작했다. 최순실이 베트남 대사관의 외교 행낭을 통해 대사에게 달러를 넣어 보냈다는 것이다. 외교 행낭은 절대로 세관 검색을 받지 않는다. 그러니 외교 행낭을 통해 밀수를 하고자 하면 아무 문제없이 할 수 있다. 그러니 일주일에 한 번 운영되는 외교 행낭을 통해 베트남으로 10만 달러나 20

만 달러를 송금하는 것은 아무것도 아니다.

지난 겨울 서울 상암동에서 우연히 만난 내부자 베트남 총영사관 김재천 영사에 따르면 외교 행낭은 한 번에 40킬로그램까지 허용된다고 하니, 100달러 한 장에 1그램이 나간다고 볼 때 40킬로그램이면 400만 달러를 위장해서 보낼 수 있다. 상상만 해도 아찔하다. 만약 이것이 사실이라면 최순실을 돕는 외교부 내의 부패한 조력자가 있을 것이다. 외교부는 부인하겠지만 분명 존재할 것이다. 결국 특검은 외교 행낭의 부역자와 외교 행낭의 진실을 찾아내지 못하고 끝났다.

최순실에 대한 의혹은 여러 가지가 있지만 그중 하나가 록히드마틴과의 무기 거래다. 체육 분야의 케이스포츠재단이나 문화 분야의 미르재단도 돈을 벌기는 하지만 이는 자신의 딸인 정유라의 사회적 지위를 위한 기반 조성이라고 생각한다. 그들이 여기서 버는 돈은 우리로서는 엄청난 돈이라고 생각하지만 이들에게는 푼돈에 불과했을 것이다. 이들이 진짜 돈을 버는 것은 바로 록히드마틴과의 무기 거래를 통해 천문학적인 수수료를 받는 것이다. 이것은 단순히 의혹이 아니라 충분히 개연성이 있다. 무기 하나만 거래를 성사시키면 커미션은 2~3퍼센트 가까이 되니 상당한 이익을 얻을 수 있다.

그간 우리나라와 미국과의 무기 거래가 어느 정도였는지 보여주는 통계가 있다. 이명박 정부와 박근혜 정부 들어서 총 35조 원 정도의 무기 거래를 추진했는데, 박근혜 정부 때 큰 폭으로 늘어났다. 이명박 정부 때는 미국산 무기 도입에 13조 9,644억 원이 투입되었지만 박근혜 정부에서는 18조 5,539억 원이 들었다. 앞으로도 10조 원 이상이 미국에 지급될 예정이다. 이중 전투기 계약 내역을 보면 7조 4,000억 원대의 차기 전투기 F-35A 전투기 40대 도입 사업, 1조 3,000억 원대의 고고도무인정찰기 '글로벌호크' 4대 도입, 1조 7,000억 원 규모의 KF-16 134대 성능개량작업 등이 진행 중이다. 이는 가히 천문학적인 금액이다. 여기서 록히드마틴과의 계약은 7조 4,000억 원대의 차기 전투기 F-35A 전투기 40대 도입 사업이다. 록히드마틴은 이외에도 미사일 등을 한국 정부와 계약했다. 2010년부터 2015년 사이에 록히드마틴과 무기 구매 계약을 한 것이 8,000억 원인데 2015년부터 2021년까지는 12조 원이나 된다. 박근혜 정부에 들어와서 이명박 정부 시절보다 록히드마틴과의 무기 거래가 무려 10배가 넘는 것이다. 이 과정에 어떤 비밀이 있을까? 바로 최순실이 개입했을 가능성이 있다.

나는 지난 2016년 11월 15일 CBS라디오 〈김현정의 뉴스쇼〉와 11월 22일 MBC라디오 〈신동호의 시선집중〉에서 최순실과 록히드마틴의 거래 의혹을 폭로했다. 그냥 아무 근거 없이 폭로한 것이 아니다. 김관진 현 국가안보실장이 2013년 국방부 장관으로 있으면서 록히드마틴이 제조한 F-35 도입을 결정할 때 정무적 판단으로 결정했다고 한다. 정무적 판단이란 무기 자체의 성능보다 대통령의 의지가 반영되었다는 것으로 해석된다.

그리고 당시 장명진 방위사업청장은 대통령과 서강대학교 전자공학과 70학번 동기로 박근혜의 정무적 판단을 충분히 반영해 록히드마틴과 계약을 체결했을 것이다. 그렇다면 박근혜 대통령이 정무적 판단을 할 수 있게 압력을 넣은 사람은 누구일까? 그건 당연히 최순실이 아닐까? 나는 이런 내용을 제보받아 확인하는 과정을 거쳤다.

박근혜 정부가 들어서면서 김관진이 다시 국방부 장관이 되고 국가안보실장까지 되었다. 국방부의 모든 권한을 김관진이 장악한 것이다. 아무리 그렇다고 하더라도 김관진이 마음대로 천문학적인 금액을 써서 록히드마틴과 계약할 수는 없다. 그 결정은 '정무적 판단'이 있어야 하기 때문이다. 최순실이 록히드마틴의 메를린 휴슨 회장과 2015년 6월에 만났다는 제보를 받고 사실 유무를 확인했는데, 양측에서 모두 부인하고 있다. 록히드마틴은 최순실과 휴슨 회장이 만난 적 없다고 했다. 정권이 교체되었지만 밝혀내지 못해 아쉽다.

나는 박근혜 정부가 들어서면서 고고도미사일 사드THAAD 때문에 국론이 분열되고 중국과 외교문제를 일으키며 경제가 망가지는 단계까지 이르렀음에도 굳이 사드를 한국에 배치하려고 하는지 그 이유를 바로 록히드마틴에서 찾고 있다. 사드를 만드는 회사가 록히드마틴이고 최순실이 록히드마틴과 거래하는 가운데 천문학적인 커미션이 숨어 있다고 본다. 이 역시 반드시 진실이 밝혀질 것이다.

나는 자신의 이익을 위해 국가안보까지 이용하는 이 파렴치
범들을 도저히 용서할 수 없다. 그리고 안보를 최우선으로 하는
보수세력들이 안보를 이용해서 장사하는 이들을 위해 군복을
입고 나와 태극기를 흔드는 모습을 도저히 이해할 수 없다. 그
들이 주장하는 애국이 정의로운 대한민국을 세우는 데 걸림돌
이 되고, 그들이 흔드는 태극기가 세계적인 비웃음거리가 되고
있음을 직시하기 바란다.

장시호를 체포하라

●

"장시호를 긴급 체포해야 한다. 최순실의 대리인 역할을 지금 하고 있다."

2016년 10월 13일 국정감사 마지막 날, 나는 최초로 장시호의 존재를 세상 밖으로 꺼냈다. 그리고 연달아 TBS라디오 〈김어준의 뉴스공장〉에 출연해서도 장시호를 긴급 체포해야 한다고 주장했다. 그가 구속된 최순실을 대신해 부지런히 국정농단 증거 인멸을 하고 있었기 때문이었다.

이후 이러한 나의 주장은 특검 수사 과정에서 사실로 밝혀졌다. 장시호는 최순실의 또 다른 태블릿 PC를 찾아내는 등 숨겨왔던 진실을 털어놓고 있다. 내가 그녀를 세상 밖으로 꺼내지 않았으면 그녀는 구속되지 않고 지금쯤 해외로 도피해서 숨어 지낼 가능성이 있었다. 장시호의 입장에서 보면 나 때문에 옥살이를 하고 있으니 내가 원망스러울 것이다. 결혼 후 1년 만에 이혼한 후 아들 하나를 키우고 있는 장시호를 최순실의 아바타로 지목하며 검찰에 체포를 공개적으로 요구했으니 얼마나 미웠겠는가?

장시호와 관련된 의미 있는 기억의 날은 바로 2016년 11월 11일 국회에서의 긴급 대정부질문 시간이다. 그날 나는 박근혜·최순실 국정농단의 진상 조사를 위한 긴급 대정부질문을 위해 김현웅 법무부 장관을 마주보았다. 그날따라 단상에 올라가 질의하는 것이 무척이나 긴장되었다. 확신을 갖고 질의하는 것이지만 의사당 본회의장에 있는 국회의원들이나 텔레비전을 시청하는 국민들이 과연 납득할 수 있을지 걱정되었기 때문이다. 물론 시간이 지나 진실이 밝혀질 것이라는 확신을 갖고 있었지만 2014년 4월 8일 대정부질문에서 처음 최순실의 국정농단을 꺼냈을 때도 아무도 믿지 않았던 경험이 있었기에 긴장할 수밖에 없었다. 그러나 언제나 진실은 감옥에 가두어도 밝혀진다는 믿음으로 나는 단상에 올라섰다. 그리고 나의 양복 재킷 주머니에서 핸드폰 여섯 개를 차례대로 한 개씩 꺼냈다. 전부 대포폰이었다.

나는 그 자리에서 김현웅 장관에게 대포폰 사용이 적법한 것이냐 위법한 것이냐를 질문했다. 당연히 그로부터 위법이라는 답변을 받아냈다. 그러고 나서 나는 그렇다면 대통령이 대포폰을 사용하는 것은 적법한 것이냐 위법한 것이냐를 질문했다. 김현웅 장관은 황당했을 것이다. 대통령이 대포폰을 사용한다는 것은 있을 수 없는 일이기 때문이다. 대통령은 공적인 존재이고 또 대통령에게 걸려오는 전화는 모두 비서실에서 정리해 대통령과 통화하게 하는 것이 기본이기 때문이다. 설령 대통령이 사적인 전화를 한다 해도 그것은 모두 청와대에서 제공하는 공적인 핸드폰으로 사용하는 것이지 어떻게 대포폰을 사용할 수 있겠는가? 이는 도저히 상식 차원에서 이해할 수 없는 일이고, 대통령이 대포폰을 사용하고 있다고 주장하는 안민석이라는 인간은 박근혜 대통령을 무조건 곤경에 빠뜨리려고 하는 파렴치범일 것이라고 장관은 생각했을 것이다.

당시 나의 대정부질문은 뜨거운 이슈가 되었다. 대통령이 대포폰을 사용한다니! 그것도 국민들에게 아직은 이름도 낯선 장시호라는 사람이 여섯 개의 대포폰을 개설해 하나를 대통령에게 주었고, 그 대포폰으로 최순실과 통화했다니? 언론은 나의 긴급 대정부질문을 흥미롭게 다루면서도 안민석이 주목 받으려고 한다는 어감을 풍기고 있었다. 대통령이 대포폰을 사용한다는 것은 말도 안 되는 일이기 때문이다. 그러나 이후 박근혜가 장시호가 준 대포폰으로 최순실과 하루에도 수차례 통화를 한 것이 최근 특검의 조사로 밝혀졌다. 대통령이 법을 어기면서 특정인과 사적 이익을 도모하기 위해 대포폰을 사용했다는 것 하나만으로도 국정농단이요, 반드시 비난받아야 할 사유에 해당된다.

　장시호가 최순실의 지시로 대포폰을 만들어 박근혜에게 전달했다는 사실을 알게 된 것은 바로 앞서 이야기한 대로 《○○일보》 문화부장의 장유원 제보 때문이었다. 이 제보 때문에 최순득의 딸인 장유진이 장시호로 개명하게 된 것을 알게 되었고, 장시호의 오빠 장승호의 존재도 알게 되었다. 그래서 최순실이 자기 조카인 장승호를 돕기 위해 멋대로 외교 경험이 전무한 전대주를 베트남 대사로 추천한 사실까지 알게 되었다. 그 과정에서 나는 장시호를 주목했다. 장시호는 최순실의 아바타일 수도 있고, 최순실의 마름일 수도 있고, 최순실의 또 다른 분신일 수도 있겠다는 생각이 들었다.

　그래서 장시호를 잘 알고 있는 사람들을 만나보았다. 장시호가 승마를 했기 때문에 몇몇 승마인들에게 물어보면 장시호의 과거와 장시호가 지금 무엇을 하는지 알 수 있었다. 그 조사 과정에서 장시호가 최순실의 비서실장 역할을 했음을 알 수 있었다. 최순실은 절대로 자신의 모습을 외부에 드러내지 않는다. 반드시 다른 사람을 시켜 자신이 원하는 일을 해결했다. 차은택·김종·박원오·박채윤 등이 바로 최순실의 충실한 심부름꾼이다. 그러나 이들보다 최순실의 신뢰를 받으면서 모든 분야를 소상히 알고 있는 사람이 바로 장시호다. 박원오는 승마계와 관련된 일만 알고, 차은택은 문화계만 알고, 김종은 체육계만 알고, 박채윤은 의료계만 알지만 최순실의 지시를 받아 이들을 만나고 일을 대신해서 지시하는 장시호는 모든 것을 다 알고 있는 것이다. 그러니 장시호가 최순실에 대해 알고 있는 것을 모두 털어놓으면 최소한 최순실의 국정농단과 은닉 재산의 대부분은 알 수 있다고 생각한다. 최순실이 독일에 있을 때 태블릿 PC가 발각된 것이 JTBC 긴급 뉴스에 나가 곤경에 처하게 되었을 때, 증거를 인멸하라고 최순실이 지시한 사람이 바로 장시호였다. 이는 그만큼 최순실과 장시호가 한 몸이라는 것을 의미하는 것이다.

이렇게 최순실이 장시호를 신뢰하는 것은 정유라 때문이기도 하다. 정유라에게 장시호는 이종사촌 언니이기는 하지만, 장시호가 1979년생이고 정유라가 1996년생이기 때문에 나이 차이가 많이 나는 두 사람은 이모와 조카 같은 사이였다. 아니, 어떤 면에서는 정유라는 자기 엄마인 최순실보다 장시호를 더 많이 따른 것처럼 보인다. 정유라가 승마를 하게 된 것도 장시호의 영향이 제일 컸다. 그러니 자기 언니의 딸이기도 하고 자기 딸인 정유라가 좋아하니 최순실은 장시호를 가장 신뢰했고, 그래서 중요한 일은 모두 장시호에게 시켰다.

최순실이 독일에서 태블릿 PC 사건으로 김기춘·조윤선·우병우·안종범·정호성 등과 입을 맞추었다고 해도 모든 것을 완벽하게 맞출 수는 없었을 것이다. 그래서 장시호에게 나머지를 꿰어 맞추는 일을 시키고 증거 인멸을 지시한 것이다. 그러나 장시호는 자신이 살기 위해 최순실이 감추라고 한 또 다른 태블릿 PC를 증거로 제출하면서 최순실과 박근혜의 국정농단을 완벽하게 증명해주었다. 참으로 기이한 일이다. 장시호는 국민들에게는 비록 죄인이지만 진실을 알려준 참회한 인간이 되었고, 같은 편인 최순실과 박근혜에게는 돌이킬 수 없는 배신자가 되었기 때문이다.

나는 지난 2016년 10월 27일 〈김어준의 뉴스공장〉에 나가 처음으로 장시호의 이름을 꺼냈다. 장시호를 조사하다 보니 그녀를 구속하지 않고는 도저히 최순실의 국정농단을 확인하기가 어려울 것 같았다. 아마 장시호는 자신이 베일에 가려져 있을 줄 알았는데 내가 자신의 이름을 꺼내서 충격을 받았을 것이다. 결국 검찰은 장시호를 체포하고 구속시켰다.

나는 장시호와 최순실의 관계를 깊이 추적했고, 그녀와 관련된 사람들에게 진실을 이야기하라고 설득했다. 그 설득 과정에서 들은 이야기가 바로 대포폰이었다. 최순실이 장시호에게 대포폰 여섯 개를 개설하라고 지시했고, 그중 하나를 박근혜에게 주었다는 것이다. 이 대포폰은 낮에는 정호성이 갖고 있다가 최순실에게 전화가 오면 박근혜에게 바꿔주었을 것이고, 근무시간이 끝나 사저로 돌아가면 박근혜는 정호성에게 대포폰을 받아 최순실과 통화했을 것이다. 박근혜는 독일에 있는 최순실과 하루에 아홉 번이나 대포폰으로 통화했다고 한다. 박근혜는 최순실이 없으면 아무것도 못 하는 인물인데, 그런 인물을 대통령으로 뽑은 우리 국민은 얼마나 불쌍한 존재인가! 그런데 지금도 박근혜가 하늘이 내려준 지도자이고 악의 세력으로부터 고

난받는 지도자로 숭앙되고 있으니 이런 생각을 하는 사람들은 도대체 어떤 사람들인지 진심으로 궁금하다.

그렇다면 왜 장시호 쪽에서 대포폰의 진실을 밝힌 것일까? 그것은 바로 최순실의 분노조절장애 때문이라고 생각한다. 최순실의 최측근이었던 고영태나 노승일 역시 최순실의 폭언과 멸시 등으로 인해 깊은 상처를 입은 사람들이었다. 그래서 그들은 최순실을 떠나 국민들을 위해 진실을 알려야 한다고 결의한 것이다.

장시호 역시 아무리 최순실이 신뢰한다고 해도 폭언과 멸시를 받았던 순간의 분노를 감당하기는 힘들었을 것이다. 그 결과 최순실은 자신의 진짜 숨겨진 악행이 세상에 드러나게 되는 결과를 초래했다. 천만년 갈 것 같은 영화榮華가 자신으로 인해 파멸된 현실에서 최순실은 지금 무슨 생각을 하고 있을까? 최순실이 참회하는 날이 있다면 비로소 그는 인간으로 대접받을 수 있을 것이다.

수줍은 악마 기자, 주진우

사람들은 주진우 기자를 악마 기자라고 부른다. 김어준, 정봉주, 김용민과 함께한 팟캐스트 〈나는 꼼수다〉의 주역으로 주진우는 더 많이 알려져 있다. 광화문 촛불집회에 참석하는 시민들과 정치에 약간 관심 있는 분들 중에서 주진우를 모르는 사람들은 거의 없을 것이다. 청와대, 검찰, 국정원, 조폭, 삼성 등에 대해 독보적인 탐사보도를 하고 있는 '악마 기자' 주진우와 나는 가장 친한 동지이자 선후배로서, 최순실을 추적하며 생사고락(?)을 함께했다.

악마 기자 주진우와 처음 만난 것은 2008년 광우병 파동으로 인한 촛불집회 때였다. 그리고 보니 그와 만난 지 어언 10년이 되어간다. 주진우를 소개시켜준 사람은 박창일 신부님이다.

정유라의 상주 승마대회 사건을 내게 이야기해서 오늘날 최순실의 국정농단과 박근혜 대통령의 파면 국면을 만들게 한 장본인이 바로 박창일 신부였으니, 하늘이 박근혜 정권을 무너뜨리고 새로운 민주주의 정권을 수립하라고 두 사람을 운명적으로 만나게 한 것이 아닌가 싶다.

박창일 신부님은 내게 주진우 기자를 소개하면서 아주 정의로운 젊은 기자라고 했다. 당시 주진우 기자가 35세였고, 나 역시 45세의 젊은 시절이었다. 이후 나는 주진우 기자와 지속적으로 교분을 맺고 있었는데, 2014년 정유라의 승마 공주 대정부질문 이후 나와 함께 정유라와 최순실을 파헤치기로 했다. 우리는 어떤 어려움이 있어도 끝까지 추적하자고 결의했다.

나는 최순실 국정농단을 추적하면서 여러 기자들과 공조했다. JTBC 양원보 기자는 나와 함께 장시호를 추적하기도 했으며, 임선이(최태민의 다섯 번째 부인)의 손자 조용래를 만났다. 그리고 일요일 밤이면 카페에서 만나 각자의 퍼즐을 맞추기도 했다. 《한겨레》 류이근, 하어영, 《주간경향》 정용인, JTBC 봉지욱과 공조해서 최순실을 추적했는데 나와 가장 오랫동안 호흡을 맞춰 취재를 한 것은 주진우였다. 주진우는 나와 비슷한 기질이 있다. 주진우도 하나의 사건을 맡으면 뿌리까지 찾아내는 근성이 있고 그것을 창의적으로 찾아내는 탐정 같은 기질도 있다. 그리고 강자의 불의를 보면 참지 못한다.

이런 면에서 주진우는 나와 매우 비슷하다. 국민 초병을 자처

하는 나 역시 '안 탐정'으로 불리고 있는데 이는 국민들이 최순실에 대한 진실을 추적하는 칭찬의 뜻으로 받아들이고 있다. 이런 인연으로 '탐정 같은 기자와 탐정 같은 정치인'이 만나 진실을 밝히기 위해 노력했다. 주진우는 악마 기자라고 알려질만큼 강한 이미지와는 달리 실제는 조용한 성격이다. 낯을 많이 가리고 수줍은 성격과 남을 배려하는 따뜻한 인간미를 지녔다. 그런 주진우가 최순실과 이명박의 부정과 비리를 파헤치는 불굴의 용기와 집념으로 많은 사람들의 사랑을 받게 되었다.

우리는 박근혜·최순실 국정농단을 파헤치기 위해 여러 가지를 알아보다가 서로 퍼즐을 맞추기 위해 시간을 정해 길에서 차를 세우고 딱 5분 정도씩 맞추는 작업을 진행했다. 그러면 서로가 알아본 것이 정확히 맞는 것인지 아니면 잘못 조사한 것인지를 확인할 수 있었다. 우리가 왜 비밀리에 만나서 최순실 사건을 이야기하냐면 신변의 위협이 있을 수 있기 때문이다. 주진우는 박근혜 5촌 살인사건을 취재하면서 여러 차례 신변의 위협을 느꼈다고 했다. 그래서 서로 같이 오래 있다 보면 신변이 노출될 우려가 있어 조심스럽게 행동하기로 했다. 앞서 이야기했지만 최순실의 부탁으로 케이스포츠재단을 기획한 이경하를 만나기 위해 관악산 중턱으로 걸어 올라갈 때 정말 청부 살인업자들이 올 것 같은 두려움이 있었던 것도 사실이다.

주진우는 최순실을 추적하면서 최순실이 최서원으로 개명한 것을 밝혔다. 그리고 스포츠계의 문제점도 확인하기 시작했다.

주진우는 정유라의 승마대회와 관련해 다양한 것들을 확인하기 위해 2016년 인천 아시아 경기 대회 프레스증을 신청하기도 했다. 당시 《시사인》은 그 유명한 최순실의 선글라스 낀 사진을 찍은 조남진 기자와 또 다른 사진 기자 한 명과 함께 주진우를 아시아 경기 대회 취재기자로 등록했다. 그 과정에서 조남진 기자가 찍은 장시호 사진을 주진우가 내게 주면서 이 사진의 주인공이 장시호가 맞는지 확인해달라고 했다.

최순실과 장시호는 베일에 싸여 있는 인물이었다. 최순실의 얼굴을 아무도 본 적이 없었는데 조남진 기자가 경기가 끝나고 금메달을 목에 건 정유라가 가족사진을 찍을 때 최순실에게 "엄마, 이리 와서 사진 찍어" 하고 부르는 말을 듣고 자신이 찍은 여인이 최순실임을 확인했다. 그래서 당시에는 《시사인》만이 최순실의 얼굴을 알고 있었고 어느 언론사도 최순실의 얼굴을 알지 못했다. 그러니 장시호의 얼굴 역시 알지 못했다.

주진우는 특정 종교와 연관 있는 인물들이 최순실의 독일 도피를 도왔다고 주장했다. 주진우는 최순실이 1980년대부터 독일을 왔다 갔다 했는데 그녀를 봐주던 사람들이 모두 특정 종교 신도였다고 했다. 독일은 최순실에게 왕국이나 다름없었다. 주진우와 함께 몇 차례 독일에 가서 조사를 해보니 최순실과 관련된 이들은 돈 한 푼 없다가 갑자기 수백 억대 자산가가 되거나 부동산을 사들였는데, 이들 모두가 특정 종교와 관련 있음을 확인했다. 이는 조력자들과 내부자들의 정보와 제보를 바탕으로 퍼즐을 맞추어 낸 결론이다.

박근혜의 첫 번째 기자회견이 있은 후 최순실이 자신을 변호하는 《○○일보》와 기자회견을 한 것 역시 특정 종교와 관련이 있다. 정유라가 특정 종교 재단인 ○○초등학교와 ○○예술중학교를 다닌 것도 그렇고 성악에 재능이 없음에도 ○○교가 주최하는 콩쿠르에 가서 상을 휩쓴 것 역시 특정 종교 인물들과 연관이 있기 때문이다. 주진우는 이러한 사실을 조사했고 완벽한 증거를 찾기 위해 노력했다.

김종을 최순실에게 소개해준 사람이 정유라가 다닌 ○○초등학교 학부모 회장을 했던 순천향대학교 하정희 교수임을 밝혀낸 사람도 주진우였다. 주진우의 조사로 인해 특검도 하정희 교수를 소환해서 조사했다. 아직 공개하긴 이르지만 특검이 숱한 진실을 밝히는 과정에서 주진우의 역할은 아무리 강조해도 지나침이 없다.

주진우는 거짓과 진실을 판별하는 탁월한 감각이 있는 것 같았다. 장시호와 깊은 연관이 있는 스피드 스케이팅 선수 출신인 이규혁을 같이 만났는데 주진우는 이규혁이 진실을 이야기하지 않고 있다고 말했다. 장시호와 정유라의 승마 스승인 서정균은 체육계의 '또 다른 차은택'이라고 이야기했다. 여전히 베일에 싸인 서정균의 말을 경청하는 나에게 주진우는 종종 "사람 너무 믿지 마세요"라며 충고하기도 했다.

한편 '비선 진료' 성형외과 의사인 김영재의 아내 박채윤이 구속되기 전날, 나는 주진우와 함께 김영재 성형외과를 방문해서 김영재의 장모와 처제, 처남을 만났다. 그들은 억울하다고 눈물을 흘리며 세월호 당일에 대통령 시술은 없었고, 장모인 자신이 사위에게 시술을 받았다고 이야기하며 내게 믿어달라고 했다. 하지만 주진우는 그들의 말과 모든 행동을 꼼꼼히 지켜보고 의심을 품었다. 이는 단순히 직관으로 판단하는 것이 아니라 세밀한 조사를 통해 사실을 바라보기 때문에 진실과 거짓을 가릴 수 있었던 것이다. 아니나 다를까? 박채윤을 구속한 후 다시 만난 그들은 그제야 진실을 말했다.

최순실의 독일 재산을 추적하기 위해 지난 1월 주진우와 함께 독일에 머물 즈음 묘한 사건이 벌어졌다. 주진우의 아내가 길을 걷다가 갑자기 돌진한 차에 부딪힐 뻔한 사건이 있었다. 인도로 돌진한 차의 본네트가 완전히 찌그러질 정도였는데 만약 주진우의 아내와 충돌했다면 심각한 신체적 손상으로 이어질 정도였다.

그런데 어느 날, 내 아내가 혼자 있는 아파트로 남성 두 명이 찾아와 초인종을 누르며 "안○○ 있죠? 안○○ 이 집에 살죠?"라며 큰 소리로 아들을 찾더라는 것이다. 군대에 있는 아들을 찾으러 온 수상한 남성들 때문에 아내는 기겁했다고 한다. 주진우의 아내와 내 아내가 겪은 황당한 상황이 우연이었을까? 항상 저들은 언제라도 흉악한 짓을 벌일 수도 있으니 조심할 수밖에.

2017년 2월에 나는 페이스북에 하나의 글을 올렸다.

몇 년간 나와 함께 최순실을 쫓아온 주진우 기자가 광화문에서 "의원님은 왜 대선 캠프에 가지 않으세요?"라고 묻자 내가 명료히 답했다. "탄핵이 되어야 대선이 있는 거야" 했더니 주 기자 왈 "~ 잘하셨어요!"

나는 그 말끝에 더해 "엄동설한에도 촛불을 들고 광장에 나온 국민에 대한 도리를 지키고자 할 뿐이다, 지금은 탄핵이다. 대선이 아니다"고 썼다. 물론 이 글이 세상 사람들에게 읽히는 지금은 정권 교체가 된 지 일 년이 넘었다. 나 역시 정권 교체를 위해, 민주주의를 위해, 우리 당 대선후보를 위해 열심히 뛰었다. 주진우가 나에게 "잘하셨어요"라고 한마디 해준 덕분에, 나는 내가 하고 있는 행동이 틀리지 않구나 하는 자부심이 든다.

탄핵이 아직 마무리되지 않은 그때의 시점에서 내가 할 수 있던 일은 주진우와 함께 최순실의 숨겨진 음모와 재산을 찾는 데 최선을 다해 반드시 탄핵을 성공시키는 것이었다. 그것이 해방 이후 우리 사회에 만연한 정치공학적인 반공 이데올로기와 인간의 가치와 존엄을 함몰시킨 물신적인 박정희 신화, 그리고 국가가 저지른 수많은 적폐를 청산하는 가장 중요한 머릿돌이 되리라는 것을 너무도 잘 알고 있기 때문이다.

악마 기자 주진우. 나에게는 선한 천사지만 최순실, 아니 이 나라에 존재하는 모든 악인惡人들에게 그는 정말 악마惡魔일 것이다. 그러나 우리는 악마 기자 주진우를 원한다. 민주주의가 강물처럼 흐르는 아름다운 사회를 만들기 위해 그가 더 강력한 악마 기자가 되기를 기대한다. 하지만 진정 내가 원하는 것은 정의로운 대한민국이 세워져 악마 기자가 천사 기자가 되는 날을 보는 것이다.

제3부

진실은 침몰하지 않는다

_청문회 이야기

세월호 아이들이 찾아낸 텍사스 간호장교

2014년 4월 16일! 그날은 절망의 날이었다. 세월호는 우리에게 깊은 좌절과 상처를 주었다. 그리고 세월호는 인양되었지만, 대통령의 7시간은 미스터리로 남아 있다. 세월호 7시간을 규명하는 것은 탄핵의 핵심 사안이었다. 박근혜 대통령은 그 시간을 증명한다고 자료를 제출했지만 헌재는 받아들이지 않았다. 그 7시간 동안 대통령은 도대체 무엇을 했길래 아이들이 죽어가고 배가 침몰하는데도 나타나지 않았던 것일까?

국민들은 세월호 7시간 동안 대통령이 무엇을 했는지 알고 싶어 했다. 그런데 아이들이 수장되어 가는 시간에 아무런 조치를 취하지 않은 대통령의 시간을 알고 싶어 하는 사람들을 종북 좌파로 모는 사람들이 있다. 세월호 이야기가 지겹다는 사람들도 있다. 이들이 과연 우리 국민이라고 할 수 있겠는가? 진실을 찾고자 하는 사람들을 빨갱이로 몰아붙이는 사람들이 과연 제정신인지 정말 궁금하다.

이런 국가 비상사태에도 박근혜 대통령과 김기춘은 정유라만을 생각하고 있었다. 앞에서 언급했지만 세월호 침몰 후 다음 날 김종 차관은 세월호에 대한 방송을 하지 말고 체육계 개혁에 대한 방송을 하라는 이야기를 했다. 김종의 모든 것을 용서해준다고 해도 YTN 기자에게 한 이 말은 도저히 용서할 수 없다.

당시 세월호가 침몰하는 7시간 동안 대통령이 무엇을 했을 것인가에 대한 논란은 아직도 수그러들지 않고 있다. 국민과 언론은 몇 가지 가설을 세웠다. 첫 번째 가설은 청와대에서 굿을 했다는 것이었고, 두 번째 가설은 성형이나 줄기세포 시술을 했다는 것이었다. 세 번째 가설은 프로포폴 같은 수면주사를 맞고 깊은 숙면을 취했을 것이라는 추측이었다. 이 가설 중 성형시술과 프로포폴은 모두 주사를 맞아야 한다. 그런데 박근혜 대통령은 어린 시절부터 주사 맞는 것을 싫어해서, 주사를 잘 놓는다고 신뢰하는 사람에게만 주사를 맞는다고 했다. 그럼 박근혜 대통령에게 누가 주사를 놓았을까? 청와대에는 국방부에서 파견된 간호장교가 상주한다고 하는데 그렇다면 간호장교가 주사를 놓은 것이 아닐까 궁금해서 조사해보기로 했다.

2016년 가을, 청와대 출입 기자들 사이에서는 대통령이 주사를 꼭 맞아야 할 때 특정 간호장교만 찾는다는 이야기가 돌고 있었다. 그래서 청와대 출입기자들에게 그 간호장교가 지금 청와대에서 근무하고 있는지, 아니면 다른 곳에서 근무하고 있는지 확인해달라고 부탁했다. 그리고 국방부 의무사령부에 국방위 소속 의원실을 통해 세월호 당시 근무했던 간호장교의 명단을 달라고 부탁했다. 그런데 국방부에서 보름이 지나도록 답이 없었다. 직접 국방부에 연락해서 간호장교 명단을 달라고 다시 한 번 요청했는데 국방부는 명단을 줄 수 없다고 강경하게 나왔다. 국방부가 의심될 일이 없으면 간호장교의 명단을 내어줄 텐데 분명 당시 간호장교가 세월호 사건이 발생한 뒤 7시간 동안 대통령이 무엇을 했는지 알고 있기 때문에 국방부는 이들을 숨기기 위해 명단을 제공하지 않는 것이라고 생각했다. 나는 민주당 우상호 원내대표를 통해서 다시 부탁했고, 국방부 수도통합병원이 성남시에 있었기 때문에 이재명 성남 시장을 통해서도 알아보았다. 하지만 모두 허사였고 간호장교는 어딘가에 꽁꽁 숨겨진 듯했다. 이는 간호장교 관련 정보에 대해 국방부가 군사보안으로 격상시켰기 때문이라고 의심할 수밖에 없었다.

나는 보좌진들에게 간호장교의 명단을 찾을 수 있는 방법을 찾아보자고 제안하고 여러 번 회의를 진행했다. 그러던 중 정봉주 의원의 보좌관이었던 여준성이 여러 채널을 동원해 두 명의 간호장교를 찾아냈다. 그들은 조여옥과 신보라였다. 여준성이 말하길 신보라 대위는 제대했고, 조여옥 대위는 외국으로 파견을 나갔다고 했다.

그러는 한편 또 다른 루트를 통해 간호장교를 찾아보았다. 나는 미국에서 박사학위를 받고 귀국한 뒤 32세의 늦은 나이에 공군 학사장교로 입대했다. 그리고 3년간의 군대생활을 공군사관학교에서 하면서 교수를 지냈다. 그 당시 간호사관학교 학생들이 위탁 교육을 위해 공군사관학교에 왔었는데, 공군사관학교 교수였던 위관장교들과 간호사관학교 장교들 간에 자주 어울리곤 했다. 나는 그때가 떠올라 전역한 후배들에게 당시 간호장교들에게 연락해서 2014년 세월호 침몰 당시 청와대에 근무했던 간호장교의 명단을 확인해달라고 부탁했다. 그때 간호장교들이 확인해준 명단은 여준성이 확인한 명단과 동일했다. 이 두 사람은 분명 당시 청와대에 근무했던 것이 맞았다. 나는 두 사람의 명단을 가지고 의무사령부에 가서 두 사람이 언제 청와대에서 근무했고, 현재는 어디에 있는지 확인해달라고 요청했다.

그런데 두 사람의 이름까지 주면서 신원 확인을 요청했는데도 알려주지 않았다. 의무사령부는 내가 두 사람의 이름을 확인한 것에 엄청 놀랐던 모양이다. 어떻게 그 이름을 찾아냈는지 비상이 걸렸다는 소리가 들렸다. 지인들을 통해 더 추적했더니 조여옥은 간호사관학교 51기로 1988년생이며 경기도 용인의 ○○고등학교 출신이었다. 신보라는 49기로 조여옥의 2년 선배였고, 전역 후 원주에서 직장생활을 하고 있는 것을 확인했다. 더불어 박근혜 대통령이 조여옥을 예뻐했다는 이야기까지 들었다. 이 사실을 최종 확인한 시점이 2016년 11월 26일 금요일이었다. 그렇다면 분명 박근혜에게 주사를 놓은 사람은 조여옥일 것이라고 확신했다. 조여옥을 찾아가 진실을 들을 수 있다면 세월호 7시간의 비밀을 풀어낼 수 있다고 생각했다.

다음 날, 나는 조여옥이 미국으로 연수를 갔다는 것을 확인했다. 간호장교들이 미국으로 연수를 가는 것은 극히 드문 일인데 조여옥이 연수를 간 것은 아무래도 최순실 사건이 터지고 나서 세월호 7시간이 문제가 될까봐 국방부에서 미국으로 빼돌린 게 아닐까라는 생각이 들었다. 언론에서는 2016년 여름부터 계속해서 최순실과 박근혜의 문제를 다루고 있었기에 만에 하나 조여옥이 대통령에게 프로포폴이든, 수면제든, 마취에서 깨어나는 주사를 놓았든 세월호 7시간의 진실을 알고 있을 것이라고 생각했다. 공교롭게도 조여옥이 미국으로 연수를 떠난 날짜를 확인해보니 2016년 8월이었다. 나는 무조건 조여옥을 찾아야 겠다고 마음먹었다. 조여옥을 찾으면 세월호 7시간의 퍼즐을 완벽하게 맞출 수 있고, 박근혜의 탄핵도 깨끗하게 정리될 수 있을 것 같았다.

하지만 그 넓은 미국 땅에서 조여옥을 어떻게 찾을 수 있을까? 아무리 내가 지인들과 숨겨진 인맥을 동원해서 조여옥을 찾는다 하더라도 쉬운 일이 아니었기에 난감했다. 그때 학사장교 후배가 한국 장교들이 많이 연수를 가는 미군 부대가 메릴랜드, 버지니아 같은 동부 쪽에 있다고 알려주었다. 나는 미국 동부지역 미군부대 중에서 한국 간호장교가 있는 곳을 찾기 시작했다. 말로는 미국에 파견 간 한국 간호장교를 찾는다고 했지만, 실제로는 사막에서 바늘을 찾는 것과 다르지 않았다.

나는 미국에서 1인 미디어 '시크릿 오브 코리아SECRET OF KOREA'를 운영하는 안치용 기자에게 전화해 조여옥을 찾아달라고 했고, 미국 버지니아 주 한인회장 출신으로 인맥이 넓은 '약탈문화재찾기' 미국 본부장 홍일송에게도 조여옥을 찾아달라고 부탁했다. 두 사람 모두 미국에서 오랫동안 살며 확보한 정보망이 넓었기 때문에, 한국에서 온 간호장교를 찾기에는 적격이었다. 그러나 그들도 도저히 조여옥을 찾을 수가 없었다.

최순실을 추적하면서 중요한 순간마다 행운의 여신이 나를 도왔다. 11월 27일 일요일 저녁, 식구들과 함께 외출을 하던 중 조여옥 대위를 찾아야 한다고 했더니 내 딸이 페이스북에 들어가 조여옥을 검색했다. 페이스북으로 확인해보니 조여옥의 미국 친구 두 명이 나왔는데, 모두 샌안토니오San Antonio에 거주하는 미군들이었다. 그렇다면 조여옥은 지금 메릴랜드가 아닌 샌안토니오에 있는 것이 아닐까?

샌안토니오는 멕시코와 미국의 국경에 있는 지역으로, 완전히 사막으로 둘러 싸여 있다. 국방부가 조여옥을 아주 깊숙한 곳에 숨겨놓은 것이다. 조여옥이 샌안토니오에 있는 것까지 추측했지만 나는 거기서 어떻게 조여옥을 찾을까 고민하다 너무 피곤해서 잠이 들었다. 그러다 새벽에 갑작스럽게 눈이 떠졌다! 그리고 조여옥을 찾을 수 있는 방법이 떠올랐다.

나는 대학 후배인 이석호 박사가 샌안토니오 쪽 대학에서 교수로 있다는 기억을 떠올리고 그를 수소문해 연락했다.

"이 박사, 지금 어느 대학에 있지?"

"텍사스 주립대학 샌안토니오 캠퍼스에 있어요."

"조여옥이라는 한국에서 연수온 간호장교를 찾아야 하는데, 이 박사가 사는 안토니오에 있는 한인교회에 등록했을 가능성이 있어. 그러니 이 박사가 찾아봐줬으면 하네."

6년 동안 미국에서 유학했던 나의 경험에 비추어 보면 보통 유학생이든, 주재원이든 외국에 가면 대부분의 미혼자는 한인교회를 간다. 기독교인이 아니더라도 일요일마다 한국 사람들을 만날 수 있고, 또 예배를 마치고 교회에서 한국 사람들과 한국식으로 점심을 함께할 수 있기 때문이다. 조여옥도 한국 사람들이 별로 없는 샌안토니오에 왔다면 분명히 한인교회를 가서 등록했을 것이라고 생각했다. 그리고 한인교회가 몇 곳이 안 될 테니 바로 찾을 수 있을 것이라는 생각도 했다.

딱 한 시간 만에 이석호 박사로부터 조여옥을 찾았다는 연락이 왔다. 샌안토니오에 한인교회가 일곱 개 있는데, 이석호 박사는 그중 한 곳을 다니고 있었다. 자신이 다니는 교회에 조여옥이 등록되어 있지 않아 이전에 안면이 있는 목사님을 통해 알아봤더니 조여옥이 그 교회에 등록했다고 알려준 것이다. 정말 기적 같은 일이었다.

바로 그날 나는 조여옥을 만나러 샌안토니오로 떠났다. 다음 날 국정조사 일정이 있으니 가지 말라는 양승신 보좌관의 만류를 뿌리치고, 귀신에 홀린 듯 인천공항으로 달려갔다. 공항에서 해외 한인교회 목사들과 인맥이 넓은 '쎄시봉' 윤형주 선배에게 조여옥 대위가 다니는 샌안토니오의 목사님에 대해 물었더니 마침 친분이 있었고 신속히 통화해 목사님이 최대한 도와줄 것이라고 했다. 그렇게 샌안토니오에서의 험난한 여정이 시작되었다.

미스터리한 조여옥의 행적

로스앤젤레스에서 샌안토니오로 가는 비행기를 갈아탔다. 창
밖으로 본 하늘은 회색빛이었다. 나는 도대체 어디로 가고 있는
것일까? 내가 지금 하는 일은 정의로운 것인가? 나는 과연 진실
을 밝힐 수 있을 것인가? 사실 자신이 없었다. 세월호 아이들을
위해, 아니 더 나아가 한국 사회가 분명 밝혀야 할 진실을 위해
하는 일이었지만, 내가 조여옥을 만나서 진실을 밝힐 수 있을지
알 수 없었다.

조여옥이 샌안토니오의 한인교회에 신자로 등록되었고, 그
곳에 있는 부대에서 연수를 하고 있다는 것을 확인했을 때 난
흥분해 있었다. 내가 아닌 누구라도 흥분했을 것이다. 그 상태
로 나는 국회로 가고 있었다. 그런데 순간 조여옥의 신변이 걱

정되었다. 만약 내가 조여옥을 추적하고 있다는 것을 우리나라 정보기관이 알게 된다면 혹시라도 조여옥의 신변에 이상이 생길 수도 있겠다는 생각이 들었다. 물론 이런 걱정을 하는 것이 과도할 수도 있지만 나는 한 번도 본 적 없는 조여옥을 보호해 주고 싶었다. 그가 내 딸과 비슷한 나이였기 때문에, 딸 가진 부모의 심정으로 황급히 미국행 비행기를 탔다는 것도 고백한다.

조여옥은 세월호 7시간의 비밀의 열쇠를 갖고 있는 인물이었다. 그 열쇠를 쥐고 있는 그에게 진실을 말하게 하고 싶었다. 조여옥의 진실 고백은 한국 현대사를 바꿀 수 있는 가장 성스러운 사건이 될 수 있었기 때문이다. 하지만 내가 조여옥을 쫓는다는 것이 가시화되면 분명 국방부는 조여옥을 다른 곳으로 숨기려 할 것이다. 그들이 조여옥을 숨기기 전에 내가 먼저 미국에 가서 그녀를 만나야 했다.

나는 긴급하게 국회 사무실에 전화해 미국행 비행기 표를 끊어달라고 부탁했다. 그리고 조여옥을 찾기 위해 공조해왔던 JTBC 봉지욱 기자에게 전화했다. 지금 조여옥을 찾아 샌안토니오로 가기로 했으니, 같이 갈 생각이 있다면 오후 1시까지 인천공항으로 오라고 했다. 그날 미국 로스앤젤레스로 가는 가장 빠른 비행기가 오후 2시였다. 인천공항에 도착하자 봉지욱 기자가 피디 한 명과 함께 왔다. 나는 봉지욱에게 조여옥을 만나기 전까지 이는 일급 비밀이니 절대로 이야기해서는 안 된다고 강조했다. 그는 JTBC 〈이규연의 스포트라이트〉 담당 기자인데 최순실을 나와 같이 추적하는 언론인 중 한 명이다.

우리는 로스앤젤레스 공항에 도착해 그곳에서 40년 가까이 거주한 재미동포 김인곤 회장을 만나 합류했다. 내가 샌안토니오로 가는 것이 걱정되어 김인곤 회장이 함께 간다고 했다. 샌안토니오에 도착해 먼저 이석호 교수를 만났다. 이석호 교수는 한인교회 담임목사와 저녁 6시 반에 약속을 잡았다고 했다. 그 사이 조여옥이 있는 부대인 '브룩스 아미 메디컬 센터Brooks army medical center'를 같이 가보자고 했다. 시간이 남았기 때문에 사전에 지형을 익히기 위해서 좋은 제안이라고 생각했다. 그런데 여기서 문제가 생겼다. 차라리 그 시간에 그곳을 가지 말고 호텔에서 쉬었으면 조여옥을 만났을 텐데 의욕이 앞서 그곳에 갔다가 뜻하지 않은 일을 겪게 되었다.

그날 부대에 가서 정문에 있는 군인들에게 이곳에 한국에서 연수 온 간호장교가 있냐고 물어보았다. 어둑어둑해지는 시간이었다. 그때 정문에 서 있던 군인이 방금 전에도 어떤 한국사람이 와서 똑같은 질문을 했는데 또다시 같은 질문을 하냐고 하면서 매우 의아해했다. 그래서 나는 그 사람들이 어디 있냐고 물어보았다. 한국 간호장교를 찾는 한국사람들은 면회소에 있다고 해서 신분 노출을 하면 안 되는 나 대신 김인곤 회장이 면회소에 들어갔다. 하지만 아무도 없다는 것을 확인하고 그냥 돌아가기로 했다.

그런데 마침 그 시간에 종편채널 기자가 주차장에서 차를 빼다가 나를 보고 말았다. 그때는 정말 하늘이 무너지는 줄 알았다. 그에게 나는 진실을 밝히려고 하니 제발 기사를 내지 말아달라고 부탁했다. 하지만 기자 입장에서 이보다 더 좋은 특종이 어디 있겠는가? 그 기자는 그날 밤 본사로 기사를 보냈고, 다음 날 안민석의 미국행 기사가 뜨거운 뉴스로 소개되었다.

어쨌든 나는 그날 한인교회 담임목사를 만났다. 그리고 목사님과 함께 제단에 올라가 통성기도를 했다. 나는 제발 조여옥 대위가 진실을 이야기하게 해달라고 울면서 기도했다. 사춘기 시절 기도할 때 눈물을 흘린 이후 수십 년만이었다. 나의 기도를 본 목사님은 내 진심을 알 수 있었다고 했다. 나는 목사님에게 조여옥 대위가 입을 닫고 있으면 나중에 역사의 죄인이 되는 것이고 그러면 본인이 감당하기 어려우니 지금이라도 진실을 이야기할 수 있도록 조여옥을 설득해달라고 이야기했다. 목사님은 나의 진정성을 알겠다며 조여옥에게 진실을 이야기하도록 설득하겠다고 약속했다.

이후 목사님은 조여옥에게 수차례 전화하고 문자를 남겼지만 연락이 닿지 않았다. 종편채널 기자의 단독 기사가 속보로 나가는 바람에 내가 그녀를 찾는다는 사실을 국방부가 알아버린 것이다. 그렇게 우리는 샌안토니오를 떠날 때까지 조여옥을 만나지 못했다.

다음 날 우리는 매우 실망했지만 낙담하지 않고 조여옥의 흔적을 찾았다. 조여옥이 지난 여름 샌안토니오에 도착해서 당분

간 지냈던 호텔을 찾기로 했다. 조여옥이 샌안토니오에서 처음 묵었던 방의 사진을 페이스북에 올렸는데 그 사진과 동일한 호텔을 찾기 시작했다. 참 무모한 일이었다. 다행히 그 호텔을 찾았는데 조여옥이 페이스북에 올린 사진과 동일했다. 호텔 카운터로 가서 물어보았더니 조여옥이 투숙한 것이 맞았다. 우리는 그녀가 이곳에 머문 다음에 어디에 묵었는지를 알려달라고 했다. 그랬더니 호텔 매니저가 친절하게 조여옥은 홈스테이로 갔다고 알려주었다.

우리는 그 호텔에서 이틀을 머물면서 홈스테이를 찾기로 했다. 홈스테이를 하려면 미국에서는 부동산을 통해야 한다. 인근의 부동산을 여러 곳 찾아가 물어보다가 홈스테이 주인을 찾았다. 홈스테이를 하는 하숙집 주인을 찾아가 조여옥이 이곳에 머무른 것이 사실인지 물어보았다. 그는 조여옥이 머문 사실을 확인해주었다. 이 주인과의 대화를 작은 소형카메라로 몰래 녹화해 JTBC에서 방영했다. 주인은 이곳은 한 달에 700불이면 되는데, 왜 3,000불짜리 부대 안의 숙소로 옮겼는지 이해할 수 없다고 이야기했다. 그러면서 조여옥이 본인도 가기 싫은데 상부에서 가라고 해서 간다고 아쉬워했다는 것이다.

샌안토니오에서 조여옥의 행적을 추적하는 과정에는 텍사스 주립대학 메디컬 스쿨에서 유학 중인 손미영 박사의 도움이 컸다. 내가 올린 페이스북을 통해 도와주겠다고 찾아온 손 박사는 조여옥의 친구로 위장하고 그녀가 묵었던 호텔과 홈스테이에서 친구를 찾으러 왔다며 들어가 놀라운 정보들을 파악했다. 홈스테이 주인이 조여옥에 대해 스스럼없이 말했던 것은 손 박사의 재치가 아니었더라면 불가능했을 것이다.

홈스테이 주인의 이야기를 들으며 우리는 한국에서 본격적으로 최순실과 박근혜의 국정농단이 주요 이슈가 되고, 세월호 침몰 당시 박근혜의 7시간에 대해 밝히라는 요구가 많아, 보이지 않는 세력이 조여옥을 숨기기 위해 영내로 보낸 것이라고 확신했다. 그런데 조여옥은 나중에 청문회에서 홈스테이를 했던 집과 부대의 거리가 멀어서 옮겼다고 거짓말을 했다. 그 대답이 어찌 조여옥의 진심이겠는가! 모두 상부에서 시킨 대답일 것이다.

우린 조여옥이 비록 부대 안에 숨어 있어도 그녀를 만나야 했다. 하지만 조여옥을 만나는 것은 쉽지 않았다. 그때 내가 샌안토니오에 왔다는 소식을 들은 여성 교포 한 분이 도와주겠다고 연락했다. 그 교포의 미국 남편이 조여옥이 연수 중인 '브룩스 아미 메디컬 센터'에 근무하는 군무원이라는 것이다.

다음 날 그 교포와 남편을 만나 점심식사를 하면서 교포의 남편이 부대에 있는 지인들에게 전화해 조여옥이 현재 어느 부서에 근무하는지 확인했다. 그러나 서로 알고 있는 정보가 각각 달랐다. 대개의 경우 다른 사람들은 전화 한 통이면 즉시 찾을 수 있는데 조여옥은 찾을 수 없다며 그도 놀랐다. 그는 분명 자신의 부대에 연수 중인 것은 확실한데 정보가 통제되고 있다고 했다. 이는 한국 국방부의 정보 공개 차단 요청을 미군이 받지 않으면 생길 수 없는 일이라고 했다. 그래서 우리는 일단 부대 안으로 들어가기로 했다. 그 안에 동양계 군인들이 거의 없기 때문에 충분히 찾지 않겠냐는 막연한 기대를 하며 무작정 들어가기로 한 것이다. 다행히 이석호 박사의 수업을 듣는 미국인 제자가 그 부대에 근무하는 장교여서 그의 안내로 정당한 절차에 의해 우리 일행은 부대에 들어갔다.

부대는 우리가 생각했던 것보다 훨씬 컸고, 근무자도 8,500명이나 되었다. 그래서 2개조로 나누어 무작정 찾기로 했다. 병원을 헤매다가 병원의 3층으로 올라가 데스크에서 한국 간호장교에 대해 물어보고 있는데 한국사람이 다가왔다. 현직 미국 군인인 그는 먼저 우리에게 한국에서 왔냐고 친절하게 물었다. 우리가 한국에서 파견 연수 중인 간호장교를 찾는다고 하자 조여옥 대위를 본인이 알고 있고, 연수 받는 강의실도 알고 있으니 안내해주겠다고 했다. 그순간 너무 기뻤다. 천신만고 끝에 조여옥을 찾을 수 있게 된 것이다. 만약 조여옥이 강의 받는 중이라면 끝까지 기다려서 만나기로 했다. 우리는 그를 따라서 조여옥의 강의동까지 갔다. 이제 잠시 후면 조여옥을 만날 수 있었다.

그런데 그가 면회 사무실로 들어가더니 10여 분이 지나도 나오지 않았다. 무엇인가 이상하다는 느낌이 들었다. 잠시 후 미군 장교 두 명이 나타나 우리를 연행했다. 나는 심문을 당했는데 그들은 왜 조여옥을 찾느냐고 나에게 물었다. 분위기가 심상치 않아 대한민국 국회의원 신분증을 꺼내 들었다. 그러고는 대한민국 국회의원이 파견으로 연수 온 한국 장교를 만나러 온 것이 왜 문제가 되냐고 항의했다. 그리고 지금 내게 심문하려는 것은 외교적 결례라고 정중히 따졌다. 그랬더니 미군 측은 사과하며 내일 조여옥과 정식으로 면담을 주선하겠다고 했다. 부대 공보담당 여성 장교와 정식으로 면담 일정을 잡은 후 우리는 숙소로 돌아왔다.

이렇게 정식으로 군부대에 들어갔고, 정식으로 면담 신청을 마친 후 미군 헌병의 에스코트를 받으며 부대 밖으로 나왔음에도 일본의 《아사히신문》은 내가 몰래 부대에 들어갔다 쫓겨났다고 보도했고, 일부 한국의 언론들은 확인도 없이 마치 내가 미군부대에서 대한민국의 국격을 손상한 것처럼 대서특필해서 오해가 생겼다. 이는 분명 의도가 있는 기사였다. 언론에서 기사를 왜 그렇게 썼는지 아직도 유감이다.

그런데 미군들이 퇴근하기 직전 공보장교가 자기들 선에서는 조여옥과 면담을 잡을 수 없으니 워싱턴의 한국대사관 무관(직급 육군 소장)에게 연락해서 면담을 잡으라는 전화가 왔다. 미군 측의 제안대로 워싱턴의 무관과 평소 알고 지내던 안호영 대사에게 전화해서 조여옥을 면담하게 해달라고 강력하게 요청했지만 자신들은 관여할 수 없으니 미군들과 협의하라고 했다. 이렇게 미군과 한국 대사관이 탁구하듯 주고받으며 조여옥을 숨기고 있었다. 국회 국방위원회 소속 야당 간사인 이철희 의원과 국방위원회에서 오래 활동한 안규백 사무총장에게도 도움을 청했지만 국방부는 묵묵부답이었다. 이는 분명 청와대의 지시였을 것이다.

그날 밤 9시경 KBS 워싱턴 특파원 전종철 기자의 전화가 걸려왔다. 내일 아침 조여옥이 인터뷰를 한다는 것이다. 다음 날 오전 실제로 조여옥의 인터뷰가 있었다. 내가 샌안토니오에 온 그날부터 조여옥이 있는 부대 앞에 미국에 파견 나온 한국의 모든 언론사들이 진을 치고 있었다. 그런데 조여옥은 부대 앞에 있는 한국 언론인들과 인터뷰를 한 것이 아니라 전화로《연합뉴스》기자 한 명과 인터뷰를 했다. KBS, MBC, SBS, YTN, JTBC 등 방송사와《조선일보》,《중앙일보》,《동아일보》,《한겨레》,《경향신문》등 모든 언론이《연합뉴스》의 기사를 받아쓰기로 했다는 것이다. 이는 분명 정부가 시킨 일일 것이다. 어떻게 일개 육군 대위가 대한민국 기간 통신사인《연합뉴스》와 자기가 하고 싶다고 하여 인터뷰를 할 수 있단 말인가?

우린 조여옥을 만날 수 없다는 것을 깨달았다. 특히 교포 출신 미군에 의하면 갑자기 나타난 한국 남성 장교와 조여옥이 같이 있는 현장을 목격했다고 했다. 그 남성은 국군기무사령부에서 보낸 사람일 것이라고 짐작했다. 이처럼 조여옥은 '보이지 않는 손'에 의해 통제받고 있었다. 나는 눈물을 머금고 다시 한국으로 돌아가 박근혜·최순실 국정농단을 파헤치는 새로운 일을 하기로 했다. 조여옥은 이제라도 진실을 밝혀야 한다.

김영재 성형외과는 무엇을 숨기고 있나

2011년 최고의 인기드라마 〈시크릿 가든〉의 여주인공 이름은 길라임이었다. 드라마에서 길라임의 한자어는 '길할 길吉', '벌 거벗을 라裸', '생각할 임恁'으로 어려운 가정 형편의 무일푼 여자라는 뜻으로 만든 이름이다. 그런데 2016년 11월, 길라임이란 이름이 다시 국민들에게 널리 퍼졌다. 바로 박근혜 대통령이 길라임이란 가명으로 대통령이 되기 전 차움병원을 다닌 것이 밝혀졌기 때문이다. 그래서 사람들은 길라임의 한자를 새롭게 해석했다. 벗는다는 것은 대통령직을 그만둔다는 것이니 '대통령을 그만두는 것이 길하다고 생각한다'라는 뜻으로 해석해서 탄핵으로 대통령직을 그만둘 것을 스스로 예언해 지은 이름이라고 비웃기도 했다.

박근혜만 가명을 쓴 것이 아니다. 최순실은 최보정이란 가명을 썼다. 그는 최보정이란 가명으로 문제의 김영재 성형외과를 수시로 다녔다. 김영재 원장은 최순실의 지시로 박근혜의 비밀 의사가 되었다. 대통령 주치의가 존재하고, 그에 따라 각 분야의 최고 전문의가 대통령의 자문의원으로 있는데 전문의도 아닌 그가 비밀리에 대통령의 피부 시술을 했다. 김영재가 무슨 특별한 재능이 있기에 대통령이 그를 밤에 몰래 불러 시술하고, 더불어 그의 병원에서 개발한 약품이 한국을 대표하는 신개발품인 것처럼 직접 광고를 했는지 정말 알 수가 없다. 김영재의 아내인 박채윤이 대표로 있는 와이제이콥스메디칼은 지난 2015년 정부로부터 수술용 실 연구개발비로 15억 원을 지원받았고, 대통령의 해외 순방에 동행하는 경제사절단에 세 차례나 선발되기도 했다. 이것은 분명 김영재와 박근혜 대통령에게 그들만이 알고 있는 특별한 무엇인가가 있지 않고는 가능한 일이 아닐 것이다.

기본적으로 국가에서 대통령과 관련된 의료행위는 정말 중요한 것이다. 만에 하나 의료행위를 하다가 사고가 나면 이는 국가 위기에 해당된다. 그래서 필러 수술을 하기 위해 마취를 할 때는 국가 위기관리 차원에서 중요한 문제이기에 경호실장이나 의무실장, 주치의, 국무총리, 비서실장 정도는 당연히 의료행위를 알고 있어야 한다. 그러나 박근혜와 최순실의 보안 손님들에 의한 의료행위는 국무총리나 비서실장은 둘째치고, 가까이 있는 주치의나 의무실장도 전혀 몰랐다고 주장한다. 저들 집단이 우리 상식과는 다른 염치가 없는 집단이기는 하지만 이렇게 대통령의 생명과 국가 안위와 직결된 문제를 자기들 비선에서 마음대로 하는 것은 정말 국민 알기를 우습게 아는 것이고, 국가 안보에 대한 개념조차 없는 것이다.

이제 세월호 7시간은 상징화되었다. 대통령의 부재는 곧 국가의 위기일 수 있다. 대통령이 재난 시 어떤 행동을 하고 어떤 정책을 결정하는지 국민들은 단 1분 1초라도 알 권리가 있다. 2001년 9월 11일, 미국 뉴욕에서 월드트레이드센터가 공격을 받아 파괴될 때 그 당시 부시 대통령의 행적은 매 분마다 정확히 기록되어 보고되었다. 우리는 세계 8위의 경제대국이다. 그렇다면 당연히 대통령의 행적에 대한 투명성도 미국처럼 국민들에게 보고되어야 한다. 그런데 세월호 사건 직후 7시간 동안 우리는 대통령이 어디서 무엇을 하고 있었는지 전혀 모르고 있다. 정말 기가 막힌 것은 주중 대사를 지낸 김장수 전 국가안보실장이 세월호 참사 때 박근혜의 소재를 몰랐다는 것이다. 비상시국에 대통령이 어디 있는지도 모르는 내각 관료들도 문제이지만 자신의 소재가 어디인지 알려주지 않는 대통령이 더 큰 문제다. 국가 원수로서 직무를 방기한 그런 사람이 어떻게 대통령일 수 있는가?

나는 세월호 참사에서 김영재 성형외과 원장의 역할을 더욱 중요하게 생각하고 있다. 그가 세월호 참사 후 7시간 동안 박근혜 행적의 비밀 열쇠를 조여옥과 함께 갖고 있다고 생각하기 때문이다. 국정감사 때 김영재가 청문회 증인으로 나왔지만 그는 일관되게 발뺌했다. 그래서 청문회 위원들은 직접 현장 청문회를 하기로 하고 2016년 12월 16일, 청문위원 열여덟 명 모두 그의 병원으로 갔다. 좁은 병원에 위원들과 기자들이 가득했다. 오전 11시에 도착해 김영재와 질의응답을 하고 행정실장으로 있는 그의 처제와 2001년부터 재직하고 있다는 간호사도 만났다.

병원의 핵심 인사 세 명과 응답하는 과정에서 자료가 파기됐다는 소문을 사실로 확인할 수 있었다. 우리는 세월호 참사 당일인 2014년 4월 16일 장모를 진료했다는 기록을 달라고 했다. 그리고 다른 날의 처방 기록을 볼 수 있는 자료를 달라고 했다. 그 자료에서 최순실이 최보정이란 이름으로 프로포폴을 136번 받아간 것을 확인할 수 있었다. 최순실은 2014년부터 만 2년 동안 매주 한 번씩 프로포폴 처방을 받아간 것이다.

우리는 진료카드를 조사하다 2014년 4월 16일 장모의 진료카드에 적힌 김영재의 사인이 너무도 다르다는 것을 발견했다. 다른 날은 모두 동일하게 흘려 썼는데, 그날은 거의 정자로 되어 있었기 때문이다. 이로 보아 장모의 진료카드가 조작되었을 가능성이 높았다. 나는 이 사인이 왜 다르냐고 간호사에게 물어보았다. 그때 김영재의 처제인 행정실장이 진료카드를 움켜쥐었고, 바로 김영재가 들어와 갑자기 그 진료카드를 움켜쥐고 나가려고 했다.

진료카드 조사는 나, 박영선, 손혜원 의원이 하고 있었는데 김영재가 갖고 뛰어나가려고 해서 나는 재빨리 김영재와 몸싸움을 하며 그의 손에서 진료카드를 빼앗았다. 국정조사 위원인 나와 몸싸움을 할 정도로 그 진료카드는 김영재에게 중요했을 것이다. 그때 김영재가 들고 나가 빠르게 파쇄기에 넣었으면 우리는 4월 16일의 진료카드에 있는 전혀 다른 사인을 국민들에게 알릴 수 없었을 것이다. 그 순간 박영선 의원이 특검을 부르라고 소리를 질렀다. 그리고 두 시간이 지난 오후 3시경에 특검이 병원에 도착했다. 그래서 특검이 우리 청문회 위원들과 함께 4월 16일 당일의 진료카드를 압수할 수 있었다.

특검이 도착하기 전 우리 세 명을 제외한 나머지 의원들은 청와대 현장 방문을 해서 아무도 없었다. 진료카드를 빼앗은 김영재 원장은 우리 앞에서 물러나지 않았다. 국회의원 세 명이 아직도 대통령의 힘을 믿고 있는 김영재와 대치 아닌 대치를 하며 특검을 기다린 것이다.

나는 대치하는 동안 긴장을 풀기 위해 김영재의 처제와 일부러 대화를 나누었다. 박영선 의원과 손혜원 의원도 거들면서 김영제 처제에게 얻어낼 것을 찾았다. 김영재의 처제는 미혼인데, 나와 집안 이야기를 많이 했다. 언니인 박채윤과는 완전히 다른 사람이었다. 그 과정에서 박채윤과 김영재가 모두 개명한 사실을 이야기했다. 깜짝 놀랐다. 개명을 하는 것이 쉬운 일이 아닌데 모두 개명을 한 것은 분명 이유가 있을 것이다. 대개 이름이

너무 촌스럽지 않음에도 개명을 하는 사람들은 자신들의 과거
가 문제가 있어 타인들에게 공개되는 것이 두려운 사람들이다.
최순실은 2014년 2월 최서원으로 개명했고, 최순실의 개명 후
두 달 만에 정유연은 정유라로, 장유진은 장시호로 개명했다. 이
들의 공통점은 개명하는 것이고 과거를 지우는 사람들이다. 나
는 왜 개명을 했냐고 물어보았다. 그 과정에서 박채윤의 남동생
과 여동생도 개명한 것을 확인했다. 그런데 의심스러운 것은 최
순실이 개명하고 난 두 달 후에 다같이 개명을 했다는 사실이다.
정유라와 장시호가 개명한 그 즈음에 말이다.

　김영재의 처제는 자신의 집안 이야기를 계속했다. 김영재는
재혼이었고, 자기 언니는 미혼이었는데 열 살 많은 김영재와 결
혼했다는 등의 이야기를 서슴없이 했다. 나는 김영재의 처제를
통해 더 많은 정보를 얻어야겠다고 생각했다. 진실은 아주 의외
의 곳에서 나오기도 하기 때문이다. 만약 김영재가 대통령 얼굴
에 시술을 했다면 그것은 세월호 참사 당시 대통령 행적의 진실
을 확인하는 퍼즐을 맞출 수 있는 결정적인 증거였다.

　특검의 압수수색이 끝나고 박영선, 손혜원 의원과 함께 나머
지 청문위원들이 기다리는 청와대로 가기로 했다. 나는 슬쩍 그
곳에 나의 머플러를 두고 나왔다. 그것을 찾는 핑계로 다시 김
영재 성형외과를 찾아가려고 한 것이다. 주말을 보내고 12월
19일 월요일, 나는 오전에 머플러를 찾는다는 명분으로 김영재
성형외과를 다시 찾았다. 그러자 병원에 김영재 원장은 없고 처

제인 행정실장만 있었는데 나를 보고는 기겁을 했다. 금요일에 우리가 방문해서 진료카드에 사인이 다른 것을 찾았고, 주말에 나온 뉴스에서 김영재의 사인이 메인으로 보도되었기 때문이다.

나는 그 사인의 인물이 누구인지 밝히라고 했다. 그들은 계속 억울하다는 이야기만 했다. 나는 당신들의 억울함을 벗겨줄테니 여기 있는 모든 사람들이 사인을 해보라고 했다. 그곳에 김영재 처남의 친구이자 회계를 담당하는 와이제이콥스 회계 담당 부장이 있었다. 이 사람은 우리가 현장 조사 갔을 때 실질적으로 다 조종하던 사람이었다. 나는 그 사람까지 불러 사인을 하라고 했다. 그런데 병원에 있는 모든 사람들이 사인을 하는데 딱 한 명의 간호사가 하지 않았다. 나는 숨는 자가 범인이라고 생각하며 사인을 해보라고 했다. 그 순간 간호사는 눈물을 글썽이며 사인을 못 하겠다고 했다. 그래서 내가 김영재의 처제에게 만약 사인을 하지 않으면 의심이 되니 언론에 공개할 수밖에 없다고 했다. 그러자 어쩔 수 없이 간호사가 사인을 했다. 그 사인은 문제의 4월 16일 사인과 매우 유사했다. 그러나 아닐 수도 있었다. 내가 함부로 단정할 수 있는 것은 아니지만 조사를 할 필요는 있다는 생각이 들었다.

특검이 문제의 4월 16일 사인이 김영재의 기존 사인과 다른지 필적조사를 해달라고 국립과학수사연구소에 의뢰했는데 아주 묘한 답이 나왔다. 같은지 다른지 확인할 수 없다는 것이다. 국과수가 아주 교묘히 구렁이가 담장 넘어가듯 답변을 한 것이다. 정권 교체가 되면 이 필적 조사는 반드시 다시 하기로 남겨 두었으나 챙기지 못하고 있다.

박채윤 구속 즈음하여 나는 주진우 기자와 함께 두 차례 병원을 방문했다. 두 차례 모두 문제의 김영재의 장모가 와 있었다. 그녀는 자신들은 억울하다고 했다. 자신들은 깃털에 불과하고 몸통은 세브란스병원과 차움병원인데 왜 힘없는 자기들만 괴롭히냐고 했다. 그들이 최순실과 짜고서 일을 만들고 자기들에게 시키면 어쩔 수 없이 했는데 왜 우리들만 구속시키고 그 사람들은 아무 문제없이 넘어가냐고 울면서 항변했다.

이 정도로 이야기하는 것을 보면 세브란스병원과 차움병원도 분명 우리가 알고 있는 것과는 차원이 다른 무엇인가가 있을 것이다. 특히 김영재 의원의 현장 청문회 날 예정되었던 차움병원의 현장 청문회가 왜 취소되었는지 의문이다. 김성태 위원장에게 물어보니 자신도 그날 일정이 꼬인 이유가 석연치 않다고 한다. 차움병원과 내통했던 청문위원이 교묘하게 시간을 지연시켜 차움병원 현장 청문회 일정을 일부러 어렵게 만들었을 가능성이 있다. 10시에 예정된 김영재의 현장 방문은 왜 11시부터 시작되었을까? 차움병원에 대한 조사를 못한 것이 아쉽다. 다행히 김영재의 처남인 박휘준이 내게 특검조사에 전적으로 협조하겠다고 연락이 왔다. 나는 진실을 밝히기 위해서라면 지옥불이라도 들어갈 것이다.

현상금에 무너진 우병우

'기름장어', '법꾸라지' 등은 국어사전에는 나오지 않는 말이다. 그러나 이 용어는 훗날 역사용어사전에 분명 나올 것이다. 2016년과 2017년 박근혜 대통령의 탄핵과 정권 교체 시기에 가장 많이 나온 단어 중 하나이기 때문이다. 반기문의 별명인 기름장어는 그가 얼마나 처세술에 능한지를 이야기하는 것이고, 우병우의 법꾸라지는 법망을 교묘히 피해가는 약아빠진 악인의 별명이다. 그가 얼마나 미꾸라지처럼 잡히지도 않고 손 안에 들어와도 빠져나가는지 아는 이들이 예전부터 그에게 '법꾸라지'라는 별명을 지어주었다고 하니 어떤 사람인지 알 만하다. 권력을 독점하고 국정을 농단하면서 아무런 잘못이 없다고 거들먹거리는 그를 볼 때마다 인간이 먼저 되어야 한다는 평범한 진리를 다시 생각하곤 한다.

우병우가 최순실을 모른다고 이야기하는 것은 정말 후안무치한 것이다. 그의 장모 소유인 기흥컨트리클럽에 최순실이 수차례 방문해서 골프를 치고, 그때마다 우병우의 장모가 버선발로 뛰어나와 대접했다는 증언이 지속적으로 나오고 있는데도 우병우는 눈 하나 깜짝하지 않고 최순실을 모른다고 거짓말을 하고 있다.

나는 우리나라 법 중에서 국민들을 상대로 지속적인 거짓말을 하면 그가 받을 형량의 몇 배 이상으로 처벌하는 법을 만들어야 한다고 생각한다. 자신이 진실을 밝히고 참회해도 국민들이 용서해줄지말지 하는데 전혀 죄가 없다고 강변하는 것은 아직도 자신을 보호할 특별한 무기가 있다는 것 같다. 청와대에서 민정수석을 하면서 온갖 정보를 다 틀어쥐고 있기에 자신을 절대 함부로 할 수 없다는 자신감이 있기 때문일 것이다. 그러나 우병우가 갖고 있는 정보들은 이 땅에서 처단되어야 할 사람들의 정보이기에 우리 국민들이나 나는 절대 두려워하지 않는다.

우리가 잘 알다시피 우병우는 청문회에 불응했다. 청문회의 맹점이 국회에서 보낸 출석 요구서를 본인이 수령해야만 증인으로 나오게 되어 있다. 만약 출석 요구서를 본인이 수령하지 않거나 피치 못할 사정이 생길 경우 사유서만 제출하면 청문회에 나오지 않아도 상관없다. 국회에서 청문회를 한다는 것은 국가적으로 문제가 된 사건이기 때문인데, 국회 출석 요구서를 받지 않으면 안 나와도 된다니 이게 말이 되는 것인가? 나도 4선 의원이지만 이런 잘못된 법으로 지금까지 청문회를 진행해온 것에 무한한 책임감과 자괴감을 느낀다. 이번을 계기로 관련 법에 청문회 출석에 대한 강제 조항을 넣어 개정해야 할 것이다.

우병우는 청문회법을 너무도 잘 알고 있었다. 그래서 그는 집에 들어가지 않았다. 법꾸라지의 진면목을 보여주는 것이다. 연락도 전혀 안 되고 소재 파악도 되지 않았다. 청문회에 우병우가 나오지 않으면 청문회 의미가 없는 것이라고 국민들은 성토하고 있었다. 하다못해 유신시대부터 간첩 조작과 고문으로 수많은 민주 인사를 탄압하고, 영·호남 편가르기로 인한 지역갈등 조장 등 한국 현대사의 가장 큰 음모론자인 김기춘도 청문회에 출석했는데 어떻게 우병우가 출석하지 않느냐고 국민들은 촛불을 들었다. 정봉주 전 의원은 내게 우병우의 딸이 고려대학교에 다니고 있으니 그 학교에 가서 청문회 출석 요구서를 우병우의 딸에게 전해주라고도 했다. 하지만 그의 딸이 무슨 죄가 있겠는가? 그런 방법은 올바르지 않았다. 나는 정봉주 전 의원의 제의를 정중히 거절하고 우병우를 불러낼 방법을 고민했다.

우병우는 나오지 않고 김기춘만 청문회에 출석하던 날, 정봉주 전 의원이 팟캐스트 〈전국구〉를 방송하면서 우병우에게 현상금 200만 원을 걸었다. 나는 정봉주다운 발상이라고 생각했다. 전국구는 청취율이 약 100만 명 정도 된다. 이 정도면 보통 방송이 아니다. 내가 매주 출연했던 〈김어준의 뉴스공장〉이 청

취율 500만 명으로 우리나라 라디오 및 팟캐스트 청취율 1위를 하고 있어 정봉주를 놀리기는 하지만 100만 명의 청취율은 국내에서 거의 다섯손가락 안에 들어가는 대단한 방송이다.

나는 그에게 우병우를 잡는 데 겨우 200만 원이 뭐냐고 한마디했다. 그러면서 현상금을 300만 원 더 올려서 500만 원으로 하라고 했다. 그러자 정봉주가 갑자기 내게 "안 의원도 500만 원을 현상금으로 내면 어떻겠냐"고 도발적으로 말하는 것이다. 나는 얼떨결에 "저도 할게요"라고 대답했다.

어쨌든 우병우의 현상금은 정봉주 전 의원의 500만 원과 나의 500만 원을 합쳐 1,000만 원이 되었다. 우리가 우병우 체포를 위한 현상금을 1,000만 원 걸었다고 난리가 났다. SNS 등 다양한 매체를 통해 우병우 현상금을 퍼뜨리니까 자신도 현상금에 보태겠다고 시민들이 서로 현상금 통장에 돈을 넣기 시작했다. 어떤 시민은 우병우 체포 포스터를 만들었다. 만약 우병우가 청문회에 계속 나오지 않았으면 현상금은 최소 1억 원까지 올라갔을 것이다. 이런 현상은 우병우가 국민의 공적公敵으로 인식되었고, 그의 오만한 행동이 국민들의 공분을 샀기 때문이다. 정부 고위 공직자들의 인사에 영향력을 행사하고, 미르재단과 케이스포츠재단을 위해 민간인을 겁박하고, 또 자신을 조사한다고 이석수 특별감찰관의 정당한 감찰행위를 방해해 무력화시킨 일들은 국민들에게 엄청난 정신적 고통과 자괴감을 주었다.

우병우는 자신에게 걸린 국민 현상금에 충격을 받았을 것이다. 정봉주와 내가 제안한 현상금 1,000만 원은 이틀 만에 2,000만 원으로 올랐다. 더 올라가려는 차에 우병우가 청문회에 출석했다. 나는 우병우가 국민들의 분노를 두려워해서 더는 숨어 있지 못하고 항복했다고 생각한다. 청문회에 출석한 우병우는 시종일관 거짓과 변명으로 일관했고, 화가 난 나는 그에게 "국민이 우습죠?"라며 쏘아붙였다.

우병우의 청문회 출석으로 우리의 현상금은 더는 필요가 없었다. 우병우를 신고하는 사람에게 줄 돈이었는데 우병우가 자발적으로 청문회에 나왔기 때문이다. 그런데 〈전국구〉에서 정봉주가 안민석이 현상금을 도로 가져갔다고 떠들어댔다. 나와는 한 마디 통화한 적도 없는데 말이다. 페이스북의 페친들도 "의원님! 어떻게 하실 거예요?"라고 물어오기도 했다. 나한테는 500만 원이 큰 돈이었지만 한 번 약속했는데 그냥 없던 것으로 하는 것은 국민에 대한 예禮가 아니었다. 나는 평소 강호의 의리를 가장 중요하게 생각하는 사람인데 500만 원 때문에 국민들과 맺은 강호의 도리를 팽개칠 수는 없었다. 그래서 그 돈 가운데 480만 원을 촛불국민행동에 냈다. 나머지 20만 원은 나중에 최순실·박근혜·김기춘·우병우의 영치금으로 쓰려고 5만 원씩 남겨두기로 했다.

법꾸라지 우병우는 결국 구속되었다. 우병우 자신은 아무 잘못이 없고 박근혜 지시에 따라 공무수행을 했기 때문에 직권남용은 없었다고 한단다. 나는 언론 기사를 보면서 그가 참 불쌍하다고 생각했다. 그렇게 감옥에 가는 것이 두려운가? 한때 이 나라를 좌지우지했으면 배포가 있는 사람일 텐데 구질구질하게 자기 주군에게 죄를 뒤집어씌우고 살아남으려 하니 얼마나 불쌍한 인간인가? 아무리 그래도 우병우의 죄는 없어지지 않는다. 자신의 죄악에 대한 잘못을 부정하는 자야말로 가장 불쌍한 인간이다. 그렇다고 해서 국민들은 절대 그를 용서하지는 않을 것이다.

당신은 재벌이 아니잖아

삼성전자 이재용 부회장이 구속되었을때가 기억난다. 특검에 출석할 때 입은 양복을 입고 손에 수갑을 찬 채 그는 아무 말도 하지 않고 특검의 재조사를 받기 위해 카메라 앞에 섰다. 그의 수갑 찬 모습은 우리나라뿐 아니라 전 세계에 보도되었다. 한국 현대사에서 가히 상상도 못한 특별한 뉴스였다.

이재용 부회장은 뇌물죄로 구속되었다. 박근혜가 최순실을 위해 미르재단을 만들고 정유라를 위해 돈을 준 것이 이재용의 이야기처럼 정부의 강압에 의해 강제로 준 것이 아니라 이재용 자신을 위해 뇌물을 준 것이기 때문이다. 만약 박근혜의 지시대로 국민연금관리공단이 스스로 손해를 감수하면서까지 삼성물산과 제일모직의 합병을 주도한 것이 이재용에게 삼성 지배권을 주기 위해서였다면 이건 엄청난 배임이다. 자기 회사의 이익을 의도적으로 방해하는 것은 배임이고 이는 법적으로 중죄에 해당한다. 더구나 국민연금관리공단은 국가 공공기관이다. 국민들의 노후를 책임질 매우 중요한 기관인 국민연금관리공단이 엄청난 손해를 입게 되면 국민들의 삶에 직접적으로 피해를 주는 것이다. 그러나 박근혜와 최순실은 국민들의 피해는 아랑곳 않고 이재용에게 삼성 지배권을 주며 엄청난 뇌물을 받을 것만 생각하고 움직였으니 이들의 죄악은 용서받을 수 없다.

청문회에서 나를 가장 화나게 했던 사람 중 한 사람이 이승철 전경련 부회장이다. 그는 재벌과 박근혜, 최순실의 부역자 중 부역자다. 나는 그를 아주 고약한 부역자라고 불렀다. 미르재단을 만드는 데 필요한 돈을 이승철이 총지휘해서 재벌들에게 거두었다. 그러나 한 치의 부끄러움이라든지 죄책감 없이 언론에 뻔뻔하게 마치 좋은 일 하려다가 재수 없이 일이 터졌다는 식의 이야기를 하는 것을 보고 분노를 참을 수 없었다. 이승철은 국정농단세력만큼이나 나쁜 죄인이다.

이승철이 우리에게 알려진 것은 작년 10월의 국정감사 때였다. 미르재단과 케이스포츠재단의 특혜 의혹이 작년 7월에 처음 세상에 언급이 되다가 9월에 《한겨레》가 두 재단의 배후에 최순실이 있다고 폭로했다. 이 보도로 국정감사를 준비하는 교문위와 기재위 의원들은 두 재단 문제를 공식적으로 다루기로 하고 하루만에 485억 원을 거두어들인 이승철 전경련 부회장을 국감 증인으로 채택하기로 했다. 교문위 대신 기재위 국정감사장에 출석한 이승철은 뻔뻔한 얼굴로 자신은 수사 중인 상황이기 때문에 아무 이야기도 할 수 없다고 했다. 그날 박영선 의원은 자기가 국회의원하는 동안 이승철이 가장 철면피 증인이었다고 격분하기도 했다.

이승철은 전경련이 우리나라의 문화예술을 발전시키기 위해 자발적인 모금으로 돈을 걷었다고 거짓말을 했다. 그런데 이런 문제가 터지니 미르재단과 케이스포츠재단을 해체하고 두 재단을 아우르는 통합재단을 만들겠다고 했다. 문화 발전과 스포츠 발전을 위해 대기업들이 선의로 돈을 기부했으면 약간의 오해가 있다 하더라도 지속적으로 재단을 운영해야 하는데 갑자기 해체하겠다는 것은 처음부터 불순한 세력들의 의도가 있었기 때문이라는 것을 스스로 인정하는 것이다.

이승철은 국정감사까지만 해도 대통령 탄핵 정국까지 갈 것이라고는 생각하지 못했던 모양이다. 그는 이 나라가 최순실과 박근혜의 나라이기 때문에 자신이 야당 국회의원으로부터 수난받는 모습을 보여주고, 끝까지 최순실에 대한 지조 있는 모습을 보여주어야 한다고 생각했을 것이다. 그런 그가 태도를 바꾸기 시작한 것은 촛불 때문이었다. 추운 겨울, 광화문에 100만 명이 넘는 시민들이 손에 든 촛불은 횃불이 되어 박근혜와 최순실의 권력을 뒤흔들었다. 박근혜 대통령이 미르재단과 케이스포츠재단은 선의로 만들어진 것이라고 기자회견을 해도 국민들이 대통령의 말을 신뢰하지 않았다. 권력의 힘이 어디로 가는지를 알아차린 이승철은 이제 박근혜와 최순실의 시대가 지나가고 있음을 눈치챘다. 그들의 충실한 부역자인 그가 이제 그들을 배반하고 자신이 살 궁리를 했다. 그는 전경련의 모금이 청와대의 지시에 의해 이루어진 것이고, 청와대가 가이드라인까지 주었다고 증언하기 시작했다. 전경련 부회장이란 높은 지위에 있는 사람의 말이니 틀린 것은 아닐 것이다.

당시 박근혜와 최순실의 지시로 안종범과 이승철이 모금한 금액이 얼마나 되는지 다시 한 번 확인해보자. 미르재단에 기부한 대기업은 모두 16개사다. 그룹별로 가장 많은 기부금을 낸 곳은 삼성그룹으로 삼성전자 60억 원, 삼성물산 15억 원, 삼성화재와 삼성생명이 각각 25억 원 등 총 125억 원을 기부했다. 엄청난 금액이다. 삼성전자에서 일하다 백혈병에 걸려 죽은 노동자들에게 보상금으로 500만 원 밖에 주지 않은 삼성이, 처음 생긴 미르재단에 60억 원을 기부했다는 것을 우리는 어떻게 이해해야 할까? 직원들의 피와 땀에 대한 보상은 일절 하지 않는 삼성전자가 최순실이라는 이 나라 권력 서열 1위가 주도한 재단에 60억을 기부했다는 것은 자신들의 또 다른 이익을 위한 뇌물이 아니고서는 불가능한 것이다. 한편 현대자동차그룹은 기아차 18억 원, 현대모비스 21억 원 등 총 85억 원을 기부금으로 냈다. LG그룹은 LG화학과 LG디스플레이가 각각 38억 원과 10억 원 등 총 48억 원을 기부했다. 전경련 허창수 회장이 이끄는 GS그룹은 GS건설 등 8개 계열사로 가장 많은 계열사들이 기부에 참여해 총 26억 원을 기부했다.

단일 기업으로는 SK하이닉스가 가장 많은 금액을 기부했는데, 그 이유는 무엇일까? 아마도 최태원 회장의 사면 때문일 것이다. 최순실과 박근혜가 최태원을 사면해주는 대가로 엄청난 기부금을 받은 것 말고는 설명할 길이 없다. 한화도 15억 원을 기부했는데 이는 2014년 2월 징역 3년에 집행유예 5년을 선고받은 김승연 회장의 사면 로비일 가능성이 매우 크다. 청와대에서 가이드라인을 정했기 때문에 금호아시아나그룹의 경우 아시아나항공이 3억 원을 기부했으며, 금호타이어는 워크아웃에 들어갔던 핵심 계열사 위주로 4억 원을 기부했다. 한진그룹도 재무구조 악화로 어려움을 겪고 있음에도 대한항공은 10억 원을 기부금으로 내놓았다. 지난 번 땅콩회항 사건으로 재벌의 갑질 인상을 준 조양호 회장이 청와대에게 낙인 찍혔기 때문에 이를 완화시키는 차원일 수도 있다. 이는 대통령이 공적인 권력을 사유화하고 개인적 이익을 위해 행사한 직권남용이다. 일개 민간재단의 설립 및 운영과 출연금 모집에 대통령의 비선실세, 청와대 수석, 문화체육관광부가 동원되었다면 이는 권력형 비리가 아니고 무엇이겠는가?

박근혜는 2016년 10월 청와대 수석비서관들이 참여한 대책회의를 열어 '미르·케이스포츠재단 설립에 청와대가 개입한 게 없고, 전경련이 자발적으로 한 것으로 하자'는 대응 기조를 만들었다. 어떻게든 자신들의 잘못을 은폐하려고 한 것이다. 여기에 안종범과 우병우가 가장 중책을 맡아 이를 덮으려고 했을 것이다. 이처럼 이승철이 모은 돈의 내용을 보면 문화 발전을 위해 자발적으로 기부한 것이 아니다. 그럼에도 이승철은 계속해서 거짓말을 했던 것이다.

그날 청문회에서 재벌들은 마치 딴 세상에 사는 사람들 같았다. 그들은 국민들이 어떤 고통을 겪고 있는지, 무엇을 원하는지는 아랑곳하지 않고 자신들만 잘사는 것이 중요하다고 생각하고 있었다. 그들은 자신들의 회사가 성장한 것이 그들의 능력 때문인 줄 착각하고 있다. 대한민국 재벌들이 이렇게 돈을 번 것도 노동자들의 희생, 피와 땀의 대가인데 말이다. 그들은 정권이 돈을 달라고 하면 돈을 주고, 그 대신 자신들의 필요한 이권을 챙겼다. 그런 식으로 권력과 재벌이 한통속이 되어 그동안 살아왔던 것이다.

재벌들이 나오는 청문회 때는 광장의 촛불들이 활활 번질 때였다. 그들은 촛불집회에 나왔을 리도 만무하고 나올 생각도 하지 않았을 것이다. 당연히 촛불집회는 불순한 사람들이 준동한다고 생각할 것이기 때문이다. 나는 이 재벌들의 반국민적·몰역사적 사고에 경종을 울리는 의미에서, 죽 앉아 있는 재벌 총수들을 향해 "혹시 회장님들 중에서 촛불집회 나가본 사람들은 손들어 보십시오"라고 물었다. 아마도 재벌 입장에서는 이 말이 굉장히 불쾌하고 모욕적이었을 것이다. 감히 우리나라 10대 재벌들을 앉혀놓고 손을 들라고 하다니!

그런데 느닷없이 뒤에 앉아 있던 이승철 전경련 부회장이 손을 들었다. 앞서도 이야기했지만 나는 평소에 이승철에게 그리 좋은 감정을 갖고 있지 않았다. 그가 바로 국정농단의 핵심 부역자였기 때문이다. 그래서 한마디 쏘아붙였다.

"당신은 재벌이 아니잖아!"

이 말은 청문회 이후에도 널리 회자되었을만큼 국민들의 분노를 담고 있었다. 재벌들은 자신들의 부富가 그들만의 노력으로 만들어진 것이 아니라는 생각을 하기 바란다. 물론 그들의 역할과 노력은 존중되어야 한다. 하지만 수많은 노동자의 피와 땀이 있기 때문에 오늘날 재벌들의 재산도 만들어진 것이고 한국 경제가 선진국 대열에 들게 된 것이다.

나는 재벌들이 자신들의 이익을 위해, 자기 자식들에게 편법으로 재산을 상속하기 위해 정경유착을 하지 말고 기업의 동반 주인인 노동자들과 함께 이익을 나누기를 진심으로 바란다. 그래야만 우리 기업들이 100년 후 미래까지 발전할 수 있을 것이다.

이화여자대학교 도가니의 주역들

"술은 마셨는데 음주운전은 아니다"라는 말이 있다. 이런 말을 하면 자신의 죄가 용서될 것이라고 생각하는 모양이다.

박근혜·최순실 국정농단 조사를 하면서 이와 비슷한 경우가 생겼다. 박근혜의 얼굴 시술은 분명한데 시술자가 전혀 나타나지 않는다. 대통령 주치의도, 세브란스병원도, 차움병원도, 김영재 성형외과도 자신들은 전혀 모른다고 하니 도대체 누가 박근혜의 얼굴에 파란 멍을 남긴 것일까?

그런데 이보다 더 웃기는 것이 바로 정유라의 이화여자대학교 입시비리다. 이화여자대학교가 정유라의 입시를 부정으로 진행해 엉터리로 입학시켜 입학이 취소되었음에도 어느 누구도 입시부정에 관여하지 않았다고 한다. 그럼 교육부 감사실 직원들은 모두 사표를 내야 한다. 아무 잘못도 없는 멀쩡한 대학을 입시부정을 하는 나쁜 대학으로 몰았기 때문이다. 교육부 감사실은 어수룩한 곳이 아니다. 그간 대학에서 많은 부정 입학이 있었기 때문에 사례를 검증하고 그에 따른 원칙과 기준이 있어서 입시만큼은 절대 장난칠 수가 없다. 우리나라 교육 풍토상 가장 중범죄가 대학 입시부정을 눈감아주는 것이다. 더군다나 이화여자대학교는 우리나라 대학 중 가장 오랜 역사와 전통을 가진 사학 명문이기에 부정 입학을 용서할 국민은 없다. 그런데 최경희 총장 이하 모든 교수들이 정유라의 입시부정에 대해 자신들은 모르는 일이라고만 하고 있다.

이화여자대학교 입시부정의 주역들을 청문회에서 다시 만났다. 그 전에 국정감사 기간에 나는 이화여자대학교 현장 방문을 제안했고, 그때 이화여자대학교에 가서 정유라의 입시부정에 대해 관계자들을 불러 조사하고, 입시부정에 대해 자백하라고 촉구했다. 그때도 최경희 총장 이하 모든 교수들이 아주 정상적인 절차에 의해서 정유라가 입학했다고 발뺌했다.

나는 2016년 11월 11일 국회 대정부질문에서 정유라의 이화여자대학교 입시부정의 복잡한 퍼즐을 아주 명료하게 정리해 파워포인트 화면을 띄우고 교육부 장관을 상대로 질의했다. 나는 이화여자대학교 입시부정과 학사비리를 추적하면서, 내 나름대로 누가 주동자이고, 동조자이며, 공범인지를 파악하고 있었다. 나는 제17대 국회에 들어와 지금까지 교문위를 지켰다. 국회의원도 나름대로 전문화되어야 한다고 생각해서 나는 교육·문화 체육 분야에서만 늘 상임위 활동을 했다. 그렇기 때문에 대학의 문제점과 비리를 조사한 경험이 많아서 이화여자대학교의 비리 역시 눈에 선하게 들어왔다. 비리를 저지르는 방식이 거의 유사하기 때문이다.

나는 이화여자대학교의 정유라 입시부정은 박근혜·최순실 국정농단의 핵심 중 하나라고 생각한다. 박근혜와 최순실은 정유라를 IOC 선수위원으로 만들고 후에 비례대표 국회의원으로 만들기 위해 이화여자대학교 같은 명문대학에 입학시키려 했을 것이다. 그래서 정유라의 대학 입시를 위해 승마계를 쑥대밭으로 만들고 자신의 마음에 들지 않는 사람들을 제명하거나 퇴출시켜버렸다.

이화여자대학교는 정유라를 입학시키는 대가로 교육부로부터 엄청난 지원금을 받아 학교 운영에 사용하고자 했다. 평생교육대학 설립 예산을 자원했고, 신청도 하지 않은 미래라이프 대학을 만드는 데 30억 원을 그냥 주기도 했다. 그래서 학생들이 들고 일어나 그 유명한 마스크 시위를 벌였던 것이다. 신청도 하지 않았는데 30억 원을 교육부가 그냥 지원한다는 게 있을 수 있는 일인가? 이런 모습들이 최순실과 이화여자대학교가 얼마나 깊게 연관되어 있는지를 알 수 있게 하는 대목이다. 그래서 이화여자대학교 입시부정과 학사비리는 청문회에서 가장 중요한 것이라고 생각해 반드시 포함시켜야 한다고 강조했다.

그 결과 이화여자대학교 문제는 청문회의 주요 이슈가 되었다. 청문회가 시작되어 이화여자대학교 관련자들이 증인석에 앉아 있을 때 국민들은 어떤 생각을 했을까? 과연 누가 이 일을 주도했을까? 총장일까? 체육대학장일까? 입학처장일까? 대학의 구조를 조금이라도 아는 사람들이라면 입학처장이라고는 생각하지 않을 것이다. 대학 본부의 처장들이 막강한 권한을 갖고 있지만 그들은 총장의 지시를 받을 수밖에 없다. 그렇다면 남궁곤 입학처장은 허수아비일 뿐이다. 남궁곤 교수는 체육대학장인 김경숙이 자신에게 최순실의 딸인 정유라가 학교에 지원을 했으니 잘 봐주었으면 좋겠다는 이야기를 했다고 청문회장에서 내게 말했다. 그런데 김경숙은 절대 그런 일이 없다고 발뺌했다. 최경희 총장 역시 자기는 최순실을 모른다고 위증했다. 기본적으로 최경희 총장을 포함한 모든 사람들이 정유라의 입시비리를 모른다는 것이다.

최경희 총장의 이야기는 더욱 가관이다. 최순실이 학교에 두 번 찾아와 학부모 자격으로 만났다는 것이다. 대한민국 대학에서, 그것도 이화여자대학교처럼 큰 대학에서 학부모가 찾아왔다고 총장이 만나는 것이 어디 가능한 일인가? 실제 학부모들이 총장을 찾아가는 것은 거의 없는 일이고, 학부모 한 명이 총장을 두 번이나 만난다는 것 자체가 있을 수 없는 이야기다. 나는 이화여자대학교 교수들이 모든 것을 부인하는 것을 보고 이들이 과연 교육자인가 하는 의심이 들었다. 거짓말과 책임 회피로 일관하는 것을 보고 이대생들을 포함한 수많은 대학생들, 청년들, 학부모들은 더 분개했다. 그 배후에 최순실이 있다는 것에도 분개했다.

사실 나는 그날 가장 궁금했던 것이 최순실이 처음에 누구에게 정유라를 이화여자대학교에 입학시켜달라고 했을 것인가였다. 나는 그 대답을 듣고 싶었다. 그래서 김경숙에게 당신과 남편이 1980년대에 독일에서 유학할 때 최순실을 독일에서 만나지 않았느냐고 물어보았다. 비록 나의 우문일 수도 있었지만, 최순실이 1980년대부터 독일을 자주 다녔고, 당시 독일 교민사회가 매우 작았기 때문에 충분히 만났을 가능성이 있기 때문이었다. 또한 독일 현지에서 들은 이야기도 있었다. 그러나 김경숙은 최순실을 모른다고 대답했다. 그것은 완전히 거짓말이었다.

최근 JTBC 〈이규연의 스포트라이트〉에 출연해 삼성과 최순실과의 관계를 증명하기 위해 독일까지 가서 현장을 확인해준 노승일이 내게 김경숙이 최순실한테 전화를 자주하는 것을 옆에서 보았다고 했다. 김경숙의 전화를 받고 난 후 최순실은 "김경숙이 자기가 꼭 필요할 때만 전화한다"고 투덜댔다고 한다. 김경숙이 최순실에게 전화할 때 항상 "유라는 우리가 잘 정리하고 있으니 전혀 걱정마세요"라고 했다는 것이다. 즉, 정유라가 학교에 나오지 않아도 그들이 학점주고 잘 관리할 것이니 전혀 걱정하지 말라고 이야기했다는 것이다. 노승일의 주장은 거의 확실하다. 노승일의 이야기대로라면 이화여자대학교는 교육부 관련 예산을 지원받기 위해 김경숙을 통해 최순실에게 정유라를 도와준다는 명목으로 도움을 받았던 것이다. 이렇게 도움을 받는 김경숙이 최순실이 학교에 왔을 때 두 번 정도 만난 사이고, 실제로는 잘 모르는 사람이라고 발뺌한 것이다.

청문회 때까지 멀쩡했던 김경숙은 구속될 상황이 되자 자신은 유방암 투병 중이니 구속하지 말아달라고 했다. 나는 암 투병 중임을 이미 알고 있었기에 "투병 중에 무슨 욕심을 부리느냐, 빨리 진실을 이야기하고 잘못했다고 인정하면 선처를 받을 수 있다. 그러고 나서 치료에 전념하라"고 인간적으로 부탁했다. 하지만 그녀는 "자기가 언제 죽을지도 모르는데, 무슨 거짓말을 하겠냐"고 오히려 반문했다.

그런데 특검은 김경숙이 거짓말을 하고 있는 것을 모두 증명했다. 만약 국정감사나 청문회에서 진실을 이야기했다면 그녀는 암 투병을 인정받아 구속을 면했을 것이다. 그런데 끝까지 거짓말을 하다가 마지막에 모든 것이 들통나니까 그때 가서 구속을 피하려고 자신의 암 투병 사실을 과도하게 보여주었다. 나는 그 모습이 더 안쓰러웠다.

한편 입학처장 남궁곤 교수를 내가 더욱 의심하게 된 것은 국정감사 때 이화여자대학교 관련 자료를 받아보았는데 그가 내게 따로 편지를 썼기 때문이었다. 입학처장으로서 관련 자료만 내게 보내면 되지 굳이 편지를 쓸 이유는 없었다. 편지 내용은 전혀 입시에 문제가 없었고, 자신이 입학처장으로 있는 한 그런 일이 있을 수 없다는 것이었다. 그러면서 내가 오해 없기를 바란다고 마무리를 했다. 이 편지를 읽고 나니 "도둑이 제 발 저린다"는 말이 딱 들어맞는 것 같았다. 요청받은 자료만 주면 되는데 왜 굳이 편지까지 썼을까 생각했다. 그래서 청문회 때 왜 내게 그런 편지를 썼는지 물어보았더니 교육부에서 쓰라고 지시했다는 것이다.

교육부가 왜 이화여자대학교 입학처장을 시켜 나에게 편지를 쓰라고 했을까? 그것은 교육부도 이화여자대학교와 함께 공모한 것이기 때문이다. 이화여자대학교가 정유라의 뒤를 봐주고, 교육부는 이화여자대학교의 뒤를 봐주는 것이다. 그러니 최순실이 교육부를 통해 이화여자대학교를 지원하게 하고 이화여자대학교는 그 돈을 받고 정유라가 학교에 나오지 않아도 정상적으로 졸업할 수 있게 학칙까지 개정해서 도움을 준 것이다.

정유라의 이화여자대학교 입시부정 학사특혜는 교육부만 관여한 것이 아니다. 청와대도 당연히 개입되었다. 나는 정유라의 이화여자대학교 부정입학과 학사특혜에 청와대가 개입한 정황을 국회 대정부질문을 통해 폭로했다. 무엇이든 설마 하는 일들이 사실로 확인되는 날들이었다. 당시 교육부와 문화부를 관할하는 청와대 교육문화수석은 김상률이었는데, 그는 차은택의 외삼촌으로, 최순실이 임명에 관여했을 것이다. 나는 최순실이 청와대 교문수석인 김상률을 통해 이화여자대학교 학칙 개정을 추진한 것으로 본다. 자존심도 없이 대학의 학칙을 권력의 지시에 따라 바꾸는 일이 21세기 교육계에 벌어졌다니 아연실색이다. 김상률과 함께 근무한 교육부 출신의 김관복 교육비서관 역시 최경희와 함께 청와대에 근무한 적이 있다. 사람들은 최경희의 이력을 보고 참여정부 시절에 비서관을 했던 사람이면 노무현의 사람이고, 그래서 박근혜 쪽과는 다른 진보일 것이라고 생각하지만 절대 그렇지 않다. 최경희는 참여정부 비서관 시절에도 다른 성향을 보여 비서실 내에 화합하지 못하고 다른 행태를 보이는 일이 많았다고 한다.

당시 김관복과 최경희는 청와대에서 같이 근무해 서로 잘 알고 있었다. 이들은 출세 지향주의여서 자신의 이념보다는 정권에 충실한 사람들이었다. 나는 이 두 사람의 인연에 주목하고 김관복을 직접 만나 이화여자대학교 학칙 개정에 대해 물었다. 물론 김관복은 본인과 청와대의 개입을 적극 부정했다. 당시에 최경희 역시 모든 의혹을 부정하고 있었다. 재미있는 것은 김관복은 최경희를 최근에 만난 것이 2015년이라고 했고, 최경희는 김관복을 2016년에 만났다고 했다. 두 사람은 서로 만난 시기도 전혀 다르게 이야기한다. 진실을 이야기할 마음의 자세가 전혀 없는 사람들이다.

결국 지난 5월 15일, 이화여자대학교 입학, 학사비리 사건이 국정농단 사건 관련 재판 중 가장 빠른 대법원 확정 선고를 받았다. 최순실은 김종 전 문화체육관광부 차관이나 최경희 전 이화여자대학교 총장, 김경숙 전 신산업융합대학장 등과 공모해 범행을 저질렀다고 판시하며, 최순실에게 징역 3년을 최종 선고했다. 물론 같은 혐의로 기소된 공모자들 역시 실형을 받았다.

나는 대학의 본연은 아직도 진리의 탐구라고 생각한다. 요즘 대학은 취업을 위한 양성소로 전락했지만 그래도 대학은 아름다운 곳이고 진리와 정의를 이야기하는 곳이다. 이와 같은 대학에서 자신들의 이익을 위해 진리와 정의를 팔아넘기고 철저히 권력에 아부한다면 어떻게 대학이 대학다울 수가 있겠는가? 3·1운동의 유관순 열사 등 독립운동과 민주화운동에 참여했던 인물들을 배출한 혁혁한 역사적 전통이 있는 이화여자대학교의 진정성을 훼손하는 일이다.

우리는 이번 사태를 겪으면서 다시 진리와 정의를 회복하는 대학 본연의 모습을 되찾고, 대학을 정부가 통제하는 말도 안 되는 전체주의적 태도를 버려야 한다고 더욱 믿게 되었다. 그래야만 우리 사회에 미래가 있다.

장시호, 보고 싶었습니다

"장시호 씨, 제가 미우시죠?"

"네. 꼭 뵙고 싶었습니다."

청문회에서 뜻밖의 대답이 장시호의 입에서 나왔다. 최순실의 조카인 장시호가 나 때문에 최순실 국정농단의 주역 중 하나로 감옥에 갇히게 되어 인간적으로 미안했기에 밉냐고 물었는데, 이에 "꼭 뵙고 싶었습니다"라고 당돌하게 답변한 것이다. 장시호도 국정농단의 죄인이기에 예리하게 질의하려고 했지만, 갑작스러운 장시호의 말에 나는 당황할 수밖에 없었다.

이 장면은 이후 청문회에서 가장 이슈가 된 말의 첫 번째로 꼽히면서 끊임없이 방송에 나오고 있다. 지금도 나를 만나는 사람들은 그날 장시호가 했던 말을 꺼내면서 놀리곤 한다. 어쨌든 그날 밤 내게 지인들이 많은 문자를 보내 질책했다. 청문회에 임하면 청문회다운 언어만을 쓰라는 것이다. 나는 "죄는 미워하되 사람은 미워하지 말라"는 《성경》 말씀을 늘 새기고 있었기 때문에 그런 의도로 말한 것인데, 곰곰이 생각해보니 청문회에서 사용할 언어가 아닌 것은 분명했다.

최순실과 장시호가 국회청문회에 출석하기로 한 날 오전에는 장시호가 청문회 출석을 거부했다. 장시호는 김성태 위원장에게 청문회 출석 조건으로 얼굴을 가리게 해달라고 요구했고, 위원장이 이를 수용하여 오후에 장시호가 청문회에 나온 것이다. 장시호는 2006년에 결혼했지만 1년 만에 이혼해서 아들을 혼자 키우고 있다. 장시호는 아들한테 상처를 줄까봐 자신의 얼굴을 가리고자 했던 것이다.

자식을 둘이나 키우는 아버지로서 그 마음은 이해하지만 장시호만 얼굴을 가리는 특혜를 주어서는 안 된다고 생각했다. 나는 장시호의 합의를 받아들일 수 없었다. 나라가 완전히 뒤집어진 난국에 장시호만 특별히 봐줄 수는 없었다. 얼굴을 반쯤 가리고 청문회에 나온 장시호에게 나는 얼굴을 다 보일 것을 주문했다. 여러 차례 나의 강요에 마지못해 장시호가 얼굴을 완전히 드러내었다. 하지만 장시호의 마음은 이해할 수 있었다. 그래서 나도 모르게 장시호에게 "제가 미우시죠?"라고 말했던 것이다.

장시호가 구속 수감 중에 최순실의 또 다른 태블릿 PC를 특검에 알리고 여러 가지 중요한 사실들을 털어놓은 것은 바로 아들 때문이었다. 특검에 협조해서 나름 형량을 줄이고 빨리 감옥에서 나가 아들을 만나려고 하는 것이다. 장시호는 특검에서 최순실이 박근혜와 언제든지 전화를 걸거나 받을 수 있도록 그것을 잘 때도 품고 잤다고 진술했다. 그녀가 진술한 내용에는 최순실이 박근혜와 문고리 3인방 중 한 명인 안봉근, 윤전추 세 명만 연락할 수 있는 대포폰도 만들어주었다는 것도 있다. 최순실이 대포폰을 변기에 빠트렸는데, 이 폰을 하루 종일 건조기로 말리는 모습을 봤다는 에피소드도 특검에 이야기했다.

장시호는 최순실이 사용하던 대포폰의 뒷자리 번호 '402X'를 기억해냈다. 장시호의 증언으로 이 번호의 대포폰을 찾아 분석하여 최순실이 대포폰을 이용해 박근혜와 570차례 통화했다는 것을 밝히기도 했다. 박근혜와 최순실이 이 대포폰으로 통화한 기록은 2016년 4월 18일부터 같은 해 10월 26일까지로, 하루 평균 3회에 달한다. 특히 최순실이 독일로 도피한 9월 3일부터 귀국 전 10월 25일까지 하루 평균 약 2회의 긴밀한 연락이 오갔다. 6개월 정도 사용한 이 대포폰으로만 570여 회가 되니 만약 다른 대포폰을 찾는다면 이들의 통화량은 엄청날 것이다.

또한 장시호는 최순실이 공적개발원조를 통해 760억 원을 투입해 세우려고 했던 '미얀마 케이타운 프로젝트'를 특검에 폭로했다. 장시호는 최순실이 공적개발원조 자금으로 진행하려던 미얀마 케이타운 사업권이 '대대손손 물려줄 자산'이라고 강조하며 각별히 관리할 것을 지시한 것까지 이야기했다.

사실 장시호도 박근혜·최순실 국정농단의 주역이다. 그는 동계스포츠영재센터를 만들어 평창올림픽에서 이권을 챙기려 했다. 최순실을 등에 업고 동계스포츠영재센터를 만들어 막대한 이권을 얻고자 한 것이다. 그래서 처음에는 쇼트트랙의 영웅 김동성을 내세웠다가 다시 자신의 중학교 1년 선배인 빙상 스타 이규혁을 내세운 것이다. 이규혁이 영재센터 전무이사라는 직함을 갖고 있었지만 실제 모든 일은 장시호가 주도했다. 이규혁의 증언에 따르면 장시호의 지시대로 김종 차관과 김재열 제일기획 사장 등이 동계스포츠영재센터 일로 만났다고 한다. 그것도 김종의 집무실에서 두 번, 서울의 호텔에서 한 번 만났다고 하니 이들의 영향력이 얼마나 컸는지 알 수 있다. 장시호는 동계스포츠영재센터가 최순실의 지시에 의해 만든 것이라 하고 있고, 최순실은 장시호와의 관계가 완전히 틀어지면서 동계스포츠영재센터는 장시호의 것이라며 자신은 전혀 관련이 없다고 부인하고 있다.

　이렇게 보면 장시호는 최순실의 조카로서 심부름꾼인것 같지만 절대 만만한 여자가 아니다. 최순실은 장시호가 자신을 배반하고 혼자만 살려고 특검에 자신의 중요한 내용을 알려준 것에 충격을 받았을 것이다. 나는 장시호가 지금 자신이 알고 있는 사실 중 일부만 이야기하고 있다고 생각한다. 태블릿 PC를 특검에 이야기한 것은 국민 여론이나 검찰에게 최순실과 결별했다는 상징적인 메시지를 준 것이라고 본다.

그가 얼마나 무서운 사람인지 알게 해주는 깜짝 놀랄 이야기가 특검을 통해 나왔다. 최순실의 개인비서이자 최 씨 일가의 최측근으로 활동하며 그들의 일거수일투족을 알게 된 20대 여성 김모 씨는 지난해 7월 장시호로부터 세 장의 사진을 전송받았다. 사진의 정체는 '청와대 민정수석실 인사 자료'로, 장시호가 최순실이 화장실에 갈 때도 가지고 갔다던 명품 가방을 몰래 열어 그 안에 있던 문서를 사진으로 찍은 것이다. 거의 첩보영화 수준의 장면이다. 장시호는 김 씨에게 이 사진이 훗날 자신을 살릴 것이라고 했다. 장시호는 머지않아 박근혜·최순실 국정농단이 터질 것을 예감했고, 그래서 자신이 살기 위해 최순실의 가장 중요한 비밀 자료를 몰래 촬영해놓은 것이다. '장구라', '장뺑'이라고 친구들에게 놀림당한 장시호이지만, 용의주도하게 자신을 보호하려 했던 그녀의 또 다른 면모를 볼 수 있었다.

특검에 이 사실을 이야기한 장시호는 김 씨가 휴대폰을 동생에게 주었는데 동생이 잃어버려 사진 자료를 찾을 수 없다고 거짓말을 하자 그녀의 약점을 이용하라고 특검에 조언해서 찾아내게 했다. 그래서 한 달 넘게 거짓말을 하던 김 씨는 장시호가 이야기한 약점이 나오자 사진을 옮겨 담았던 외장하드디스크를 특검에 제출했고, 결국 최순실의 인사 개입이라는 국정농단이 만천하에 드러났다.

장시호는 최순실과 관련된 엄청난 비밀을 더 알고 있을 것이다. 그러나 그녀가 알고 있는 진실의 반의반도 공개하지 않았다고 생각한다. 지금까지 장시호는 자기가 살아남기 위해서 필요한 것들만 골라서 공개한 것이다.

장시호가 이처럼 거의 최순실과 같은 고도의 치밀한 행동을 하는 것은 최순실이 최태민을 통해서 배웠고, 장시호는 최순실에게 제대로 학습받았기 때문이다. 상대방을 요리하고 때로는 무자비하게 상대방을 희생시키는 피도 눈물도 없는 냉정한 처세술을 오랫동안 익혀온 것이다.

최순실의 입장에서 보면 자신의 딸 정유라는 아직 어리고, 조카인 장승호는 베트남에 가 있기 때문에 피붙이로 믿을 수 있는 사람은 장시호뿐이었다. 그렇기 때문에 자신의 모습을 드러내지 않는 최순실은 모든 것을 장시호에게 지시했고, 장시호는 최순실의 명령에 따라 은밀히 사람들을 만나고 다녔다. 그렇다고 보면 최순실이 알고 있는 중요한 사람들의 대부분은 장시호도 알고 있는 것이다.

그러나 장시호는 아직도 이 사람들을 공개하지 않고 있다. 장시호가 입을 열면 검찰에 출두해야 될 수많은 사람들이 있을 것이고 그들은 지금 두려움에 떨고 있을 것이다.

지금 우리에게 필요한 것은 최순실의 아바타 장시호를 다독거려 그가 모든 진실을 말하게 하는 것이다. 그러면 우리가 지금까지 진실이라고 알고 있던 것들이 거짓임을 알게 될 것이다. 그리고 진실을 알아야만 마치 '반신반인半神半人'처럼 박정희를 추앙했던 사람들이 정신을 차릴 수 있다. 그 열쇠를 나는 장시호가 가지고 있다고 생각한다. 그래서 우리는 장시호의 입을 주목한다. 그가 역사 앞에 속죄하고 다시 태어나는 길은 진실을 이야기하는 것이다.

정유라를 찾아 독일로

"우연이 반복되면 필연이 된다."

사람들은 우연이 여러 차례 나타나면 그것은 필연이지 우연이 아니라고 이야기한다. 박근혜·최순실 국정농단을 파헤치는 과정에서 여러 차례의 우연이 있었고, 그 우연을 통해 진실을 찾아냈으며, 그 과정에서 또 다른 우연이 생겨 다시 진실을 찾으려고 노력했다. 덴마크에 있던 정유라를 찾는 과정 역시 우연이 계기가 되어 필연으로 연결된 것이다. 내가 정유라가 있는 독일로 떠난 것은 바로 우연이 아닌 필연이었다.

최순실과 박근혜의 아킬레스건은 정유라라고 생각한다. 앞서 이야기했지만 박근혜·최순실 국정농단의 주요한 사항이 바로 정유라를 위한 것이었다. 삼성과의 뇌물거래 관계 역시 정유라로 인한 것이다. 그러다보니 '기-승-전-유라'라는 공식이 성립되고 있다. 정유라 자체는 국정농단에서 중요한 인물이 아니지만 정유라가 국내에 소환되면 박근혜, 최순실이 무너질 것이라고 보았다. 최순실은 구치소에 있어도 딸 이야기가 나올 때마다 흐느꼈고, 박근혜도 정유라를 공격했다는 것 때문에 나를 '나쁜 사람'이라고 매도할 정도였기 때문에 정유라를 한국에 데리고 오는 것이 이번 국정농단을 해결하는 효과적인 지렛대라고 생각했다. 정유라는 거꾸로 박근혜와 최순실에게는 '역린'이었다. 이 역린을 흔드는 것이 나의 임무였다.

재작년 교육부가 정유라의 입시부정으로 이화여자대학교를 특별감사할 때 정유라를 부르지 않았다. 나는 수시 입학 면접 때 누가 금메달을 가져오라고 했는지를 알고 싶었다. 이는 당연히 알아야 할 매우 중요한 문제였다. 시험을 보다가 학생이 부정행위를 하다 들켰는데, 학생은 집에 보내고 부모와 친구들만 불러서 조사하는 것과 하나도 다르지 않았다. 교육부가 특별감사하면서 정유라를 조사하지 않았던 것은 굉장히 의심받을 만하다. 독일 검찰이 이미 2016년 6월부터 정유라를 조사하고 있어서 검찰이 정유라의 신변을 확보하고자 마음먹었으면 얼마든지 할 수 있었는데, 그녀의 신변을 확보하지 못하고 있는 것에 대해 검찰도 비난받고 의심받아야 할 것이다.

당시 언론이나 국민들이 정유라를 소환하라는 요구는 정말 높았다. 그러던 차에 하늘이 내게 또 우연한 기회를 주었다. 독일 생활을 마치고 한국으로 귀국해 일산에 살고 계신 분이 내게 정유라가 지금 독일 모처에 있다고 제보한 것이다. 독일 교포였던 이분은 최순실과 정유라에 대한 상당한 정보를 갖고 있었다. 이분은 독일에서 유학을 했고, 독일에서 오랫동안 사업을 했기 때문에 인맥과 정보가 많았다. 이분이 나와 가까운 김진한 변호사와 인연이 있어 만나게 되었다. 김진한 변호사는 법무법인 아주대륙의 대표로 오산대학교 관선 이사장을 했고 나와 소아암 협회에서 같이 봉사했다. 김진한 변호사에게 연락이 와서 최순실에 대해 굉장히 많이 알고 있는 사람이 있으니까, 내가 만나면 도움이 될 것 같다고 했다.

그를 만나서 들은 내용이 너무 충격적인 것이 많아 법무법인 아주대륙의 변호사 세 명이 그의 브리핑을 듣고 사실 확인을 했는데 모두 사실이었다고 한다. 그때 내가 도착해서 인사를 했는데 김진한 변호사가 내게 믿어도 좋은 분이라고 소개를 해주었다. 그는 내게 정유라가 어디 있는지 안다고 했다. 이런 기적 같은 일이 어디 있단 말인가? 최순실이 한국으로 돌아와 검찰에 체포된 이후 정유라는 완전히 사라졌는데, 독일 생활을 청산하고 일산에 사시는 분이 어느 날 갑자기 나타나 내게 정유라의 소재지를 이야기해주다니, 이건 정말 기적 같은 일이었다. 나는 그의 말을 믿고 독일로 가기로 했다. 독일에서 그에게 정보를 제공하고 있었던 것이다.

하지만 당시에는 청문회가 진행되고 있었다. 이번 청문회에서 오랫동안 최순실을 추적해왔던 내가 중요한 역할을 하고 있기 때문에 청문회를 빠질 수 없었다. 그럼에도 나는 독일에 가서 정유라를 찾아내고 싶었다. 당시 청문회에서 정유라를 부르기로 했는데 소재가 불분명해서 출석요구서를 전해줄 수 없었다. 나는 김성태 위원장에게 출석요구서를 받아 청문회를 피해 12월 11일 일요일 밤에 독일로 출발해 화요일 밤에 한국으로 돌아오기로 했다. 그 주 수요일에 청문회를 하기로 했기 때문이다.

일요일 늦은 밤 프랑크푸르트행 비행기에 몸을 싣고 인천공항을 출발했다. 한반도 상공에서 바라본 대한민국은 서글펐다. 어쩌다 나라가 이 꼴이 되었나? 하늘이 나를 이 땅에 태어나게 한 이유가 무엇일까 생각해보았다. 그 이유는 자명했다. 보잘것없는 가난한 집에서 태어나 운 좋게 4선의 국회의원을 하고 있는 것은 하늘이 나로 하여금 이 나라의 정의를 바로 세우는 일에 조금이라도 보탬이 되도록 하기 위해서인 것이다. 나는 다시 마음을 정리하고 전의를 불태웠다.

정유라가 숨어 있는 은신처로 제보받은 곳은 프랑크푸르트 시내에 있는 5층 건물이었다. 나를 맞이해준 교포는 정유라가 그 건물의 5층에 있을 것이라고 했다. 나는 그 교포와 함께 이른바 '뻗치기'를 했다. 그리고 건물 앞에 차를 세우고 움직이지도 않고 차 안에 있었다. 영화에서 보면 형사들이 범죄자를 잡기 위해 차 안에서 햄버거를 먹으며 버티는 장면이 있는데 이와 하나도 다르지 않았다. 최순실로 인해 내 별명이 '안 탐정'인데, 그때는 정말 영화처럼 탐정 노릇을 하고 있었다.

그 건물에 한국사람들이 왔다 갔다 했는데, 조금 의심이 되었지만 신분이 탄로나면 안 되므로 밖으로 나가서 확인할 수는 없었다. 지난번에 조여옥을 만나러 샌안토니오에 갔다가 한국 기자에게 들켜서 조여옥을 끝내 만나지 못했기 때문에 이번엔 같은 실수를 다시는 하고 싶지 않았다. 그렇게 하루 종일 화장실도 제대로 못 가고 버텼지만 정유라는 그 건물에서 끝내 나오지 않았다.

다음 날도 하루 종일 뻗치기를 했다. 해가 떨어지며 어둠이 올 때가 되어 나는 그 건물에서 나오는 독일사람들에게 정유라의 사진을 보여주며 이 여자를 아느냐고 물어보았다. 그러나 아는 사람이 하나도 없었다. 참으로 허탈했다.

그렇게 허탕을 치고 귀국하기 전날 밤, 갑자기 국제바이애슬론 부회장을 맡고 있는 김나미 총장이 생각났다. 김나미 총장은 초등학교 때 오스트리아로 스키 유학을 가서 고등학교 때까지 그곳에 살아 독일어를 거의 현지인 수준으로 구사했다. 또한 한국 출신으로 국제연맹의 부회장을 하고 있다는 측면에서 매우 뛰어난 국제적 감각을 갖고 있는 인물이었다. 나와는 김종의 체육계 농단에 함께 맞서며 인연을 맺어 가까운 사이로 지내고 있었다.

김나미 총장은 김종에게 원한이 많았다. 그는 문체부에서 만든 체육인재육성재단의 사무총장으로 일했다. 그런데 김종이 케이스포츠재단에 모든 것을 주기 위해 체육인재육성재단을 해체시켰다. 체육인재육성재단은 한국 엘리트 체육 인재 육성을 위한 가장 중요한 기관이었는데 하루아침에 사라져버린 것이다. 김나미 총장이 체육인재육성재단 해체에 저항하자 우병우가 민정수석실에 끌고 가서 조사했다. 이 일로 김나미는 김종과 우병우에게 한이 맺혔다.

내가 독일에서 갑자기 김나미 총장을 떠올린 것은 예전에 그녀가 내게 했던 이야기 때문이었다. 바이애슬론은 유럽에서 군인이나 경찰과 검찰의 고위 간부들이 주로 많이 하는 경기라고 한다. 그렇다면 이 사람들을 통해 정유라의 소식을 알 수 있지 않을까 싶었다. 그래서 나는 김나미에게 연락했다. 지금 독일에 왔는데, 정유라를 못 잡고 허탕 치고 한국으로 가게 생겼으니 일단 프랑크프루트 검찰이나 경찰 쪽에 아는 사람 있으면 정유라에 대한 정보가 있는지 알아봐달라고 했다. 김나미는 즉각 자신이 충분히 도와줄 수 있는 일이라고 했다. 그러고는 곧바로 정유라가 지금 독일에서 수배 상태에 있다고 연락해주었다.

당시 한국 검찰에서는 정유라가 수배 상태인지 알지 못했다. 백범흠 프랑크푸르트 총영사관은 아예 그런 사실을 알리고 하지도 않았다. 그는 2014년 중국 대련의 한국학교를 방문했을 때, 당시 중국에서 총영사를 지내고 있어 나와 아는 사이였다. 나는 그에게 정유라의 수배 사실을 아느냐고 물어보았다. 그는 나를 도와주고 싶지만 본국에서 이에 대해 일체 함구하라 했다고 말했다. 이미 독일 총영사관과 대사관에서 최순실과 정유라는 금기어가 되어버린 것이다.

정유라는 어디에 있는가? 정유라를 찾으러 독일까지 왔는데 정유라는 사라졌다. 이역만리까지 온 나는 허망했다. 그날은 음력 11월 14일이어서 프랑크푸르트의 달은 밝기만 한데 나는 정처 없는 나그네일 뿐이었다.

그러나 나는 포기하지 않는다. 지치지도 않는다. 누군가에게 기대지도 않는다. 나는 반드시 정유라를 찾고 박근혜·최순실 국정농단의 근원을 찾아 그 뿌리를 뽑을 것이다.

잘츠부르크의 정유라를 체포하라

독일에서 정유라를 끝내 찾지 못하고 한국으로 돌아온 나는 희망을 포기하지 않았다. 왜냐하면 김나미 총장이 있었기 때문이다. 김나미 총장은 바이애슬론으로 인연을 맺은 유럽의 특수경찰들이 정유라의 소식을 전해줄 것이라고 했다. 그래서 절대 포기하지 말고 자기를 믿고 기다려달라고 했다. 별 소득 없이 한국으로 돌아온 날 집에서 밤 12시쯤 잠을 자려고 하는데 그에게서 연락이 왔다. 유럽 특수경찰이 정유라를 찾았다고 했다!

나는 흥분해서 그에게 정유라가 어디 있냐고 물어보았다. 정유라는 오스트리아 잘츠부르크에 있다고 했다. 나는 잘츠부르크에 있다는 정유라의 소식을 특검에 전해야 했다. 청문회가 진행되는데 청문회를 포기하고 잘츠부르크에 갈 수는 없었기 때문이다. 나는 청문회에서 여러 가지 진실을 밝혀야 했다.

다음 날인 12월 14일, 나는 특검의 검사를 만났다. 이때는 특검이 20여 일 동안 준비하고 본격적으로 수사에 들어가려는 시기였다. 사실 나는 특검에 친한 사람들이 없었다. 국회 활동을 하면서 교문위에만 있었기 때문에 법조계 쪽 사람들과는 인연이 적었다. 그래서 평소 친하게 지내는 박현석 변호사에게 특검쪽에 아는 사람이 있냐고 물어보았더니 수사관 한 명을 안다고 해서 청문회 중에 급하게 만났다. 특검 수사관에게 대략의 상황을 이야기했더니 자신보다는 검사를 만나는 것이 더 낫다고 해서 그날 밤 10시, 강남의 팰레스 호텔에서 나와 박현석 변호사, 김나미 총장, 주진우 기자, 특검보 등 모두 다섯 명이 만났다. 나는 특검보에게 자초지종을 털어놓았고 정유라가 지금 오스트리아 잘츠부르크에 있다고 이야기했다. 김나미는 유럽 특수경찰들하고 주고받은 이메일을 모두 특검에 넘겨주기로 했다. 그리고 어떻게 정유라를 체포할지에 대해 의논했다.

특검도 이제 준비를 마치고 시작하려고 하는데 내가 정유라의 은신처를 알려주니 매우 좋아했다. 우리 표현대로 하자면 호박이 넝쿨째 굴러들어온 것이었다. 그런데 특검이 정유라를 체포하려면 최소 한 달은 걸린다고 했다. 유럽연합EU과 사법공조 체제를 협의해서 구속 영장을 만들어야 하는데 그렇게 하려면 우리가 생각하는 시간대로 빨리 해결될 수 없다는 것이다. 우리와 유럽 사람들의 성격과 행동, 행정 운영이 전혀 다르기 때문이었다.

정유라를 체포하기 위해서 가장 먼저 해야 할 일은 정유라를 '피의자 신분'으로 만들어야 된다고 했다. 즉, 먼저 정유라를 피의자로 만들고 EU와 사법공조체제를 구축하고 난 후 우리의 요청에 따라 피의자인 정유라를 EU 경찰이 체포해서 우리에게 넘겨준다는 것이다. 이것이 특검이 그날 우리에게 했던 이야기다. 그러면서 나에게 정유라를 자신들이 체포할테니 미안하지만 절대 비밀로 해달라고 했다. 나는 정유라를 체포해서 빨리 박근혜·최순실 국정농단이 모두 드러나는 것이 중요하지 내가 이 일로 국민들에게 더 많이 알려지는 것은 중요하지 않았다. 그래서 나는 특검의 제안에 흔쾌히 동의했다.

다음 날 특검은 정유라를 체포하겠다고 발표했다. 그리고 일주일 후, 특검은 바로 정유라를 피의자 신분으로 만들었다. 특검은 정유라를 체포하기 위해 나와의 약속을 지키고 있었다. 그래서 나는 특검을 믿고 기다리고 있었다. 특검은 인터폴에 연락해 정유라에게 적색수배령을 내리게 하고, 여권을 무효화시켰다. 하나하나 진행해서 거의 정유라 체포 단계에 이른 것이다. 나는 여기저기 정유라의 소재에 대해 문의를 많이 받았고, 기자들에게 질문도 많이 받았지만 특검과의 약속을 지키기 위해 입을 굳게 다물고 있었다.

그런데 2017년 1월 2일 정유라는 JTBC 이가혁 기자의 신고로 덴마크 경찰에 체포되었다. 독일 교포가 바로 JTBC에 제보를 한 것이다. 당시 교포들에게도 JTBC는 신뢰를 얻고 있었고 그 신뢰로 인해 정유라에 대한 엄청난 정보를 제보받았다. 그래서 JTBC는 정유라를 찾아가서 덴마크 경찰에 신고하고 방송에 내보낸 것이다.

결국 특검이 체포할 수 있는 절차를 밟고 있었는데 방송에 먼저 보도되는 바람에 정유라는 덴마크 경찰이 체포하게 되었다. 나는 페이스북에 "특검의 스텝이 꼬였다"며 내가 특검보를 만나 정유라의 은신처를 알려주었는데 아쉽게 체포하지 못했다고 써서 올렸다. 그때 JTBC가 덴마크 경찰에 정유라를 고발하지 않았다면 아마도 정유라는 더 빨리 한국에 소환되어 재판을 받을 수도 있었다. 정유라는 정권이 교체되어서야 소환되었지만 그는 결국 구속되지 않았다. 이것은 미스터리다.

노승일의 엑스파일

"대통령은 윗분이고 국민은 하찮은 인간입니까?"

2017년 2월 9일 헌법재판소에서 열린 박근혜 탄핵심판사건 12차 변론에서 박근혜 대통령 대리인단 변호사인 서석구를 향한 노승일의 이른바 '사이다' 발언이다. 이 발언으로 노승일은 전국의 슈퍼스타가 되었다. 당시 서석구는 최순실이 '박근혜·최순실 국정농단'을 막자고 말하는 내용의 통화 녹음 파일을 박영선 의원에게 제공한 것에 정치적 의도가 있는 것 아니냐고 노승일을 압박했다. 그러자 노승일은 서석구에게 위와 같이 말하며 카운터펀치 한 방을 날렸다.

노승일의 사이다 발언은 단순히 국민들에게 시원한 느낌을 주었다기보다는 민주주의의 본질에 대해 성찰하게 했다. 우리가 '민주주의', 즉 국민 혹은 시민이 주인이 되는 것이 당연하다고 생각하는 이념을 얼마나 깊게 생각해보았는지 자문해볼 수밖에 없다. 민주주의 시대인 오늘날 '무전유죄 유전무죄無錢有罪 有錢無罪'라고 하는 말이 만연한 것을 보면 말이다.

박근혜·최순실 국정농단에 내부 제보자들 몇 명이 있는데 고영태도 있고 박헌영도 있고 이성한도 있다. 그중에서 국민들에게 시종일관 가장 용기 있게 거침없이 내부 정보를 국민과 특검에게 알려주고 있다고 평가받고 있는 사람이 노승일이다. 노승일은 왜 내부 고발자가 되었을까? 한마디로 최순실의 엄청난 국정농단의 실체를 알아버렸기 때문이다. 물론 본인이 최순실에게 모욕당한 것이 시작이기는 했지만, 더 중요한 것은 최순실이 정말 나라를 망치고 있다고 생각했기 때문이다.

JTBC 〈이규연의 스포트라이트〉에 노승일의 독일 생활이 나왔다. 참으로 참혹한 생활이었다. 그것만으로도 최순실이란 인간이 얼마나 비인간적인가를 극명하게 보여주었다. 노승일은 최순실의 국정농단을 국내에 알리기 위해 모든 자료를 모으고, 그것을 SD카드에 담아 신발 밑창에 숨겨서 한국으로 들어왔다고 한다. 이 자료와 함께 노승일은 최순실의 음성 파일도 갖고 있었다. 이 음성 파일은 박영선 의원에 의해 처음으로 국회 청문회장에서 공개되었다.

노승일은 처음에 그 파일을 나에게 주려고 했다. 내가 교문위 국감 때 케이스포츠재단과 미르재단의 문제점을 파헤치는 모습을 보며 나를 높이 평가했다고 한다. 그래서 노승일은 본격적으로 청문회가 가시화되면서 자신이 비밀리에 모아놓은 자료들을 내게 전해주려고 했다. 하지만 우리 보좌관들이 청문회를 준비하면서 케이스포츠재단에 자료를 요청했는데, 그때 노승일의 부서에 있는 직원들과 작은 마찰이 있었다. 아주 사소한 것으로 티격태격한 이후 노승일의 팀원은 노승일에게 우리에 대해 매우 부정적으로 보고했다. 그래서 결국 노승일은 그 자료를 모두 박영선 의원에게 넘겨주었다. 물론 노승일은 자신의 팀원이 그렇게 이야기했다고 해서 사실을 모두 믿지는 않고 나와 직접 통화하려고 했다. 그런데 그때는 내가 정유라를 찾으러 독일에 갔을 때여서 서로 통화가 되지 않았다.

정무적 판단이 뛰어난 박영선 의원은 그런 측면에서 운이 좋았다. 인터넷 커뮤니티인 '주식갤러리' 회원들이 여러 가지 증거를 찾아 박영선 의원에게 전달했고, 박 의원은 그것을 효율적으로 잘 터뜨렸다. 김기춘이 청문회에서 계속 최순실을 모른다고 발뺌하고 있는데, 주식갤러리 회원들이 찾아낸 2007년 대통령선거 후보 토론회의 영상 중 박근혜와 최순실과의 의혹을 제기하는 장면에 그는 박근혜의 대선 후보 좌장 역할로 앉아 있었다. 동영상 속 김기춘의 모습은 이번 청문회에서 가장 히트작이었다.

주식갤러리 회원들이 2007년의 김기춘 동영상을 박영선 의원에게만 준 것은 아니었다. 그 동영상은 처음에는 내게 주었다. 그리고 바로 손혜원 의원과 박영선 의원에게 그 동영상이 전달되었다. 그런데 문제는 나의 질의 시간이 모두 지난 뒤에 받았다는 점이었다. 나는 그 영상을 보았지만 다른 질문으로 먼저 발언을 했기 때문에 더는 질의할 수가 없었다. 나뿐 아니라 손혜원 의원도 질의가 끝난 상태였다. 동영상을 터뜨릴 사람은 박영선 의원밖에 없었다. 박영선 의원은 질의 시간이 되자 청문회장에서 영상을 틀어놓고 김기춘을 완전히 꼼짝 못하게 만들었다. 김기춘이 구속된 것도 그 동영상의 힘이 컸다.

그 후 나는 노승일과 직접 만나게 되었고, 그에게 최순실의 이야기를 듣게 되었다. JTBC 〈이규연의 스포트라이트〉에 방영된 내용대로, 독일에서 최순실에게 당한 모욕은 그때 들었다. 그가 정유라의 마구간 옆에 있는 난방도 되지 않는 작은 방에서 절치부심하며 최순실에 대한 자료를 모은 것은 정말 대단한 일이다.

그는 원래 배드민턴 선수였다. 배드민턴 특기생으로 1995년 한국체육대학교에 입학했다. 그때 만난 친구가 바로 고영태다. 고영태도 펜싱 특기생으로 입학했고, 두 사람은 운동 종목은 달랐지만 가장 친한 친구가 되었다. 그는 한국체육대학교 총학생회장 출신으로 자신이 하던 운동인 배드민턴을 대학교 2학년 때 그만두고 학생들의 권익과 보호를 위해 학생회장을 해야겠다고 마음먹었다고 했다. 당시 우리나라의 체육대학교에서는 군대식 규율 같은 것이 많았고, 기본적인 학습과 사회적 활동이 부족하다보니 운동선수로 성공하지 못한 대부분의 운동선수들이 사회에 나가 제대로 활동하지 못하는 경우가 많았다. 그래서 노승일은 이런 문제점을 극복해보고자 선수생활을 청산하고 학생회장이 된 것이다. 1997년도에 이런 생각을 했으니, 그는 상당히 일찍부터 깨어 있던 사람이다.

이후 고영태가 최순실을 소개해주어 같이 일하게 되었다. 고영태가 비록 노승일과 친하지만 노승일을 추천한 것은 13년간 증권회사를 다닌 노승일의 판단력과 기획 능력을 높이 샀기 때문일 것이다. 노승일은 총학생회장을 하면서 다양한 일을 기획하고 추진한 경험이 있다. 운동선수들이 이런 경험을 하는 사례는 거의 없기 때문에 노승일은 한국 체육계에서 매우 특이한 경우다. 그래서 노승일이 최순실과 일을 하면서 사단법인을 만드는 일을 주도한 것이다.

문제는 사단법인을 만드는 과정에서 문체부 차관이 직접 와서 기획서를 전달해주고 사단법인이 가만히 앉아서 돈을 벌 수 있는 구조를 만들어주는 것을 목격하게 되면서 시작되었다. 노승일은 바로 이 시점에서 이 집단이 권력과 밀접한 관련이 있다는 것을 느꼈고, 그 후 정유라를 위해 삼성이 지원을 확정한 상태에서 만든 코어스포츠 설립 과정을 경험하면서 이 일을 세상에 알려야겠다고 생각한 것이다. 물론 개인적으로 최순실에게 겪은 모욕도 이 일을 알리고자 생각한 계기였을 것이다. 어떻게 자신을 도와주러 온 사람을 마구간 옆 작은 골방에서 생활하게 한단 말인가?

나는 노승일의 이런 이야기를 언론이 아닌 그에게 직접 듣게 되었다. 나는 매주 목요일 아침 교통방송 〈김어준의 뉴스공장〉에 출연하였는데 2016년 연말쯤 노승일도 TBS에 출연하러 왔다. 참으로 인연이란 묘한 것이다. 그날 노승일은 자신의 부모님이 오산에 살고 있고, 자신도 오산에 몇 년간 살았다고 해서 나와 금세 친해졌다. 나는 최순실을 추적하면서 그의 존재를 알게 되었는데 그가 오산과 인연이 있을 줄이야!

그 이후 나는 친분을 쌓고 세 번째 독일 방문 때는 동행을 하며 노승일에게 최순실에 대한 많은 이야기를 들었다. 독일에서 최순실이 몇 번이나 "안민석을 누가 잡아가지 않나?"라고 말했다는 섬뜩한 이야기도 전해주었다. 장시호가 특검에 넘긴 태블릿PC를 최순실은 모른다고 했지만, 독일에서 최순실이 정유라와 함께 사용하던 태블릿 PC가 맞다는 노승일의 증언으로 최순실의 거짓이 탄로나기도 했다.

지금 최순실의 진실이 밝혀지게 된 가장 중요한 기반은 바로 노승일의 증언이다. 그리고 그가 국정감사나 청문회 등에서 권력의 핵심에 있는 사람들에게 당당하게 이야기하는 모습은 비록 힘이 없는 사람들이라도, 민주주의 시대에서는 시민이 주인이라는 사실을 보여주는 산 교과서가 되었다.

앞으로 그는 어려운 시기를 겪을 것이다. 진실을 폭로했기에 많은 고통도 따를 것이다. 진실을 이야기한 사람이 우리 역사에서 성공한 적은 별로 없었다. 그만큼 권력의 힘은 진실을 이야기하는 사람들에게 가혹했다. 하지만 나는 그가 지금까지 진실을 이야기한 사람들과는 다르게 좀더 존중받고 행복하게 살아갈 수 있기를 기원한다. 나 또한 역사의 한 획을 긋게 만든 그를 위해 어려운 일이 있다면 인생의 선배로서 미력하나마 보탬이 되고 싶다.

최순실 구치소 청문회

안경 너머로 보이는 최순실의 눈빛은 흡사 악마의 눈빛과 같았다. 그는 온 세상을 다 잡아먹을 듯이 카메라를 노려보았다. 법정 안에 들어설 때 최순실은 고개를 숙였지만, 방송에 나간 이후의 최순실은 야수로 변했다. 그는 아직도 이 나라의 '넘버원'이었다. 권력 서열 1위의 힘은 과연 어디서 나오는 것일까? 박근혜가 탄핵을 피해 다시 집권할 것이라는 믿음 때문에 저러는 것일까, 아니면 다른 그 무엇이 있어서 당당한 것일까?

나는 최순실이 당대 최고의 변호사들을 수족처럼 부리는 것은 그들을 다룰 수 있는 숨겨진 돈이 있기 때문이고, 그와 연결된 수많은 권력자들의 네트워크가 있기 때문이라고 생각한다. 그래서 최순실은 자신이 곧 세상 밖으로 나가 다시 권력 서열 1

위로 복귀할 것이라고 착각하는 것이다. 그러나 세상은 절대 그렇게 호락호락하지 않다. 기회주의자는 언제든 자신의 주군을 바꿀 수 있다.

그럼에도 최순실은 아직도 막강하다. 그는 청문회 알기를 발바닥의 때만큼도 여기지 않는 듯했다. 그는 청문회의 출석을 거부했다. 일부러 무식한 척하는 것인지 진짜 무식한 것인지 알 수 없지만, 그는 '공황장애'를 '공항장애'로 표현하며 출석을 거부했다.

최순실 청문회에 최순실이 없으면 청문회는 의미가 없지만 최순실은 청문회 출석을 계속 거부했다. 나는 청문회 위원들에게 직접 구치소에 가서 최순실 청문회를 하자고 했다. 그리고 최순실이 구치소에서 나올 때까지 계속 기다리자고 제안했다. 그날이 2017년 1월 9일 월요일이었는데 만일 나오지 않으면 화, 수, 목까지 그가 나오기를 기다리자고 했다. 이는 최순실과 박근혜에 대한 국민여론을 조성하기 위한 방안으로 제안한 것이다.

그런데 월요일 오전에 한 시간 정도 기다리다가 김성태 위원장이 구치소 안으로 가서 면회를 하자고 의결해버렸다. 사실 그때 급하게 서두르지 않고 인내를 갖고 버텨야 했는데 아쉬웠다. 나는 김성태 위원장과 당은 달라도 말이 통하는 사이지만 이번 결정은 나와 상의하지 않고 직권으로 처리해 조언을 할 수가 없었다.

우리 야당도 문제는 마찬가지였다. 청와대에 갈 때도 아쉬움이 있었다. 그날이 2016년 12월 16일 금요일 저녁이어서 나는 청와대에서 퇴각하지 말고 밤새 그 앞에서 텐트를 치고 농성을 하며 청와대 현장 방문을 거부하고 대통령에게 항의하자고 했다. 그리고 다음 날 광화문 촛불집회에 함께 참여하자고 했다. 하지만 청문위원들 간에 이견이 있어 끝내 이루어지지 못했다.

우리는 구치소에서 최순실을 상대로 청문회 아닌 청문회를 하기로 했다. 그날 청문회 대상자가 최순실 외에 안종범, 정호성도 있었다. 최순실은 서울구치소에 있었고, 안종범과 정호성은 남부구치소에 있었다. 그래서 나는 당연히 최순실을 만나러 가야겠다고 간사에게 이야기했다. 그런데 더불어민주당 간사는 이미 최순실을 만나러 갈 사람과 안종범과 정호성을 만나러 갈 사람들의 조를 편성해놓았다. 간사가 짠 더불어민주당 편성조를 보니 서울구치소는 여성 의원들인 손혜원·박영선·김한정 의원이 가고, 나머지 의원들은 남부구치소로 가라는 것이다.

최순실을 계속 추적한 것은 나인데, 일방적으로 남부구치소로 가라고 하니 화도 났지만 대의를 위해 참고 점심을 먹었다. 그러고 나서 의원 전체가 모여 각자 구치소로 가기로 했는데 김성태 의원이 위원장 직권으로 안민석 의원은 최순실 쪽으로 가야된다고 해서 결국 내가 최순실을 만나러 갔다. 아마도 김성태 위원장이 나의 마음을 알고 있었던 듯했다. 최순실을 만나러 가면서 나는 최순실이 분명 거짓말을 하고 '쇼'를 할 것이라고 생각했다. 그래서 나는 절대 흔들리면 안 된다고 다짐했다. 그런데 최순실이 얼마나 '쇼'를 했는지 하태경 의원은 마지막에 최순실의 손을 잡고 힘내시라고 격려까지 하며 나왔다. 참으로 기가 막혔다.

서울구치소에 들어가자 황당한 일이 발생했다. 같이 간 의원들 전체가 핸드폰을 압수(?)당했다. 핸드폰을 가지고 들어갈 수 없다는 것이다. 그것이 규칙이라며 우리의 핸드폰을 모두 빼앗았다. 나는 핸드폰을 바지 뒷주머니에 숨겨두고 안 가져왔다고 했다. 그러나 CCTV로 모든 것을 보고 있던 교도관들이 와서 내 뒷주머니에서 핸드폰을 찾아내 가져가고 말았다. 김성태 위원장이 우리가 최순실을 만난 것을 사진 찍어야 한다고 하니 딱한 장 찍는 조건으로 위원장 핸드폰만 가지고 가기로 했다. 이 내용을 구치소장이 최순실에게 이야기했더니 최순실이 접견을 안 하겠다고 거부했다. 구치소장은 국정조사위원 편이 아니라 최순실 편이었다.

소장실 옆 접견실에 교도관들이 10여 명 이상이 있어 그곳에 최순실이 있는 것 같았다. 그래서 그곳에 최순실이 있지 않느냐고 소리쳤다. 그랬더니 그곳에 없다고 하는 것이다. 나는 분명 있다고 생각하고 그 방문으로 향했다. 순간 교도관들이 나를 막았고, 이어서 나와 그들의 몸싸움이 시작되었다. 명색이 4선 국회의원인데 구치소에서 교도관들과 몸싸움을 하게 되었으니 저들이 얼마나 입법기관인 국회의 권위를 우습게 생각하는지 알 수 있었다. 결국 구치소장과 김성태 위원장이 사진을 안 찍는 것을 합의하고서야 비로소 그 방문이 열렸다. 당연히 그 안에 최순실이 있었고, 그제야 청문의원들은 최순실을 만날 수 있었다. 결국 우리는 최순실과 만나는 역사적인 사진을 단 한 장도 찍을 수 없었다. 최순실이라는 죄수에게 쩔쩔 매던 소장의 태도는 지금도 이해할 수 없다.

나는 최순실에게 "1992년도에 독일에 유벨JUBEL이라는 회사를 왜 만들었느냐?"고 물었다. 최순실은 간단하게 모른다고 대답했다. 나는 다시 "당신 아버지 최태민은 왜 죽었느냐?"고 물었다. 그랬더니 최순실은 "말할 수 없다"라고 대답했다. 당시 최태민의 아들인 최재석이 최태민의 죽음이 타살이라는 폭로가 있었기 때문에 나는 그것을 확인하고 싶었다. 만약 아무 문제없이 자연사했거나 병사病死했으면 그대로 이야기하면 되는데 굳이 말할 수 없다고 하는 것은 도저히 이해할 수 없었다. 그녀는 분명 자신의 아버지의 죽음에 대한 비밀을 알고 있는 것이 확실했다.

나는 최순실에게 다시 2014년 4월 16일에 무엇을 했냐고 물어보았다. 그랬더니 "어제 일도 기억 안 나는데 그때 일이 어떻게 기억납니까?"라고 대답하는 것이다. 최순실은 마스크를 쓰고 얼굴을 숙인 채 아주 작은 목소리로 이야기했다. 나는 마스크를 벗고 크게 이야기하라고 했는데 최순실은 "아휴, 가슴이 떨려서 못 견디겠어요"라고 하며 들어가겠다고 거꾸로 우리를 협박했다. 이후에도 툭 하면 심장이 떨려서 들어가겠다고 하는 것이다. 그렇게 약자 '코스프레'를 하며 우리가 질문하는 내용에 거의 대답하지 않았다.

그러면서도 정유라의 이야기가 나오면 흐느껴 울었다. 자신의 딸이 얼마나 힘들겠냐며 울고 있는 것이다. 나는 악어의 눈물이라고 단정했다. 이 땅에 수많은 젊은 청년들이 경제적으로 어려워 배우지 못하고 취직하기도 어려운데, 삼성과 이화여자대학교, 정부를 압박해서 대학에 부정으로 들어가고, 학교에 나오지 않아도 학점이 인정되고, 유럽의 아름다운 도시에서 공주처럼 지내는 정유라가 불쌍해서 죽겠다고 하니 정말 화가 나서 미칠 지경이었다.

결국 우리는 서울구치소에 가서 최순실을 만났지만 그에서 들은 것이라고는 모른다는 단어뿐이었다. 하지만 나는 우여곡절 끝에 성사된 최순실과 100여 분 대면 후 확신이 들었다.

'이 여자가 자기 아버지 죽음의 비밀을 알겠구나. 그리고 그 엄청난 재산을 송두리째 집어삼켰구나. 그런 여자이기에 박근혜를 정신적·육체적으로 장악해 자기 마음대로 조종했구나.'

나는 한국 현대사에서 가장 악마 같은 여자를 만났다. 하지만 나는 오히려 이 여자에게서 반드시 진실을 밝혀야겠다는 전투 의지를 다시 불살랐다.

'어디 한 번 나랑 끝까지 해보자!'

블랙리스트와 네티즌 수사대

17. 이번 청문회에서 나온 숫자다. 이 17이란 숫자의 특별한 의미는 무엇일까? 그것은 진실이다. 청문회는 진실을 규명하기 위한 것이다. 그 청문회에서 나온 17이라는 숫자는 그렇기 때문에 중요하다.

이번 청문회에서 가장 극적인 장면은 바로 조윤선의 블랙리스트 시인이었다. 조윤선과 사법연수원 동기이자 검사 출신인 국민의당 이용주 의원이 조윤선을 상대로 블랙리스트가 존재하냐고 열일곱 번을 반복해서 물었다. 청문회 이전에 진행되었던 국정감사에서도 블랙리스트의 존재를 완강히 부인하던 조윤선은 청문회장에서 이용주 의원의 열일곱 번의 질문에 끝내 항복하고 블랙리스트 존재를 인정했다. 담당 부서의 장관이 인정한 것이니 그것이 어찌 거짓일 수 있겠는가!

블랙리스트는 블루리스트의 반대말이다. 블루리스트가 지원해주기 위해 자신과 가까운 사람들을 선정한 것이라면, 블랙리스트는 집단과 조직, 더 나아가 국가에 반하는 인물과 조직을 제거하기 위해 만든 것이다. 그러므로 블루리스트가 '상생부相生簿'라면 블랙리스트는 '살생부殺生簿'다.

블랙리스트 작성은 이번 정권에만 있던 것은 아닐 것이다. 그러나 단언컨대 김대중 정부와 노무현 정부에서는 블랙리스트가 없었다. 두 정부는 민주주의에 대한 확고한 신념이 있었다. 민주주의에 대한 신념은 이전의 정권들과는 비교할 수 없을 정도로 뛰어났다.

블랙리스트를 만든 대표적인 인물은 바로 박근혜의 아버지 박정희다. 박정희는 '5·16쿠데타'를 혁명이라고 하지 않고 '쿠데타'라고 이야기하는 모든 세력, 유신체제와 계엄령을 비난하는 민주적인 인사들을 모두 블랙리스트에 올렸다.

당시 블랙리스트에 이름이 올라간 이들은 주로 문화예술계의 인물이다. 문화예술이 갖는 특성은 자유로움이고, 진리를 찾으려는 정신과 실천이 가득하다는 것이다. 자유로운 사상을 인정하는 것이 바로 민주주의의 기본이다. 그런데 박정희는 자유로운 사상을 전체주의로 통제하고, 자신의 통치체제를 부정하면 불법적인 살인도 마다하지 않았다.

이렇게 블랙리스트를 만들어 정권을 유지했던 박정희의 정치를 그대로 전수받은 박근혜 역시 블랙리스트를 만들었다. 블랙리스트 작성의 주인공은 당연히 김기춘일 것이다. 김기춘은 유신헌법의 기초 작성자다. 그는 박정희 정권 시절 공안검사의 대명사로 간첩 조작사건을 만들어 정권 유지에 공헌했다. 영남과 호남의 분열도 그가 만들었다. 언론 통제의 보도 지침도 그의 영향 아래에서 만들어졌다. 1970년대 안방 드라마에 나온 의리의 사나이와 영웅들은 모두 경상도 사투리를 썼고, 사기꾼, 건달, 깡패는 모두 전라도 사투리를 썼다. 그래서 경상도 사람들은 의리가 있고 전라도 사람들은 비열한 인간으로 만들었다. 이런 엄청난 국민의식 분열을 통해 경상도 권력을 유지하려 했던 사람이 바로 김기춘이다.

그런 그가 세월호 참사 이후 박근혜의 7시간을 밝히라는 문화예술인들을 대상으로 블랙리스트를 만들어 지원 사업을 차단했다. 세월호의 7시간을 밝히라고 하는 사람들은 정권을 붕괴시키려는 좌파세력이라고 생각하기 때문이다. 이제 이 나라에서 진실을 이야기하는 사람들은 모두가 이른바 '종북 좌파'인 셈이다. 그럼 우리는 어린이와 청소년들에게 대체 무엇을 가르쳐야 할까? 진실과 용기, 정의를 가르치지 말고 협잡과 기회주의, 거짓을 가르치란 말인가?

블랙리스트는 헌법 위반이다. 헌법이 부여하고 있는 평등권과 표현의 자유에 위배되기 때문이다. 이 정권은 블랙리스트를 만들어 차별하고 배제했다. 반면에 자신들을 지지하는 집단, 반북의식을 고쳐시키는 집단에게는 절대적인 지지를 아끼지 않았다. 이들은 블랙리스트가 없다고 우기며 철저하게 자신들의 죄악을 은폐하고 있다.

김기춘은 박정희 시절에 했던 방식 그대로 유신시대처럼 검열하고 통제했다. 나는 블랙리스트를 김기춘이 맨 위에서 기획한 뒤 조윤선에게 시키고, 다시 조윤선은 문체부에 시킨 것이라고 확신한다. 결국 블랙리스트로 유신시대 이후 권력의 중심부에서 거짓을 일삼던 김기춘은 감옥에 가게 되었다. 이는 이제 새로운 시대가 열린다는 것을 의미하는 것이기도 하다.

이렇게 청문회에서 그간의 숨겨진 진실들이 드러나게 된 것은 바로 국민 제보단인 네티즌 수사대의 도움이 절대적이었다. 사실 이번 청문회는 나를 비롯한 청문위원들의 준비 부족으로 1988년 5·18 광주민주화운동 진실 규명을 위해 열렸던 제5공화국 청문회 같은 성과를 얻지 못했다. 국민들의 기대는 무척 컸는데 실제 성과는 그리 높지 못했다. 그래서 청문회를 '맹탕 청문회'라고 부르는 사람도 있다. 그나마 성과를 낼 수 있었던 것은 국민 제보와 네티즌 수사대들의 역할 때문이다.

한 예를 들어보자. 손혜원 의원이 우병우에게 "김기동 검사를 아느냐?"고 물어보았다. 우병우는 그 자리에서 잘 모른다고 대답했다. 김기동은 차은택의 법률 조력가인데 우병우가 소개시켜주었던 인물이다. 그런데 우병우는 김기동을 전혀 모른다고 대답한 것이다. 그때 내게 한 통의 문자가 왔다.

김기동, 우병우는 친한데, 2000년에 대구 지검에서 특수부장 우병우, 특수부부장 김기동.

나는 네티즌들에게 내 핸드폰 번호를 공개하며 제보를 달라고 했는데, 마침 이런 내용이 문자로 온 것이다. 나는 바로 우병우에게 김기동과 2000년에 대구지검에서 특수부에 같이 근무했는데 어떻게 모를 수가 있냐고 질문했다. 우병우는 한마디도 하지 못했다. 국민 네티즌들의 활약은 대단했다. 정말 하늘 아래 비밀은 없는 것 같다.

앞서 이야기했지만 박영선 의원이 김기춘을 굴복시킨 사건은 정말 하이라이트였다. 그날 일은 지금 생각해도 대단하다. 국민들도 잘 알다시피 최순실을 알지 않느냐는 질문이 김기춘에게 하루 종일 이어졌음에도 김기춘은 자신도 답답하다며 정말 알지 못했다고 완강하게 부인했다. 박영선 의원은 시민에게 제보를 받았다고 하면서 김기춘에 대한 질의를 시작했다. 박 의원은 2007년 김기춘이 박근혜 대선캠프 법률자문위원장을 역임하던 때 한나라당 대선후보 검증 텔레비전 토론 영상을 틀었다. 이 영상 속 토론 자리에는 김기춘과 박근혜가 함께 참석했으며 최순실과 박근혜 당시 후보의 관계에 대한 의혹 내용이 담겨 있었다. 영상 속 사회자가 "최태민 목사의 자녀인 최순실 씨는 서면조사하고 육영재단으로부터 받은 자료를 토대로 조사했다"면서 "특히 최순실 씨와 관련해서는 재산 취득 경위 및 자금 출처 등을 집중 조사했다"고 밝히는 모습이었다.

영상을 본 뒤 박영선 의원은 "이런데도 최순실을 몰랐다? 앞뒤가 맞지 않다"고 추궁하자 김기춘은 "죄송하다. 저도 이제 나이가 들어서……"라고 대답했다. 그리고 "최순실이란 이름을 이제 보니까 내가 못 들었다고 말할 순 없다"고 인정하고 말았다. 다만 "이름은 그전에 알았을 수도 있지만 만난 적은 없었다"고 해명했다. 하지만 그때까지 최순실을 모른다고 완강하게 부인하던 김기춘이 국민 네티즌의 제보로 더는 발뺌할 수 없게 된 것이다.

박영선 의원은 그날 자신의 핸드폰 메시지를 캡처해 SNS에 공개했다.

> 존경하는 박영선 의원님, 위증을 하고 있는 김기춘의 증거영상입니다. 4분 30초부터 보시면 김기춘이 참석한 가운데 박근혜가 답변을 합니다. 꼭 위증죄로 김기춘을 감옥에 넣어주십시오.

이런 문자 메시지는 단순히 김기춘의 위증을 찾아내고자 하는 의지만이 아니라 그간의 적폐를 청산하고 진정한 민주주의 세상을 되찾기 위한 진실한 투쟁이라고 본다.

한편 박영선 의원이 제기한 우병우 장인이 활동했던 고령향우회 참여자들의 사진도 전부 네티즌에게 제보받은 사진들이다. 이처럼 네티즌의 제보로 다행히 청문회가 어느 정도 내용이 채워질 수가 있었다. 청문회가 열리는 국회가 있는 나라는 슬픈 나라지만, 어쩔 수 없이 청문회가 개최될 수 있는 상황이 온다면 그때에도 국가와 민족을 위해 싸우는 네티즌의 대활약을 기대한다.

무산된 최순실 강제구인법과 특별검사연장법

특검 연장을 자력으로 하지 못하는 정치권의 무능함이 놀라울
따름이다.

SNS에 누군가가 올린 짧은 글이다. 이 짧은 글을 읽으면서
나는 부끄럽고 창피했다. 물론 지금은 문재인 대통령이 당선되
고 1년이 넘었다. 그러나 촛불을 든 국민들이 원한 것은 더불어
민주당이 정권을 잡는 것보다 그간 해방 이후 쌓여 있던 적폐들
을 청산하고 진정한 시민의 국가, 민주주의 국가로 만드는 것이
다. 그런 측면에서 촛불의 의미를 실현할 수 있도록 박근혜 정
부와 국정농단 주역들, 재벌들의 정경유착의 고리를 파헤치고
있는 특검의 연장은 반드시 필요했다.

하지만 황교안 대통령 권한대행은 전혀 특검을 연장할 생각을 하지 않았다. 그래서 야당 전체가 특검연장법안을 통과시켜 황교안이 연장하지 않아도 야당의 힘으로 특검을 연장하려 했다. 그러나 그것을 끝내 처리하지 못했다. 이렇게 국민들이 원하는 특검 연장도 통과를 못 시켰으니 청문회 당시 최순실이 청문회장에 나오지 않는 것을 어찌할 수 없었다. 그래서 청문회에 최순실을 강제로 구인할 수 있는 강제구인법을 만들어야만 했다. 국민들 모두 눈으로 보았지만 청문회장에 비어 있는 자리가 하나둘이 아니었다. 김영삼 정부 당시 처음 5공 청문회를 할 때 어느 누구도 청문회를 거부하지 못하고 모두 출석했다. 그래서 청문회를 통해 전두환과 노태우가 기업들을 강제로 협박해 천문학적인 돈을 모았으며, 광주 학살의 진상과 12·12 쿠데타의 전모 등을 알 수 있었다. 그래서 국민들은 청문회에 대한 감동과 기대가 컸었다.

그런데 이번 청문회는 25년 전의 5공 청문회와는 비교할 수 없을 정도로 권위가 상실되어 출석하지 않는 사람들이 속출했다. 이는 청문회법을 잘못 만들어서 그런 것이다. 청문회가 처음 열린 5공 청문회 때는 당연히 전원 출석해야 하는 것으로 생각했는데, 청문회법을 자세히 들여다보니 약간의 벌금만 내면 강제로 구인할 수 없기 때문에 전혀 문제될 것이 없다. 이번 박근혜·최순실 국정농단 관련 청문회에 출석 요구를 받은 사람들은 우병우처럼 주소지를 일부러 피해 출석통지서를 받지 않아

합법적으로 청문회 출석을 하지 않았다. 그리고 설령 출석 요구를 받았다고 하더라도 벌금을 내고 청문회 출석을 하지 않으면 그만이었다. 이런 엉터리 청문회법이 도대체 어디 있단 말인가?

그래서 최순실은 첫 번째 청문회에 "공항장애(공황장애)"가 있어서 나오지 않는다고 했다. 그리고 두 번째 청문회에서는 폐쇄공포증이 있다고 하면서 나오지 않는다고 했다. 다섯 번째 청문회는 증인이 열여덟 명이었는데 다섯 명만이 출석했고, 일곱 번째 청문회는 증인이 스무 명인데 단 두 명만 출석했다. 박근혜의 측근들과 '세월호 7시간' 의혹, 제3자 뇌물죄 의혹을 해명할 핵심 증인들은 모두 불참했다. 스무 명의 증인 중 두 명이 출석했으니 국회의 권위가 얼마나 무너졌는지를 알 수 있다. 하다못해 박근혜의 메이크업을 담당하던 미용사 정송주·정매주 자매마저도 출석하기로 했다가 청문회 당일 갑자기 불출석 사유서를 제출하며 국회와 국민을 조롱했다. 그런데 이들의 불출석 사유서 서명이 똑같았다. 이는 누군가 나가지 말라고 하고 대신 불출석 사유서를 쓴 것이다. 국회가 동행명령장을 발부해도 안 가겠다고 하면 그만이다. 그럴 정도로 강제성이 전혀 없다.

앞서 이야기했지만 최순실 없는 청문회가 무슨 의미가 있겠는가? 최순실이 거짓말을 하더라도 국회 청문회장에 나와서 국민들이 최순실과 국회의원들이 서로 언쟁하는 것을 보게 해야 한다는 것이 나의 생각이었다. 그래서 나는 청문회 강제구인법을 만들어야 한다고 주장했다. 청문회가 끝나기 전에 강제구인법을 만들면 최순실을 청문회장으로 데리고 와서 청문회에 세울 수가 있는 것이다. 나는 김성태 위원장과 함께 정세균 국회의장을 면담해 마지막 정기 국회가 열리는 2016년 12월 29일 직권상정을 요청하기로 했다. 그러면 온 국민들은 박수를 칠 것이라고 판단했다. 정세균 의장을 찾아갔더니 야4당 원내대표 합의가 있어야 한다고 했다. 그때는 바른정당이 생긴 지 얼마 되지 않아 매우 어수선할 때였다. 정세균 의장은 야4당이 합의만 해오면 직권상정을 해줄테니 두 사람이 가서 합의를 해오라고 했다.

법안이 통과되지 않더라도 더불어민주당에서 최순실 강제구인을 위한 법을 직권상정하자고 국민들에게 호소하고, 다른 당에도 요구하면 그 당시 적어도 정의당과 국민의당은 당연히 동의했을 것이며, 비박들이 나와서 만든 바른정당도 마지못해 찬성했을 것이다. 그러면 지난 연말에 완전히 코너에 몰린 새누리당(자유한국당)은 여론의 압박에 의해 어쩔 수 없이 직권상정하는 데 찬성할 가능성도 있었다.

최순실 강제구인법이 여러 가지 상황에 의해 불발되더라도 국민들에게 더불어민주당은 제1야당으로서 최순실을 청문회 증언대에 세우기 위해 강제구인법을 만들어 직권상정의 노력을 했다는 기록과 흔적이라도 남길 수 있는 기회였다. 그러나 더불어민주당은 그런 노력을 거의 하지 않았다. 청문회 마치기 전에 마지막 기회였던 12월 29일, 최순실을 강제 구인하는 직권상정은 물 건너갔다. 만약 그때 강제구인법이 통과되었으면 청문회도 연장되었을 것이고 청문회와 특검이 시너지 효과를 충분히 거두었을 것이다. 최순실은 물론이고 문고리 3인방도 모두 나와 증인으로 서야 했고, 이것은 그대로 특검까지 연결되어 황교안도 특검 연장에 손을 들어줄 수밖에 없었을 것이다.

그런데 당시 강제구인법을 통과시키지 못하면서 광화문 촛불은 동력이 떨어지기 시작했다. 광화문 촛불의 동력이 떨어지니 갑자기 서울시청 앞 광장에 태극기를 든 사람들이 나오기 시작했다. 보수우익을 지지하는 사람들이 태극기를 온몸에 감고 애국자인 양 박근혜를 지키겠다고 소리쳤다. 도저히 이해되지 않는 장면이었다. 나는 12월 31일 광화문 촛불집회를 가기 직전 박근혜와 최순실의 독일 재산 추적, 아니 더 정확하게 이야기하자면 박정희의 숨겨놓은 재산을 추적하려고 비자금 추적 전문가인 안원구 전 국세청 국장을 만나기 위해 서울시청 앞 프라자 호텔로 가다가 태극기를 든 우익들에게 테러를 당할 뻔했다. 나는 최순실로 대표되는 청문회 불출석 증인에 대한 강제구인법도 통과시키지 못하는 야당을 보며 이른바 '꼴통 보수'라고 불리는 자들이 자신감을 회복하고, 다시 권력을 잡기 위해 태극기를 흔들었다고 본다.

결국 특검연장법안은 2월 23일 자유한국당의 반대로 정세균 의장이 직권상정을 하지 못했다. 이 역시 우리들의 간절함이 부족했기 때문이다. 국회의원인 우리는 국민들에게 그저 죄인일 따름이다. 세월호 7시간의 진실도 밝혀내지 못했고, 대통령

대면조사도 못했고, 특히 최순실의 불법 은닉 재산은 거의 찾지 못한 채 특검은 막을 내리게 되었다.

국민들은 지난번 최순실 강제구인법도 직권상정하지 못한 것을 강하게 비판했다. 국회를 해산하라는 목소리도 있었다. 그러니 국회의원 전체가 긴장하지 않을 수 없었다. 그래서 강제구인법까지는 아니어도 청문회 출석을 더욱 강제할 수 있는 법안을 만들었다. 국회 증언감정법 개정안은 청문회 무력화를 해소하기 위해 증인의 주소·전화번호·출입국관리기록 등 개인정보를 관계 행정기관에 요구할 수 있도록 했다.

증언 감정에 대해서는 먼저 국회 증인이 고의로 출석요구서 수령을 회피한 경우 '불출석등의 죄'로 처벌할 수 있게 했다. 해당 범죄의 벌금형의 형량은 현행 '1,000만 원 이하'에서 '1,000만 원 이상 3,000만 원 이하'로 상향했다. 증인이 고의로 동행명령장의 수령을 회피한 경우 '국회 모욕의 죄'로 처벌하는 방안도 마련했다. 또한 '국회 모욕의 죄'가 징역형만 규정되어 있어 죄의 경중에 따른 처벌이 쉽지 아니하므로 증인이 폭행·협박 등 모욕적인 언행으로 국회 권위를 훼손하는 경우 벌금형으로도 처벌할 수 있도록 법정형을 정비했다.

그러나 이 법률 정비만으로는 부족하다. 권력이 있고 돈 많은 사람들이 도저히 빠져나가지 못하도록 완벽한 법을 만들어야 한다. 우린 상식이 통하는 사회를 원한다. 돈이 없더라도 죄가 없으면 반드시 무죄를 받고, 죄가 있으면 권력과 돈이 있더라도 처벌을 받는 그런 사회를 원하는 것이다.

이제 박근혜 선고가 끝났고 이명박의 재판이 진행되고 있다. 아무리 전직 대통령이라 하더라도 잘못이 있으면 법의 심판을 받고 당연히 감옥에 가야 한다. 그것이 정의이고, 진리이며, 상식이다. 우리는 그런 나라를 반드시 만들어야 한다. 나는 그런 나라를 만들기 위해 지금보다 더 열심히 뛰어다니는 영원한 초선 의원이 될 것이다.

제4부

우리는 포기하지 않는다

_끝나지 않은 쩐錢의 전쟁

아버지의 죽음을 말할 수 없는 딸

최태민과 그의 네 번째 부인으로 알려진 김제복 사이에 최재석이라는 아들이 있다. 박근혜·최순실 국정농단이 세상에 알려지고 최순실이 독일에서 한국으로 제 발로 들어와 구속되면서, 최재석이 홀연히 나타났다. 그리고 아버지 최태민이 생전에 만들었다는 재산의 규모와 아버지의 갑작스러운 죽음에 독살 의혹이 있다는 주장을 제기했다. 나와 최재석은 우연히 만나 최순실 일가의 재산을 몰수해 거악의 부활을 막자고 뜻을 함께함으로써 금세 마음이 통했다.

최재석에 따르면, 최태민은 박근혜를 첫 여성 대통령으로 만들기 위해 필요한 1조 원을 목표로 자금을 마련하고 있었는데, 사망 직전 자신이 모은 재산은 1,000억 원 정도의 부동산과 그것의 서너 배(3,000~4,000억 원)가 되는 현금, 유가증권, 금괴 등이 있다면서 집 안에 있는 비밀의 방을 최재석에게 보여줬다고 한다. 그런데 세상이 바뀌어 김영삼 대통령이 집권하면서 최태민은 박근혜를 첫 여성 대통령으로 만든다는 꿈을 이루기 어렵다고 판단하고 그 꿈을 접을 수밖에 없다고 토로했다는 것이다. 한편, 사업자금이 필요하다고 자금 지원을 요청하는 최재석에게 이 돈은 박근혜에게 돌려줘야 하는 돈이라며 요구를 못 들어준다고 했다는 것이다.

그런데 이러한 부자간의 대화가 있은 지 얼마 지나지 않아 최재석은 아버지 최태민과 연락이 끊겼다. 이를 이상하게 여긴 최재석은 연락을 계속 시도했으나 연락이 닿지 않았다는 것이다. 계모 임선이와 최순실 자매들은 최태민이 죽은 뒤 장례를 다 치르기까지 자기에게 사망 사실을 숨겼고, 사업차 중국에 있던 자신이 급하게 귀국해 아버지가 살던 집을 찾아가서야 비로소 사망 사실을 확인할 수 있었다고 했다. 최순실 일가가 아들인 자신에게까지 사망 사실을 숨겨야 했던 데는 그만한 이유가 있었을 것이라며, 아버지의 죽음에 의혹을 제기하면서 진상조사를 요구하기에 이르렀다.

최재석은 임선이를 비롯한 최순실 일가가 아버지의 사망 사실을 아들인 자신에게까지 숨기면서 시간을 끈 이유는, 자기가 보았던 그 비밀의 방에 보관된 최태민의 재산 때문이라는 의혹을 제기했다. 또, 아버지의 사망 원인에 대해 의혹을 제기하는

자신에게 최순실과 정윤회가 조폭들을 보내 협박했고 얼마 안
되는 재산만을 나눠주는 데 동의한다는 문서에 사인을 하게 했
다는 것이다. 그 당시 험악한 분위기와 협박에 목숨의 위협마저
느껴 동의서에 사인을 할 수밖에 없었다고 주장했다.

최재석이 주장하는 최태민 독살의 진위 여부는 20년도 더 지
난 지금, 수사를 해 확인한다고 해도 증거를 확보하는 것이 가
능할지가 의문이다. 그러나 최태민의 비밀의 방에 있었다는 자
금은 현재 존재하는 최순실 일가의 재산 흐름을 추적하면 그 진
상에 다소나마 다가갈 수 있을 것으로 보인다.

최순실의 구치소 청문회에서 내가 가장 궁금한 것 중의 하나
가 최태민의 사망 원인이었다. 막연히 사망 원인을 물으면 대답
을 회피할 것 같아 좀더 구체적으로 "부친인 최태민의 사망 원
인이 알고 싶다. 병사인지 사고사인지 말해달라"라고 했더니
"밝힐 수 없다"라며 전혀 예상치 못한 황당하기까지 한 대답을
했다. 자기 아버지의 사망 원인을 말할 수 없는 이유가 뭘까? 말
하지 못할 사정이 있지 않는 한 아버지가 죽은 이유를 말하지
못할 이유가 있을까? 문득 1945년 일본 후쿠오카 감옥에서 증
류수를 영양제로 속이고 윤동주 시인을 서서히 죽어가게 했던
일본의 만행이 떠올랐다.

나는 국정농단 초기부터 '국가를 돈벌이 수단으로 악용한 가
족사기단' 사건으로 규정하면서 최태민 일가의 대를 이은 악행
을 국민들에게 알렸다. 빈털터리였던 최태민과 최순실은 박근

혜라는 지렛대를 통해 수천 억에서 수조 원대에 이르는 부를 형성할 수 있었다. 변변한 직장조차 갖지 못했던 그들은 박근혜의 유산과 권력으로 벼락부자가 되었다. 최씨 일가 만악萬惡의 근원이 돈이었기에 최태민의 죽음을 둘러싼 미스터리는 재산과 관련되었을 가능성이 있다. 따라서 최태민의 사망 원인을 규명하는 것은 최태민 사후 재산 분배 과정과 집안 권력 승계를 이해하는 데 큰 도움이 될 것이다. 지금이라도 최순실과 그 가족들은 최태민의 사망 원인을 떳떳이 공개하기를 바란다.

프레이저보고서와 박정희의 비자금

프레이저보고서(1978)는 1976년에 터진 이른바 '코리아게이트'의 조사결과보고서다. 코리아게이트는 1976년 재미 한국인 실업가 박동선이 미국 의회에 로비를 했다는 사실이《워싱턴포스트》를 통해 보도되어 이로 인해 대한민국과 미국 사이에 외교적 마찰이 일어난 사건으로 '박동선 게이트'라고도 부른다.

1976년 10월《워싱턴포스트》는 무려 10면에 걸쳐 "박정희 대통령의 지시로 박동선과 한국의 중앙정보부가 미국 국회의원과 공직자들을 매수하여 의회 내에 친한 분위기를 조성하기 위해 1970년대 들어 매년 50만 달러에서 100만 달러에 이르는 현금을 포함한 뇌물을 뿌렸다"고 보도했다.

미국 하원의 국제관계위원회 산하 국제기구소위원회가 이

사건을 조사했는데, 이 과정에서 위원회는 28개 주와 11개 국가에서 1,563건의 인터뷰와 123건의 소환을 진행했고, 수천 종의 문서를 제출받아 검토했으며, 선서를 한 37인의 증인들이 참석한 청문회를 20회 개최했다. 청문회 조사반은 박정희 정권의 비밀자금에 대한 상당한 증거를 확보하고 있었다고 한다. CIA, FBI, 법무성, 국세청, 국무성의 회계 전문가들이 미국은 물론 스위스, 바하마, 도쿄 등 전 세계에 있는 박정희 정권 비자금 거래 은행들의 거래 기록을 뒤져 증거를 확보한 것이다.

1978년, 미국 하원이 조사한 내용을 정리해 발간한 프레이저보고서에 따르면 박정희 정부는 다양한 방법을 통해 비공식적으로 돈을 챙겼다. 개별 차관으로 들어온 돈을 정부 승인과 지불 보증 명목으로 10~20퍼센트의 수수료를 염출했는데 이 방법으로 2,560만 달러를 챙겼다. 그리고 미국의 걸프사로부터 300만 달러를, 칼텍스사로부터 100만 달러를 받았다. 일본 무역상사들은 미국 은행 계좌를 통해 120만 달러를 송금하기도 했다. 한국 중앙정보부는 주식시장을 은밀하게 조작해 4,000만 달러를 챙긴 것으로 추정했다.

그뿐 아니라 박정희 정부는 월남 파병 군인들의 전투 수당에도 손을 댔다고 한다. 베트남 전쟁에 참전했던 당시 주월한국군사령부 이세호 장군의 증언에 따르면, 한국 정부는 파병 조건으로 병사들에게 한 달에 500달러씩 지급하도록 미군과 협상했으나 실제로는 50달러만 지급했다고 한다. 미군으로부터 받은 약 342억 달러 중 15억 달러만 파병 군인에게 지급된 것이다. 나머지 차액은 모두 박정희 정부로 흘러 들어간 것으로 보인다. 이처럼 다양한 방법으로 거둬들인 돈만 단순 합산해도 약 330억 달러에 이르는데, 이 금액을 1970년(환율 255원) 기준으로 한화로 환산하면 8조 4,150억 원에 이르는 액수다. 그나마도 추정이 불가능한 액수는 제외하고 계산한 것이기 때문에 실제 액수는 훨씬 더 클 것으로 예상된다. 2017년 3월(환율 1,157원) 기준으로 환산해보면 38조 1,810억 원에 이르는 어마어마한 액수인데, 한국은행을 통해 알아본 바에 따르면 현재 화폐가치로 약 300조에 육박하는 규모가 될 것이라고 한다.

그렇다면 우리나라 1년 예산에 가까운 이 엄청난 액수의 돈은 다 어디로 간 것일까?

프레이저보고서에 따르면, 당시 대통령 비서실장이었던 이후락은 박정희 정부의 은밀한 자금을 스위스 은행에 예치해서 관리했다고 말했다. 이 외에도 김종필(민주공화당 의장), 김성곤(민주공화당 재정위원회 위원장), 김형욱(한국중앙정보부 부장) 등도 정치자금을 거둬들였고 이 돈은 청와대 안의 대통령 탁자 뒤에 있었던 금고에 보관되었다고 한다.

한국과 미국에서 50여 년간 언론인으로 활동하며 김일성, 덩샤오핑 등을 인터뷰했던 문명자 기자가 쓴 《내가 본 박정희와 김대중》(월간말, 1999)에도 박정희 비자금에 대한 언급이 있다.

'코리아게이트' 사건을 조사하던 미 의회 외교위원회는 박동선이 뿌린 박정희 비자금 문제의 열쇠를 쥐고 있다고 본 이후락 전 중앙정보부장의 둘째 아들 이동훈을 몇 차례 소환했다. (중략) 그는 증언대에서 "내 아버지 명의의 스위스 은행 비밀구좌는 박정희의 것"이라고 증언함으로써 박정희 비밀구좌가 실제로 존재한다는 사실을 확인해 주었다.

이후락은 1973년 박정희의 '가지치기'에 의해 해임되었고, 신변의 위협을 느껴 한국을 빠져나갔다. 하지만 그는 미국 비자를 받기가 어려워 비자 없이 갈 수 있었던 영국령 바하마로 갔다고 한다. 바하마는 은행에 돈을 넣어도 비밀이 보장되고 세금을 내지 않아도 되는 곳이었다. 따라서 바하마에도 상당한 재산을 도피시켜 놓지 않았을까? 또한, 문명자 기자의 책에 따르면 이후락은 해임 후 박정희의 스위스 은행 비밀구좌의 예금주를 모두 박근혜로 바꾼 것으로 의심하고 있다.

박정희 정치자금을 주도적으로 관리하던 이후락은 1979년 박정희 사망 이후 신군부 세력에 의해 권력형 부정축재자로 지목되었다. 곧바로 귀국하지 않고 버티던 그는 미국 등지에서 머물다 94일 만에 김포공항에 도착했다. 그는 자신의 부정축재 재산에 대해 이렇게 말했다.

"떡을 만지다 보면 떡고물이 묻는 것 아니냐?"

이후락이 말한 떡고물은 어느 정도였을까? 당시 신군부의 추정에 따르면 1979년 그의 재산이 194억 원에 달했던 것으로 나타났다고 하니 박정희 정부 시절 부정한 정치자금의 규모가 어느 정도였는지 가늠조차 힘든 대목이다.

한편, 코리아게이트가 터진 즈음에 스위스 취리히에 외환은행 사무소가 개설되었는데, 우연치고는 절묘하다. 왜 교민들도 거의 없고 한국상사도 없는 스위스에 외환은행 사무소가 필요했을까? 당시 독일 프랑크푸르트 외환은행 지점장은 홍세표였다. 홍세표는 육영수의 언니 육인순의 장남으로 박정희의 처조카이자 박근혜의 이종사촌이다. 홍세표가 외환은행장을 퇴임하던 1999년 즈음에 스위스 외환은행 사무소가 폐쇄된 점도 눈여겨볼 만하다. 스위스 외환은행 사무소 개설이 홍세표의 프랑크푸르트 지점장 시절 이루어졌고, 홍세표의 퇴임 시점에 스위스 사무소가 폐쇄된 것은 스위스 외환은행 사무소와 홍세표가 직접 관련성이 있다는 것을 암시한다. 그렇다면 프레이저보고서가 언급한 박정희 비자금은 프랑크푸르트 외환은행, 그리고 스위스 취리히의 외환은행 사무소를 통해 스위스 비밀계좌로 입금되었을 가능성이 있다.

금융전문가들에 따르면 홍세표와 박근혜의 관계로 미루어 스위스 비자금은 박정희 사후 홍세표를 통해 박근혜에게 승계되었고, 박근혜는 이 비자금 관리를 최태민에게 맡겼으며, 최태민은 다시 최순실에게 넘겼을 가능성을 조심스럽게 추정한다. 이것은 1980년대부터 최순실이 독일을 오가며 페이퍼 컴퍼니를 만든 이유를 설명하는 하나의 가설이다. 스위스 비밀계좌에 대한 나의 가설은 공소시효 40년이 가능하도록 하는 '최씨 일가 재산 몰수 특별법'이 제정된다면 입증이 가능할 것이다.

한편, 2012년에 놀라운 발표가 있었다. 영국의 조세피난처 반대운동 단체인 '택스 저스티스 네트워크Tax Justice Network'는 1970년대부터 2010년까지 한국에서 조세피난처로 빠져나간 돈의 총 액수가 888조 원에 이른다고 했다. 그리고 그 자료에 1979년 박정희 대통령 사망 이후 정치적 혼란기에 급격한 자본 유출이 일어났다고 덧붙였다. 888조 원은 우리나라 1년 예산의 두 배가 넘는 규모에 해당한다. 이중에 박정희 대통령의 통치자금이 반드시 포함되어 있을 것이다.

다행히 2012년 7월 말부터 스위스와 협의를 통해 개정한 한국·스위스 조세조약상 정보교환 조항이 효력을 발휘하게 되어 대한민국 검찰이나 정부가 스위스에 요청하면 비밀계좌의 자료를 받을 수 있게 되었다. '최씨 일가 재산 몰수 특별법'이 제정된다면 스위스 계좌를 확인해 박정희 비자금의 실체를 밝혀내고 이를 통해 최순실 돈세탁의 흐름도 추적할 수 있을 것으로 기대한다.

독일에는 한 푼도 없다

———•———

"독일에는 단 한 푼도 없어요. 찾으면 다 가지세요."

최순실이 구치소 청문회에서 나에게 한 말이다. 구치소 청문회 때 10조 원의 독일 재산설이 나돌던 최순실을 향해 나는 1992년 최순실, 정윤회가 유준호와 함께 독일에 최초로 설립한 유벨이라는 회사를 왜 만들었는지 물었다. 이에 그의 답은 "처음 들어보는 회사입니다"였다. 이어서 '독일에 한 푼도 없으니 있으면 다 가지라'고 하니 화도 나고 답답했다.

독일에 최순실의 돈이 과연 단 한 푼도 없을까? 독일을 여섯 번 방문하면서 확인한 것은 최순실은 최소한 1980년대 초부터 독일을 드나들었고, 1992년에는 유벨이라는 무역회사를 전 남편인 정윤회와 함께 설립했다. 그런데 유벨을 만드는 데 명의를 빌려 주었다는 유준호에 따르면 회사 설립 후 3개월 만에 빠지라는 요청을 받아 그 후 그들을 만난 적이 없다고 했다. 지난 구치소 청문회에서 최순실은 유벨이라는 이름의 회사는 처음 들어본다고 했으니 지금까지 드러난 최순실의 행태로 보아 자신이 세웠던 유벨을 부정해야 하는 말 못할 사연이 있을 것이고, 또한 25년 전에 세웠다 없어진 유벨을 찾기 어려울 것이라는 판단도 작용했을 것이다.

최순실은 등기부에 엄연히 등재된 유벨이라는 회사의 존재조차도 부인했으니 그 후에도 자신의 이름이 등장하는 독일 회사들의 존재도 인정할 까닭이 없다. 동남아 음식점과 보석회사, 호텔 등을 이용해 한국이나 제3국으로부터 돈을 들여와, 박정희 정권에 대한 향수를 가지고 있는 독일 교민의 이름을 빌려 부동산을 구입한 것으로 의심되는 많은 정황이 있다. 2002년을 마지막으로 최순실의 이름이 올라 있는 독일 회사가 더는 발견되지 않는 이유는 10년간 최순실과 독일 한인교포들, 즉 '검은 머리를 한 외국인(검은 머리 외국인)'들의 굳건한 토대가 마련되어 굳이 자신의 존재가 드러나는 위험을 감수하지 않아도 되었을 것이다.

그런데 왜 독일이었을까? 그것이 궁금했다. 최순실 일가가 자금 도피처로 독일을 선택한 이유가 분명히 있었을 것이고, 이는 2006년 당시 국회의원이던 박근혜가 대통령 출마 선언을 프랑크푸르트에서 했던 것과 무관치 않을 것이다. 박정희 시대

파독 광부와 박근혜의 인연, 그리고 수십 년에 걸친 최순실의 독일에서의 돈 세탁, 박근혜가 독일에서 했던 대선 출마 선언은 일련의 관계가 있을 듯하다.

독일은 금융재산을 은닉하기에는 부적합한 곳이다. 금융시스템이 투명하기 때문이다. 그러나 그 재산이 부동산이라면 사정이 달라진다. 부동산을 통한 부의 증식은 독일이 주변의 다른 어느 나라보다 좋은 여건을 갖추고 있다. 독일에서는 부동산 소유를 개인이 아닌 법인이 한다면 법인의 주업종이 무엇이든 부동산을 소유할 수 있다. 또 독일 법인제도의 하나인 유한회사 GmbH는 설립이 손쉽고 청산이 간단하면서도 공개도 까다롭지 않으며 부동산 양도 시 양도소득세율도 한국보다 낮다. 최순실은 부동산 투기 개념이 없는 사회민주주의 국가인 독일에 한국인 최초로 부동산 투기 기법을 전파한 선구자가 아닐까? 그것도 위장 기업의 차명을 이용해 부동산을 투기하는 방식으로 말이다.

1990년대 후반부터 최순실은 본격적으로 한국과 독일에 자금 세탁과 자금 해외 유출을 위한 페이퍼 컴퍼니와 위장 기업들을 설립하기 시작한다. 페이퍼 컴퍼니는 실체가 없이 서류상으로만 존재하는 회사를 일컫는 것이며, 위장 기업이란 실체는 있으나 형식만 갖춰놓은 그야말로 껍데기뿐인 회사를 일컫는다. 최순실의 페이퍼 컴퍼니와 위장 기업들은 1990년 독일 통일 후부터 동독의 부동산을 매집하기 위한 용도로 설립한 것으로 보인다. 그뿐 아니라 1990년대 말과 2000년대 초 한국의 국제 통화기금IMF 금융환란 때 검은 머리 외국인으로 둔갑해 한국으로 자금을 유입한 후 그 자금으로 헐값이 된 부동산을 취득하거나 상태는 좋으나 유동성 위기를 겪던 기업들을 매입한 정황도 의심되는 상황이다.

최순실의 다양하고 유형화된 수법 중 하나를 예로 들자면, 태양광 사업을 하는 독일 기업을 앞세워 독일과 한국에 부동산을 취득한다. 한국에 진출하는 독일 기업에 정통한 인사에 따르면 독일의 다른 기업들에게서는 이러한 경우를 찾아보기 어렵다고 한다. 독일은 사회민주주의 국가로서 부동산을 통해 부를 증식한다는 실질적인 개념이 없기 때문에 부동산 가격도 안정되어 있다는 것이다. 그러나 최순실 일가의 회사로 추정되는 이 회사는 태양광 패널을 설치한다며 한국에 부동산을 취득하고 있다. 이 회사도 최순실의 위장 기업으로 의심된다. 최근에 독일 프랑크푸르트의 부동산 가격이 폭등하고 있는데, 이를 두고 독일 교민사회에서 '최순실 효과'라는 이야기가 회자되고 있다.

최근에는 최순실이 '마인츠959'라는 위장 기업을 매입해 삼성으로부터 정유라 승마 지원을 위한 돈을 급하게 송금 받은 사실이 특검조사에서 밝혀졌다. 사업을 위한 것이라면 회사를 설립하면 될 일인데, 기존의 페이퍼 컴퍼니를 사들인 것은 회사의 금융 계좌를 이용하는 것이 목적이기 때문이었다.

최순실이 이야기한 "독일에는 단 한 푼도 없다"는 '내가 꽁꽁 숨겨뒀으니 너희들이 찾을 테면 찾아봐라'는 자신감의 발로로 보인다. 나는 처음에 최순실이 "독일에는 단 한 푼도 없다, 찾으면 환수하라"고 한 말을 '독일에 숨겨놓은 돈이 없으니 찾는 것 자체가 불가능하다'는 뜻으로 주장한다고 생각했다. 그러나 최순실이 전문가들도 혀를 내두를 정도로 다양하고 전문적인 수법으로 천문학적 규모로 추정되는 재산을 은닉해둔 정황을 추적하면서, "찾으면 환수하라"는 최순실의 말이 "절대로 내 재산은 찾을 수 없을 것이다!"라는 말의 반어적反語的 주장이 아닐까 하는 생각이 든다.

거악의 뿌리를 캐는 공포의 독수리 5형제

"독일에 한 푼도 없으니 찾으면 가져가라"고 호언했던 최순실은 꿈에도 모르고 있을 것이다. '독수리 5형제'가 최순실 일가의 재산을 추적하고 있다는 사실을. 이 사실을 안다면 경악할 것이다. 그렇게도 자신만만하게 "독일에는 단 한 푼도 없다"고 큰 소리를 쳤는데, 그 돈의 뿌리가 독수리 5형제에게 하나둘씩 드러나고 있으니 말이다.

2016년 12월 10일, 청문회가 열기를 더해 갈 즈음, 나는 독일 교포의 제보를 받고 독일로 향했다. '최순실 일가 재산은 과연 있을까? 있다면 어떤 형태일까? 또 그 규모는?' 나는 모든 것이 궁금했던 터라 가뭄에 단비를 만난 듯 기도하는 심정으로 제보자를 만나러 독일로 떠났다. 불과 보름 전, 조여옥을 찾기 위해 텍사스 샌안토니오에 갔을 때 호텔 방에서 느꼈던 공포뿐 아니라 보좌진들의 만류가 있었지만 최순실 일가의 재산을 캐야만 거악의 뿌리를 제거할 수 있다고 생각한 나는 홀린 듯 프랑크푸르트로 향했다.

그러나 첫 방문에서 최순실 일가의 재산 규모는 물론이거니와 그 윤곽조차 파악하는 것이 쉽지 않아 보였다. 내가 만난 교민들은 최순실의 독일 재산 배후에 특정 종교가 있다는 암시만 할 뿐, 구체적인 이야기는 하지 않았다. 몇 년 전 중국 대련 총영사 시절 나와 인연을 맺은 백범흠 프랑크푸르트 총영사나 한국관광공사 직원들도 특정 종교 이야기는 금시초문이라고 하니, 비밀의 문은 도대체 열릴 기미가 보이지 않았다. 더구나 독일 소식통인 평창올림픽조직위원회에서 근무하는 임국재 선배가 소개한 최순실의 독일 법률 대리인 박성관 변호사는 '데이비드 윤'으로 알려진 윤영식을 본 지 오래되었다며 면담 자체를 거부하니 제보자가 알려준 정보를 확인할 길이 없었다.

데이비드 윤은 추후에 언급할 윤남수 전 한인회장의 아들로 1968년생인데 대학 때부터 최순실의 독일 통역 및 수행을 25년 이상 도맡아했고, 박근혜 대통령 당선 전후해 사기죄로 국내에서 10개월 복역한 바 있는 이른바 최순실의 독일 아바타, 독일의 장시호라고 볼 수 있다.

그러나 숨는 자가 범인이다. 그들이 떳떳하다면 최순실의 재산을 쫓기 위해 모국에서 열두 시간 비행기를 타고 국정조사를 하러 온 국회의원을 피할 이유가 없다. 텍사스의 간호장교나 독일의 조력자들의 공통점은 누구에게 지시를 받은 듯 면담을 거부하고 무조건 모른다고만 하니 자신들이 숨기고 싶은 특별한 사연과 이유가 있을 것이다.

나는 제보자들과 얼굴만 익히고 전의를 다짐한 것을 위안 삼아 후일을 기약한 채 아쉬움을 뒤로 하고 돌아설 수밖에 없었다. 귀국하는 비행기 안에서도 독일의 최순실 일가 재산은 영원한 미스터리로 남을 수도 있지 않을까 하는 절망감과 이 뿌리를 캐지 않으면 최순실은 부활할 것이라는 걱정으로 내 머릿속은 복잡하고 마음이 무거웠다.

허나, 뜻이 있으면 길이 있다고 하지 않았던가! 나는 박근혜·최순실 국정농단 청문회 도중 마치 운명처럼 뜻밖의 인물을 만나게 되었다. 그는 바로 안원구 전 대구지방국세청장이었다. 그는 국세청 조사국장, 국제조세관리관, 지방청장을 지냈고 김대중, 노무현 두 정권을 거치면서 청와대 민정실과 정책실까지 두루 경험했으나, 이명박 정권에서 도곡동 땅 실소유주는 이명박이라는 문건을 본 사실로 대통령의 역린을 건드려 옥고를 치렀다. 이력과 경험을 봤을 때 그는 최순실 일가의 재산을 찾고 돈세탁 흐름을 추적하는 데 최적화된 인물이었다. 게다가 정보의 행간을 읽을 줄 아는 예리한 눈과 통찰력까지 갖추고 있었다. 안원구 전 청장은 나와는 이미 2012년 국정감사 때부터 알고 지내던 사이로 국세청과의 한 판 전쟁을 같이 치르면서 서로 신뢰하게 되었다.

한창 최순실 국조특위 청문회가 진행 중이던 어느 날, 그에게서 전화가 왔다. 안원구 전 청장은 청문회를 보던 중 비서실장, 안보실장의 답변을 듣고 무책임한 태도에 너무 화가 났다며 내게 연락한 것이었다. 통화를 하며 생각해보니 돈세탁의 흐름을 평생 추적해온 그가 최순실 재산을 추적하는 데 동참한다면 큰 힘이 될 것 같았고, 최순실은 뜻하지 않은 복병을 만난 셈이 될 것이 분명했다. 나는 곧장 그에게 함께 최순실의 재산을 추적하는 데 도움을 달라고 요청했다. 나의 갑작스러운 요청에도 정의로운 성격의 안원구 전 청장은 바로 동의하고 함께하기로 약속해주었다. 그의 도움으로 수십 년간 국내외에 숨겨둔 최순실의 재산 추적은 본격적으로 시작될 수 있었다.

그리고 또 한 사람이 있다. 바로 아바리스Abaris다. 그는 독일에서 30년 넘게 개인 사업을 한 인물로 독일만의 독특한 기업 제도는 물론 교민들의 출신과 성향까지 꿰고 있었다. 독일 상업 등기소와 연관되어 있는 '머니하우스'라는 사이트를 통해 모든 기업의 설립부터 연혁 및 정보를 파악하고 그렇게 파악한 정보를 전문가보다 정확하게 정리하는 능력을 보유하고 있는 사람이다. 본인의 생계를 뒷전으로 한 채 밤낮을 가리지 않고 거악의 뿌리를 찾기 위해, 최순실의 돈세탁을 추적하기 위해 동분서주하는 그의 정의감과 애국심에는 경의를 표한다. 독일에 있는 최순실의 페이퍼 컴퍼니는 그의 도움 없이는 찾을 수 없었을 것이다. 그가 없었다면 최순실의 독일 재산은 세상 밖으로 노출되지 않았을 테고, 최순실의 말처럼 단 한 푼도 찾아내지 못했을 것이다. 또한 덴마크 유치장에 있던 정유라를 설득해 인터뷰를 하게 한 장본인이 바로 그다.

아바리스는 베를린과 뮌헨 등에 널려 있는 최순실의 재산을 찾아내고, 한국과 연관이 있는지는 안원구 전 청장이 확인하는 식으로 재산 추적 작업은 지난 몇 달간 진행되었고, 지금도 계속되고 있다. 여기에 나와 함께 2014년 봄부터 최순실을 추적해 온 주진우 기자도 최순실 재산 추적에 본격적으로 합류했다.

가바리스·안원구·주진우·안민석·노승일. 이렇게 다섯 명이 모여 최순실 일가가 숨겨둔 재산을 찾기로 한 독수리 5형제가 탄생하게 되었다. 박근혜·최순실 국정농단 세력에게는 불행한 일이지만, 다소 어울리지 않는 다섯 명이 오로지 한 가지, 국민들의 가슴에 맺힌 응어리를 풀어드리자는 대의를 위해 뭉치게 된 것이다. 독수리 5형제가 몇 달을 밤낮없이 최순실이 은닉한 재산의 고리를 찾아내기 위해 노력한 끝에 비로소 그 실마리를 찾을 수 있었다. 이제부터가 시작인 셈이다.

독수리 5형제, 독일로 날아가다

2017년 1월 4일, 나는 주진우, 안원구와 함께 두 번째 독일행 비행기에 올랐다. 4박 5일 일정으로 프랑크푸르트를 중심으로 독일에 산재해 있는 재산을 추적하기로 했다. 물론 프랑크푸르트 공항에서 합류한 아바리스는 우리를 형제처럼 뜨겁게 맞아 주었다.

독일에 도착했을 때 그동안 따뜻했다던 날씨가 우리를 방해라도 하듯이 급격히 온도가 내려가면서 추워지기 시작했다. 그러나 춥다고 주춤할 독수리 5형제가 아니다. 우리는 도착하자마자 최순실 일가 재산 관리 조력인을 만나기 위해 종횡무진했다. 아니나 다를까! 우리가 주요 조력자로 의심했던 사람들은 갖은 핑계를 대며 우리와의 만남을 피했다. 다시 한 번 '숨는 자가 범인'이라는 평범한 진리를 확인하게 되는 순간이었다.

우리는 짧은 일정임에도 프랑크푸르트의 거의 모든 지역을 이동하면서 숨겨진 재산으로 추정되는 호텔, 음식점, 페이퍼 컴퍼니와 위장 기업까지 의심되는 곳은 모두 확인했다. 무리한 일정에 몸은 힘들었지만 가는 곳마다 안내와 격려를 아끼지 않으시고 도움을 주신 교민들 때문에 피곤한 줄 몰랐다.

두 번째 독일행에서 독수리 5형제는 세 가지 의미 있는 일을 했다.

첫째, 정유라와 최순실의 자금 세탁 사건을 담당하는 헤센 주 검찰을 방문해 진행 상황을 확인했고, 앞으로도 적극적으로 협조하겠다는 답변을 받은 일이다. 국회청문위원회의 공식 요청에도 독일 검찰이 응하지 않던 터라 의미 있는 쾌거로 기록될 만한 만남이었다. 불가능에 가까운 만남을 성사시켜준 이름을 밝힐 수 없는 외교관에게 깊은 감사의 말씀을 드린다. 그동안 박근혜·최순실 국정농단을 추적하면서 부처나 조직의 이익과 안전보다 국가와 국민을 먼저라고 생각한 딱 한 분을 꼽으라면 나는 주저 없이 이분을 말할 것이다. 정권이 바뀌었으니 이분을 공개해 대한민국 공무원의 '롤모델'로 추천하고 싶지만 그는 익명을 요구했다. 우리는 헤센 주 검찰청 부청장과 담당검사, 부장검사와 한 시간에 걸쳐 면담했고, 독일 검찰이 사건을 대하는 태도와 입장을 직접 들을 수 있었다. 또한 한국 검찰의 요청에 적극 협조하겠다는 답도 받아냈다.

최순실의 독일 페이퍼 컴퍼니로 추정되는 의문의 건물

둘째, 최순실의 페이퍼 컴퍼니로 의심되는 건물을 찾은 일이다. 프랑크푸르트 외곽에 위치한 건물에는 여섯 개 회사 간판들만 있을 뿐 문이 잠긴 채 아무런 인기척이 없었다. 사무실은 비어 있거나 눈속임용 가구들만 형식적으로 비치되어 있었다. 우리가 1월 초 귀국 후 페이퍼 컴퍼니의 존재를 언론에 알리자 현지 교포 한 분이 자기가 회사 사장이라며 연락이 와서 주말이라 아무도 없었을 것이라고 해명했다. 그런데 우리가 페이퍼 컴퍼니를 방문한 시각은 1월 5일 목요일 오후 2시 45분이었다. 독수리 5형제를 만만하게 보는 최순실의 조력자임이 분명했다.

셋째, 1월 7일 귀국 날 괴테 광장에서 세월호 참사 1,000일 추모행사에 참여한 일이다. 몇 시간씩 차를 타고 와서 추모행사에 참여한 교민과 유학생, 상사원들의 표정에서 느껴지는 비통함을 보면서 가슴이 먹먹하고 눈물이 났다. 진눈깨비가 내리는 매서운 추위에도 차가운 바다에서 1,000일이 되도록 갇혀 있는 세월호 아이들을 추모하기 위해 모여든 그들은 이미 모두 한 가족이었다. 절망의 순간을 느끼고 지칠 때마다 떠올리는 세월호 아이들을 위해 포기하지 말자고 스스로 다짐하는 순간이기도 했다.

분리 안 시키면 다 죽어

●

박근혜·최순실 국정농단의 퍼즐을 풀기 위해서는 최순실에 대한 연구가 필요하다. 최순실은 추적을 피하기 위해 개명하고, 카드 대신 현금을 사용하며, 자신 대신 아바타를 내세우고, 조력자 간에 이간질을 시켜 서로 믿지 못하게 하고, 차명으로 재산을 구입하고 관리하는 수법 등을 최태민과 임선이로부터 철저히 배웠다. 특히 사람과 상황과 관계를 분리하는 교활한 수법에 능해서 특검도 아주 머리가 아팠다고 한다. 박근혜·최순실 국정농단을 더욱 쉽게 이해하기 위해서는 세 개의 핵심 키워드를 알아야 한다.

하나, 최순실이라 쓰고 박근혜라고 읽는다.

둘, 돈이 되는 무엇이든 최순실로 통한다.

셋, 최순실을 모른다.

"분리 안 시키면 다 죽어."

이 말은 최순실이 노승일과 한 전화통화에서 노승일에게 사건의 은폐를 지시하면서 한 말이다. 그렇다! 박근혜·최순실 국정농단과 관련된 모두가 최순실을 모른다고 하고 있다. 확실한 증거를 들이대면 그때는 알았으나 지금은 모른다는 식이다.

1992년 최순실, 정윤회와 함께 유벨을 설립한 유준호 씨도 마찬가지였다. 두 사람과의 인연을 물으니 1992년에 프랑크푸르트 마트에서 우연히 만나 회사를 공동 창업했으나 몇 달 후 결별했고 그때 이후 지금까지 한 번도 본 적이 없다는 식이다. 김기춘 외 국정농단의 주역들이 최순실을 모르는 사람으로 잡아떼는 방식과 흡사했다. 물론 유준호는 정권 교체 후 다시 만났더니 1980년대 초부터 최순실을 알았다고 털어놓았다.

왜 그토록 모두가 최순실을 모른다고 할까? 최순실을 안다고 하면 박근혜·최순실 국정농단이 수면 위로 드러나기 때문에 최순실이 무조건 모르는 것으로 하라고 지시했을 것이 분명하다. 박근혜가 최순실의 꼭두각시라고 이야기하는 사람들이 많지만 사실 두 사람은 서로가 서로의 꼭두각시 역할을 하면서 경제공동체를 이루고 사는 한 몸이나 다름없다. 독일에서 우리가 만난 거의 모든 사람이 그러했고, 청문회의 대상이었던 모든 관련자들이 그러했다.

심지어 최순실은 이른바 '보안 손님'으로 청와대를 수시로 출입하면서도 경호실 요원조차 자신의 존재를 모르게 했다. 왜 그랬을까? 분리시키지 않으면 국정농단이 밝혀질 수밖에 없기 때문이다. 최순실은 스스로를 박근혜의 모든 공적 관계인에게서 분리시켰다. 또한 최순실·박근혜의 공동재산 관리인들에게서 분리되는 방법으로 박근혜와 상생해왔던 것이다.

최순실이 재산을 은닉하거나 빼돌린 수법은 형식만 볼 때는 누구나 생각할 수 있는 전통적인 수법으로 보인다. 특이한 점이 있다면 종교단체를 통한 선교자금을 이용하는 방법 정도다. 하지만 진실을 파고들면 너무도 놀라운 점이 많다.

실제 예를 하나 들자면, 부동산을 A, B, C 등 3인을 차명으로 해두고 차명인 A, B, C의 명의로 부동산을 담보로 융자를 받는다. 그러면 A, B, C는 개인적인 은행 채무가 생기게 되는 것이므로 부동산을 마음대로 양도할 수 없게 된다. 즉, 부동산 실소유주는 차명인들이 부동산을 담보로 개인채무를 갖게 됨으로써 안전하게 소유권을 보존할 수 있는 것이다. 최순실 일가 재산은 등기부가 온통 채무로 인한 저당 설정과 가압류 투성이다.

해외로 자금을 빼돌릴 때도 어김없이 디테일한 수법이 동원된다. 해외에 자회사를 설립해 투자금을 송출한 후 사업 실패로 위장해 손실처리하거나, 거래 가격을 조작해 자금을 보내는 것까지는 다른 범죄 수법들과 크게 다르지 않다. 그러나 본사와의 꼬리를 자르기 위해 역시 치밀한 방법이 동원된다. 외국 회사명을 세탁해 본사와의 연결고리를 자르거나, 회사명을 변조해 자회사나 관계사로 위장하는 것도 특징이다. 또 다양한 업종의 회사처럼 위장한다. 하지만 그 회사들이 갖는 공통점이 있다. 바로 어떤 업종의 위장 회사든 반드시 부동산이 포함된다는 것이다. 이외에도 말 거래를 이용한 자금 세탁의 사례도 특검이 밝혀냈다.

이렇듯 최순실 일가는 뚜렷한 이유 없이 이름과 회사명을 자주 변경해왔다. 또 그들의 페이퍼 컴퍼니, 위장 회사, 차명 회사들의 조력인 명의도 회전문식으로 자주 바꾸었다. 그런 이유로 최순실 일가 재산 추적에는 반드시 폐쇄 등기부 등본까지 확인하는 절차를 빼면 안 된다. 재산 은닉에는 조력자들이 돌아가면서 이 회사나 저 회사에 이사나 임원으로 반복적으로 등장하는데 이건 최순실 일가가 믿을 만한 조력자 풀을 가지고 돌려막기를 하고 있는 것으로 보인다. 초기에는 친인척만 동원했으나 점차 조력자들도 대를 이어 이 일에 가담한 정황도 있다. 이름만 빌리는 단순 조력자부터 동업자 형태의 공생 조력자까지 점조직으로 진화해온 것으로 보인다.

대를 이어서 상생하는 조력자들은 최순실의 재산이 환수라도 된다면 자신들의 생계와 직결되는 일이기에 최순실을 자신들과 분리해 사실을 숨기는 일에도 적극적이다. 분리하지 않으면 다 망할 수도 있기에 최순실 일가의 잦은 개명 또한 이러한 이유로 이루진 것은 아닐까. 그러나 정권 교체가 되었으니 최순실의 내부자들이 최순실 일가의 독일 은닉 재산의 실체를 밝힐 것이라 생각한다.

최순실 공화국의 은닉 재산

박근혜·최순실 국정농단이 탄핵까지 가게 된 결정적인 계기는 내가 제기했던 정유라의 이화여자대학교 부정입학 비리 의혹 이었다. 시작은 정유라의 이화여자대학교 부정입학 비리였지 만 박근혜·최순실 국정농단의 끝은 그들의 부정 축재 자금의 저수지를 샅샅이 뒤져서 모조리 국고에 환수하는 것이 되어야 한다. 내가 시작했으니 마무리도 내가 하는 것이 운명이라고 생 각한다.

최순실의 은닉 자금을 따라갈수록 그 의혹이 고구마 줄기처 럼 연결되어 있음을 알게 되었다. 그 끝이 어디인지, 얼마나 많 은 곳에 얼마나 많은 사람과 연결되어 있는지 그저 놀라울 뿐이 다. 최순실의 아버지 최태민부터 어머니 임선이, 그의 가족들,

형부 장석칠과 제부 서동범 등 가족들까지 총망라해서 이 국정 농단에 깊숙이 개입된 것으로 보인다.

이 글을 쓰고 있는 지금까지 직·간접적으로 국정농단에 동원되거나 관련된 인물은 국내외 통틀어 족히 300~400여 명에 이르고 기업은 페이퍼 컴퍼니까지 포함하면 500개도 넘어 보인다. 앞으로도 계속 밝혀지겠지만 현재까지 최순실의 재산을 은닉하거나 돈세탁으로 사용된 국내 회사와 관련자로 의심되는 현황은 281쪽의 표와 같다. 물론 현황은 추정일 뿐 향후 특별법을 통해 공권력에 의한 확인이 필요하다.

최순실 일가는 최태민 사후 최순득·최순실·최순천이 재산을 나누어 가졌다. 그리고 지금은 정유라·장시호·장승호 등 3세대로 승계되고 있다. 수천 억에서 수조 원으로 추정되는 최순실 일가의 재산이 대대로 증여된다면 국정농단과 그 처벌에도 불구하고 그들은 언젠가 다시 불사조처럼 부활할 것이다.

지금까지 나타난 최순실의 해외 도피 재산은 독일에 집중되었지만 여러 제보에 따르면 헝가리·오스트리아·리히텐슈타인·스위스에도 있을 가능성이 높다. 독일과 유럽 곳곳에 있는 최순실의 재산은 한국 검찰과 국세청이 해당 국가와 협조하지 않고서는 도저히 밝혀낼 수가 없다. 최태민과 최순실은 이러한 점을 악용해 1980년부터 해외로 자금을 빼돌리는 프로젝트를 아무도 몰래 진행했던 것 같다.

최순실 일가는 돈이 되는 곳이라면 어디든 손을 대지 않은 곳

최순실 일가 관련 국내 회사

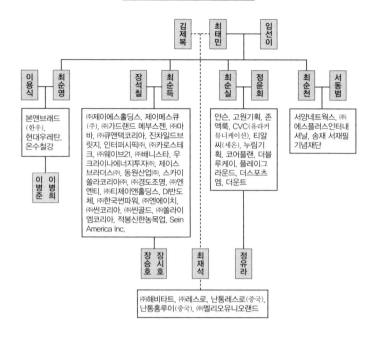

김제복 — 최태민 — 임선이

이용식 — 최순영 | 장석칠 — 최순득 | 최순실 — 정윤회 | 최순천 — 서동범

본앤브래드(한우), 현대우레탄, 온수철강

이병준 — 이병희

㈜제이에스홀딩스, 제이메스큐(주), ㈜가드랜드 메부스젠, ㈜마바, ㈜큐앤택코리아, 진차일드브릿지, 인터퍼시픽㈜, ㈜카로스테크, ㈜웨이브21, ㈜배니스타, 우크라이나에너지투자㈜, 제이스브라더스㈜, 동원산업㈜, 스카이쏠라코리아㈜, ㈜경도조명, ㈜엔엔티, ㈜티제이앤홀딩스, DI반도체, ㈜한국썬파워, ㈜엔에이치, ㈜씬코리아, ㈜씬골드, ㈜쏠라이엠코리아, 적봉신한농목업, Sein America Inc.

안슨, 고원기획, 존액룩, CVC(유라카커뮤니케이션), 티알씨(세온), 누림기획, 코어플랜, 더블루케이, 플레이그라운드, 더스포츠엠, 더운트

서양네트웍스, ㈜에스플러스인터내셔날, 송재 서재필기념재단

장승호 — 장시호 | 최재석 | 정유라

㈜해비타트, ㈜레스로, 난통레스로(중국), 난통홍루이(중국), ㈜멜리오유니오랜드

그밖의 관련인과 기업명

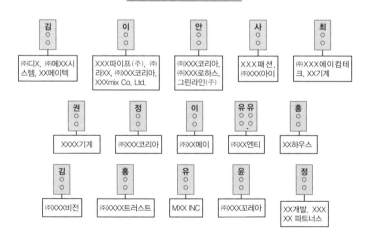

김○○ ㈜디X, ㈜메XX시스템, XX메이텍

이○○ XXX파이프(주), ㈜라XX, ㈜XXX코리아, XXXmix Co. Ltd.

안○○ ㈜XXX코리아, ㈜XXX로하스, 그린라인(주)

사○○ XXX패션, ㈜XXX아이

최○○ ㈜XXX에이컴테크, XX기계

권○○ XXXX기계

정○○ ㈜XXX코리아

이○○ ㈜XX메이

유유○○ ㈜XX엔티

홍○○ XX하우스

김○○ ㈜XXX비전

홍○○ ㈜XXXX트러스트

유○○ MXX INC

윤○○ ㈜XXX꼬레아

정○○ XX개발, XXXXX 파트너스

이 없다. 때와 장소는 물론이고 물불도 가리지 않았다. 돈이 있는 곳엔 항상 최순실이 있었고, 최순실이 있는 곳엔 항상 박근혜가 그림자로 존재한다. 대통령의 위엄도, 권위도, 체면도 다 내팽개친 박근혜는 무엇 때문에 최순실과의 한 몸을 자처했을까?

박근혜가 정권을 잡은 다음엔 청와대는 물론 정부 조직도 이들의 사금고를 채우는 도구로 전락시켜 권력을 사유화했다. 나는 국정농단의 전모가 밝혀지기 전까지는 박근혜는 대통령으로서 자질은 부족하지만 부정과 비리로 재산 축적은 하지 않았을 것으로 생각했다. 박근혜 스스로 "나는 남편도 자식도 없지 않느냐, 나는 국가와 결혼했다"고 하지 않았던가. 참으로 처참한 심정이다. 이 말에 나도 속고, 국민도 속았다!

다시 찾은 독일, 세 가지 성과

2017년 1월 초 독일을 다녀온 후 독수리 5형제의 공조체제는 더욱 긴밀해졌다. 독일과 한국은 시차가 여덟 시간이지만 우린 서로가 깨어 있는 시간을 활용해 정보를 충분히 공유했고, 서로의 낮밤이 바뀌었음에도 신속하고 효과적인 소통을 지속했다. 그러면서 국내외 최순실 일가의 재산 윤곽을 거의 파악했고, 이를 정확히 확인하기 위해 다시 독일로 가기로 했다. 그때가 2월 말에서 3월 초였다. 안민석·안원구·주진우가 독일로 가서 아바리스와 노승일을 만나 일주일을 같이 보내면서 세 가지 의미 있는 성과를 얻었다.

첫째, 데이비드 윤의 부친과 박승관 변호사를 만났다. 또한 유준호 등 중요한 최순실의 조력자들을 만난 것도 행운이었다.

이들은 대통령이 파면된 후 최순실의 과거 독일 행적에 대해 말문을 열기 시작했다.

둘째, 독일 교포들과 최순실 재산 추적을 함께하기로 하고 효과적인 활동을 위해 모임을 결성하기로 했다. 약 50여 명의 교포들이 앞으로도 서로 돕고 정보를 공유하며 최순실의 독일 은닉 재산을 샅샅이 찾아낼 것이다. 모임 다음 날, 1976년 스위스 취리히에 외환은행 사무소가 개설되었다는 제보와 삼성 이재용 재판 주심판사의 장인인 임정평 박사 등의 제보가 들어온 것처럼 동포들의 정보력과 인맥이 앞으로 결정적인 역할을 할 것으로 기대한다.

셋째, 네덜란드에 있는 페이퍼 컴퍼니를 조사하면서 확인한 사실인데 이 회사는 최씨 일가와 관련한 어느 회사에게 2013년부터 2015년까지 2,000억 원의 투자를 한 것으로 의심된다. 실제 숲속의 오두막집인 그 회사는 그야말로 초라했는데 회사의 사장이라는 사람도 그러한 투자 사실에 대해 "알지 못한다"를 연발했다.

그러나 최순실의 재산 추적은 쉬운 일이 아니다. 오래전부터 돈세탁이 이루어진 것으로 의심되는데다가, 최순실의 돈세탁 조력자로 의심되는 교포들은 한결같이 최순실을 모르거나 딱 한 번 만난 적이 있을 뿐이라고 말한다. 심지어 이런저런 이유로 면담 자체를 거부하는 경우도 있다. 하지만 비덱이나 더블루케이처럼 돈세탁을 위한 페이퍼 컴퍼니를 1990년대 초반부터

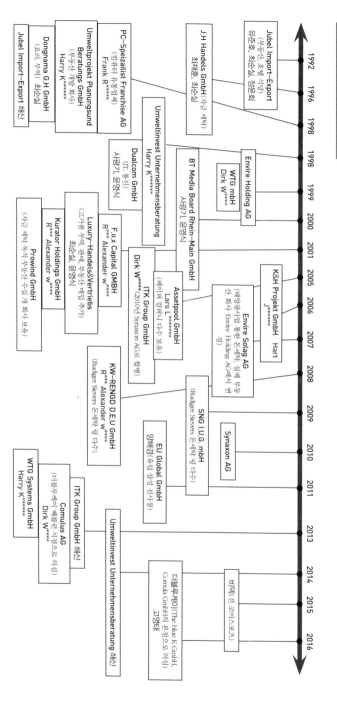

최순실 관련 독일 회사 현황

설립하고 해산하는 반복적인 과정에서 수백 개의 회사명과 수백 명의 관련자들이 등장한다. 나는 지금까지 여섯 차례 프랑크푸르트를 방문해 관련자들을 만났고 최순실의 돈세탁 흐름을 추적했다.

한편 국내 재산보다 수십 배 많은 것으로 추정되는 최순실 관련 독일 일부 회사와 관련자 명단은 285쪽의 표와 같다. 국내 재산과 마찬가지로 독일 은닉 재산은 실제로 이것보다 방대한 규모일 것으로 추정되며 정권 교체 후 우리의 검찰, 국세청, 관세청 등의 공권력과 독일의 관계기관이 공조해 사실 확인이 필요하다.

최순실의 어마어마한 독일 돈세탁은 어떻게 가능했을까? 독일어 소통도 안 되고 금융 문외한인 최순실을 돕는 전문가 그룹과 교포 그룹들이 있을 것이라고 판단했고, 나는 이들을 추적했다. 내가 확인한 바로는 두 명의 핵심인물이 1980년대부터 지금까지 최순실을 도왔기에 가능했다. 앞으로 이들을 수사한다면 독일에 있는 은닉 재산을 대부분 밝힐 수 있을 것이다. '최씨 일가 재산 몰수 특별법'이 제정되어 수사가 착수되면 나는 독일의 최순실 조력자 중 핵심 키맨으로 의심되는 두 사람에 대한 정보를 기꺼이 제공할 것이다.

최순실을 도운 독일의 조력자들

우리 일행이 최초로 확인해 언론에 알린 최순실 소유로 의심되는 독일 페이퍼 컴퍼니 관리자 이응인은 여전히 미스터리한 인물이다. 2017년 1월 5일 목요일 3시경, 페이퍼 컴퍼니 건물을 찾았을 때 문은 잠겨 있었고 창 너머로 본 내부는 비어 있었다. 그래서 주소만 있는 전형적인 페이퍼 컴퍼니로 단정하고 언론에 알린 바 있다. 그 후 이응인이 나타나 페이퍼 컴퍼니가 아니라고 하면서 우리가 주말에 방문했기 때문에 회사에 아무도 없었던 것이라고 해명했다.

2017년 2월, 우리는 다시 프랑크푸르트를 찾았다. 공항에 내리자마자 이응인의 페이퍼 컴퍼니로 향했다. 예상했던 대로 이응인은 사무실에 있었고 그간의 자초지종을 설명했다. 우리가 다녀간 후 비로소 비어 있던 사무실 인테리어 공사가 되었지만 여전히 다른 사무실은 책상만 있을 뿐 근무자는 없었다. 만약 이런 회사가 부동산을 보유하고 있다면 돈세탁용 페이퍼 컴퍼니가 틀림없다. 그러나 조사권과 수사권이 없는 우리로서는 추정만 할 뿐이다. '최씨 일가 재산 몰수 특별법'이 제정되지 못해서 독일 검찰과의 공조가 이루어지지 않는다면 페이퍼 컴퍼니의 실체는 영원히 밝힐 수 없게 될 것이다. 반면 이 특별법이 제정되어 한국과 독일의 검찰 공조가 이루어진다면 페이퍼 컴퍼니의 존재를 확인하는 것은 어렵지 않다.

2월 26일부터 3월 4일까지 일주일간 추적한 세 번째 독일 방문에서 최순실의 독일 조력자들을 여러 명 만났다. 그중 데이비드 윤의 부친이자 1980년대부터 최순실을 도운 파독 광부 출신 윤남수 전 한인회장을 만난 것은 행운이었다. 그는 1980년대 말부터 세계일보 사광기의 추천으로 《세계일보》 유럽 지부 판매권을 가졌는데 최순실이 그를 오빠라고 부를 만큼 가까운 사이다. 그의 말에 따르면 단국대학교 교수였던 임정평 박사가 별셋 장군의 딸인 최순실이라는 젊은 여성이 독일에 가니 도와주라고 한 것이 인연이 되었다고 한다. 그는 벌교 출신인 임정평의 사위가 검사 아니면 판사일 것이라고도 말했다.

귀국 후 임정평 박사를 만나 최순실을 어떻게 알게 되었는지 물어보려고 만나자고 했더니 만남 자체를 거부했다. 자신은 최순실과 아무런 관계가 없으니 만날 이유가 없다는 것이었다. 의심이 갔지만 그의 사위가 서울중앙지방법원에 근무하는 이영훈 부장판사라는 사실만 확인한 채 어쩔 도리가 없었다.

그로부터 며칠 후인 3월 10일 금요일, 박근혜 전 대통령이 파면되자마자 주말은 푹 쉬어야겠다는 생각으로 경남 의령의 생가와 어릴 적 자랐던 부산을 돌며 머리를 식히며 앞날을 구상하던 중이었다. 의령의 외숙모님을 뵙고 오산으로 올라오는 길에 휴대폰을 꺼내 기사를 검색하던 중 3월 9일 열린 이재용 부회장의 첫 번째 재판이 불공정했다는 기사를 우연히 보게 되었다. 재판부가 이재용 측에게는 충분한 진술 기회를 준 반면 특검의 발언 요청과 증거 제출을 무시했다며 재판의 불공정을 제기한 기사를 보다가 심장이 멎는 듯했다. 주심판사가 이영훈이었다. 임정평의 사위가 이재용 재판의 주심판사라니! 내 눈이 의심스러울 지경이었다. 작년에 아이스크림 가게에서 우연히 최순실이 이화여자대학교에서 난동을 부렸다는 이야기를 접했을 때와 비슷한 기분이었다. 심장이 멎는 듯했다.

최순실의 후견인을 자처했던 임정평의 사위인 이영훈 부장판사가 이재용 재판의 주심으로 배정된 것이 과연 우연의 일치일까? 우연치고는 너무 절묘했다. 만약 의도된 배정이라면 이것은 무시무시한 배후세력의 음모일 것이다. 이재용 부회장이 뇌물죄로 유죄 선고를 받게 되면 박근혜 전 대통령 역시 뇌물죄로 징역을 살게 된다. 따라서 이재용 부회장이 뇌물죄를 벗어나야만 이재용과 박근혜는 실형을 면할 수 있다. 이재용 부회장의 재판은 삼성이나 국정농단세력에게는 죽느냐, 사느냐를 결정하는 중요한 재판인데 주심판사가 하필 이영훈이라니 운명의 장난일까, 삼성과 박근혜의 음모일까?

나는 법원 내부의 지인을 통해 이영훈 판사가 이재용 재판의 주심으로 배정된 과정을 추적하면서 수상한 점을 발견했다. 이재용 재판은 애초에 서울중앙지방법원 형사합의 21부 조의연 부장판사에게 배정되었으나 그가 이재용의 영장을 기각했다는 이유로 33부 이영훈 부장판사로 바뀠다는 사실을 확인했다. 이를 보자 우연이 아니라 음모가 작동했다는 느낌을 지울 수 없었다. 이영훈 부장판사가 이재용 재판의 주심을 끝까지 맡아 이재용의 뇌물죄는 무죄가 되고, 따라서 박근혜도 똑같이 무죄가 되어 이재용과 박근혜가 승리했다고 환호를 지를 것을 상상하니 미칠 지경이었다. 국정농단 세력의 책임을 단죄하기 위해서는 엄정한 사법처리가 핵심인데 특검이 기소한 이재용, 박근혜의 뇌물죄를 부장판사가 무죄로 선고한다면 국민들은 얼마나 분노하고 절망할 것인가! 그렇다고 다시 이런 이야기를 끄집어내는 것이 부담스럽기도 했고, 대한민국 최강의 기업인 삼성과 맞서 싸우자니 내 스스로가 너무 지쳐 있었다.

그러나 지난 시간 힘들 때마다 그러했듯, 이번에도 내게 용기를 준 것은 세월호 아이들이었다. 최소한 세월호 아이들에게는 비겁하고 싶지 않았다. 불의에 맞서다 죽는 것이 소원이라고 스스로 어느 방송에서 말했건만 삼성이 두려워 진실 앞에 침묵한 결과 불의와 거악이 정의를 이기고 환호하게 된다면 국민을 배신하는 것이고 역사의 죄인으로 남을 것이다. 나는 용기를 내기위해 오랜만에 새벽기도도 다녀왔고, 《또 하나의 가족》(모던아카이브, 2017)이란 책으로 박근혜와 최순실의 관계를 밝힌 최태민의 의붓손자 조용래를 만나서 격려하며 전의를 다졌다.

마침내 결심을 굳힌 나는 이재용 재판의 주심판사인 이영훈이 최순실 후견인의 사위라는 사실을 국민들에게 알리기로 했다. 그리고 3월 16일 〈김어준의 뉴스공장〉에 출연해 최순실의 후견인이었던 임모 씨의 사위가 이재용 재판의 주심판사라고 말했다. 그랬더니 언론에서 금세 그들이 임정평과 이영훈임을 밝혀냈고, 이영훈 판사는 네이버와 다음 검색어 순위가 단숨에 1위가 될 만큼 대중의 관심이 뜨거웠다.

의외로 이영훈 판사는 법원을 통해 신속히 해명했는데 장인이 정수장학회 이사로 재직했다는 사실과 최태민과의 인연 때문에 최순실을 독일 지인에게 소개한 사실을 인정했다. 그러나 이것이 주심판사를 교체할 사유가 못 된다고 하면서 이영훈 부장판사가 이재용의 재판을 계속 맡을 것이라고 발표했다.

대부분의 언론은 재판의 공정성을 우려하며 기사를 다루었지만 내가 〈김어준의 뉴스공장〉에서 밝힌 내용 외에 주심판사 배당 과정에 대한 의혹이나 2015년 2월 노른자위 보직인 전산정보관리국장으로 이영훈 판사가 발령된 배경, 그리고 한 달 전 서울중앙지방법원에 발령된 배경에 대해 후속 취재를 하지 않았다. 정의로운 기자들의 취재를 기대했으나 별다른 움직임이 보이지 않아 답답한 마음으로 하루를 넘겼는데 3월 17일 오후 이영훈 주심판사를 교체하기로 했다는 반가운 소식이 날아들었다.

이영훈 주심판사의 교체로 충격에 빠졌을 이재용과 박근혜를 생각하면 적절한 타이밍에 용기를 내어 진실을 알린 것에 스스로 흡족했지만 그들의 입장에서 보면 내가 또 한 번 얼마나 증오스러웠을까? 2014년 봄 정유라의 승마 공주 문제를 세상에 알려 박근혜와 최순실의 역린을 건드린 한 정치인이 지금은 재판의 공정성 문제를 제기하여 주심판사를 바꿨으니 나는 그들에게 철천지원수가 되었다. 한국 최대 재벌인 삼성과 박근혜, 최순실 일당에게 철천지원수가 된 한 정치인이 앞으로 감당해야 할 대가가 얼마나 클지 아무도 장담할 수 없지만 국민과 역사 앞에서 당당하고 싶다. 나는 오로지 국민의 알 권리를 위해 내가 알고 있는 사실과 진실을 국민들에게 알렸고, 이재용, 박근혜, 최순실의 뇌물죄 재판이 공정하게 이루어지길 기대했다.

돌이켜보면 독일에서 윤남수 회장을 만나지 않았더라면 임정평의 존재를 몰랐을 것이고, 이영훈 부장판사가 임정평의 사위라는 사실 또한 아무도 몰랐을 것이다.

자신의 아들인 데이비드 윤에 대한 애착이 강한 윤남수 회장은 데이비드 윤이 박근혜·최순실 국정농단의 부역자가 되었다는 사실 때문에 쓸쓸한 세월을 보내고 있다. 프랑크푸르트 역

근처에 있는 한국식당에서 처음 그를 만났을 때는 내게 화를 내며 경계의 끈을 놓지 않았지만, 떠나기 전날 다시 그를 만났을 때는 호탕한 성격을 드러내보였다. 그와 술잔을 나누며 기념사진을 찍을 만큼 금세 격의 없는 사이가 되었다. 그가 그때 들려준 임선이·최순실·정윤회에 대한 이야기는 최순실 일가를 이해하는 데 큰 도움이 되었다. 일례로 독일 교민 일행이 최태민에게 세배를 하러 가면 세뱃돈으로 100만 원씩 주며 화투치기를 함께 즐겼다고 한다.

또 다른 독일 조력자는 오 씨 부부다. 이분들은 1990년대 중반 장시호가 고등학교 승마선수일 때 독일 현지에서 승마 훈련을 위해 독일인 코치를 소개했고, 고급 말을 주선하면서 최순실과 인연을 맺었다. 그때 불임으로 고민하던 최순실이 아이를 갖기 위한 시술을 하려고 독일 병원을 수소문했을 때 대신 알아봐주던 기억도 생생하다고 했다.

또한 오 씨의 부인은 최순실이 항상 500유로 지폐로 수만 유로씩 지갑에 넣고 다니며 현금 결제만 했던 기억 등을 들려주었다. 한 번은 최순실과 함께 독일을 방문한 박근혜가 3,000유로 정도의 코트를 한 벌 샀는데 최순실이 입고 다니지 말라고 했다며 불평한 적도 있다고 했다. 이처럼 최순실은 박근혜에게 오래전부터 엄마나 언니 같은 존재로 박근혜를 통제해왔다.

오 씨 부부에 따르면 정윤회는 항상 말이 없었고 겉도는 존재였으나 박근혜 의원이 독일에 있는 정윤회에게 시시콜콜 전화해 통화하는 장면을 자주 목격했다고 한다. 특히 정유라의 분유와 아기 용품을 독일에서 보내주는 일을 했던 오 씨의 부인이 말하기를, 어릴 적부터 정유라는 어른들의 말을 듣지 않았고, 최순실은 보통 엄마와는 달리 자식에 대한 애정은 찾아볼 수 없었던 대신 돈으로 정유라를 키울 생각이 강했다고 했다. 또한 자신을 하녀 다루듯 비인격적으로 대했던 데에 분노를 표출하기도 했다. 최순실, 박근혜를 꼭 엄벌해야 한다는 오 씨 부부의 진정 어린 눈빛을 보며 사람 관리를 못 하는 최순실의 쓸쓸한 말로가 눈에 선하게 보인다.

최순실의 독일 조력자 중 유준호는 1992년 최순실, 정윤회가 최초로 설립한 유벨에 공동대표로 함께 등장하는 인물이다. 군산 출신인 그는 21세에 광부로 독일에 왔고 1980년대 초에 처음 최순실을 만났다고 증언했다. 독일 조력자들 중 그가 최순실을 가장 오래전에 만난 듯하다. 놀라운 사실은 그가 최순실과 정윤회의 결혼식에 참석했고 강원도 신혼여행도 따라갔다는데 그때가 1992년 겨울이었다고 한다. 최태민·임선이·최순실의 직계 가족 20여 명이 모여 결혼 현수막을 걸고 치른 어색한 결혼식도 납득이 안 되지만, 지금까지 최순실과 정윤회가 1994년 최태민이 죽고 이듬해인 1995년에 결혼했다고 기정사실처럼 되어 있는 것도 의아하다. 그리고 이듬해 정유라가 태어나 정유라는 1996년생으로 알려져 있다.

그런데 유준호에 따르면 최순실 부부는 유벨을 설립한 그해 겨울에 결혼식을 했고, 최순실이 자신에게 정윤회가 대한항공 보안요원 출신임을 숨기고 미국과 독일에서 사업하는 사람이라고 최태민에게 말해달라 부탁했다고 했다. 유준호의 말이 사실이라면 최태민은 죽을 때까지 정윤회를 독일 유벨회사의 대표로 알았을 것이다. 그러므로 최태민의 소개로 최순실과 정윤회가 처음 만났다는 소문은 전혀 사실이 아니다.

조용래가 쓴《또 하나의 가족》을 보면 1980년대 후반 조순제의 소개로 정윤회와 최순실이 만났다고 한다. 그리고 최태민은 최순실의 재혼식이 있었던 1992년 말까지 건강했고, 고소공포증 때문에 비행기를 탈 수 없어 독일에 갈 수 없다고 했다는 것이다.

한편 최순실 일가와 가족처럼 지냈던 박근혜가 그 결혼식에 참석하지 않았던 점과 정윤회 쪽은 가족도 없이 조촐하게 치러진 점도 잘 이해되지 않는다.

물론 유준호의 증언 중 불일치한 점도 있다. 2017년 1월 초에 처음으로 그와 전화했을 때 최순실을 처음 만난 것이 유벨이 설립되기 직전이라고 했지만, 2월에 대면했을 때에는 1980년대 초에 처음 최순실을 알게 되었다고 했으니 뭔가 숨기고 싶은 진실이 있는 듯하다. 그는 독일 곳곳에 호텔과 열 개 정도의 회사를 가진 '게토'라는 그룹을 운영하고 있는데 교민들은 그가 어떻게 그런 큰 사업체를 일구게 되었는지 의심한다. 그는 유대인 사위가 하는 사업이라고 해명하지만 수사권이 없는 나로서는 확인이 불가능하다. 앞서 이야기한 것과 마찬가지로 추후 '최씨 일가 재산 몰수 특별법'이 제정되면 독일 검찰의 공조로 유준호 회사의 실소유주의 실체를 밝혀야 할 것이다.

한편 최순실의 독일 법률대리인인 박승관 변호사를 만난 것도 세 번째 독일 방문의 큰 성과였다. 그는 독일에서 태어나고 자랐다. 《주간경향》 정용인 기자의 보도에 따르면 박승관의 부친은 한국 정부로부터 친북 인사로 찍혀 모국을 방문할 수 없는 반정부 인사가 되었다. 아버지는 반정부 인사로, 아들은 최순실의 부역자가 되었으니 참 씁쓸하다. 독수리5형제는 무작정 그의 사무실로 찾아갔고, 그와 최순실이 어떤 관계에 있는지 확인할 수 있었다. 한눈에 봐도 예의 바르고 똑똑해보이는 그가 최순실을 위해 헌신하고 있다는 사실에 화가 날 지경이었다.

박승관 변호사는 2015년 최철이라는 변호사가 최순실을 소개해 고객으로 만났으며 지금은 비덱과 더블루케이의 대표를 맡아 청산 작업을 맡고 있어서 삼성이 최순실의 독일 페이퍼 컴퍼니를 통해 보낸 돈의 규모와 흐름 전부를 알고 있는 인물이다. 즉, 삼성은 두 개의 페이퍼 컴퍼니를 통해 최순실에게 돈을 보냈고, 이상화가 금융 관련된 일을 도왔으며, 최순실은 삼성의 돈으로 부동산을 구입했거나 구입하려고 했을 것이다. 훗날 자금 출처를 방어하기 위해 정유라가 평창 땅을 담보로 해서 독일의 주택을 매입했고, 최순실은 융자상환도 삼성의 돈으로 하려고 했을 것이다.

물론 최순실의 야심찬 계획은 국정농단 사태로 수포로 돌아갔지만 박승관 변호사는 최순실의 음모에 가담한 공범이다. 박근혜·최순실 국정농단 정국에서 악의 편에서 권력과 돈벌이를 위해 부역한 인물들의 공통점은 김기춘, 우병우처럼 선과 악에 대한 인식이 희박하고 양심과 정의에 대한 고민이 결여된 지식 기술자들이라는 것이다. 그리고 자신들의 행위를 간교하게 정당화시키고 아전인수로 합리화하려고 한다. 정권이 교체되었으니 이 악의 세력들을 단죄할 수 있길 고대했으나 잊혀져가고 있어 안타깝다.

최순실의 재산 환수는 문재인 정부의 몫으로

우리 국민들은 박근혜·최순실 일당 때문에 이름 모를 병에 걸렸다. 이른바 국민 화火병이다. 청와대를 자신의 집으로 착각하고 아버지 가업을 승계했다고 좋아하는, 하지만 하나부터 열까지 누가 챙겨주지 않으면 아무것도 할 수 없는 대통령을 '모시고' 살아온 것에 대한 자책과 자괴감 때문일 것이다. 특검이 국민들의 신뢰를 받고 박근혜·최순실의 국정농단 실체를 많이 밝혔지만 나는 여전히 밝혀진 진실은 절반에도 못 미치고 있다고 본다. 특히 최순실 일가 거악의 뿌리인 부정 재산에 대해 특검은 손도 못 쓴 채 끝나고 말았다.

국민 화병을 치유하고 재발을 방지하는 것은 박근혜·최순실의 재산을 모조리 찾아 환수해 국고에 귀속시키는 것만이 유일한 방법이다. 하지만 현행법으로는 몇십 년 전까지 거슬러 올라가서 의혹을 조사하고 뿌리를 확인하는 데 물리적 한계가 있다. 공소시효가 지난 일이라도 국가 지도자들의 국민에 대한 범죄에 해당한다면 소급하여 수사해 단죄하고, 부정 축재한 재산도 환수할 수 있도록 하는 특별법이 시급히 제정되어야 할 필요가 있다.

친일 반민족 행위자들의 부정한 재산에 대해 그 후손들까지 조사 대상에 포함시켜서 소급시효를 적용해 재산을 환수한 '친일 반민족행위자 재산의 국가귀속특별법'을 참고해 실효성 있는 '최씨 일가 재산 몰수 특별법'을 반드시 만들어야 한다. 이 특별법은 '박정희 체제 청산법'이라 해도 과언이 아니다.

나는 최순실 일가의 재산을 환수하기 위해 네 번의 특별법 제정 공청회를 열었고 법안을 제출했지만 넘어야 할 산이 많다. 국정농단 세력의 뿌리인 불법 취득 재산을 환수하는 것이 마땅한데 특검은 박근혜·최순실의 재산 규모조차도 파악하지 못했을 뿐 아니라 기존 법률의 한계로 전액 환수가 불가능하다. 현행 공무원 범죄에 관한 몰수 특례법과 범죄수익 은닉규제법은 범죄자가 도주, 사망, 공소시효 만료 등으로 형사처벌을 받지 않는 경우는 몰수할 수 없으므로 특별법 제정 없이는 최순실의 재산을 건드릴 수 없다. 또한 범죄 재산을 제3자가 취득한 경우 그 사실을 검사가 입증해서 유죄판결이 나와야 몰수가 가능하도록 되어 있고, 특히 공무원에 한해서만 마약, 횡령, 배임 같은 특정 범죄에 국한해 몰수가 가능하므로 최순실을 직권남용 공범이나 사기 미수로 기소할 경우 몰수가 불가능하다.

결국 '최씨 일가 재산 몰수 특별법'을 제정하지 않는다면 국정농단 세력의 뿌리는 건재할 것이고 그들은 부활하여 또 다른 거악으로 다시 등장할 것이다.

내가 발의한 특별법은 재산 조사 전문가로 구성된 재산조사위원회를 설치하고, 재산조사위원회는 검사와 사법경찰을 파견받고 법원의 영장까지 발부받아 압수, 수색 등을 집행해 강도 높은 재산 조사를 할 수 있도록 했다. 조사 기간은 박정희 시대를 포함하도록 했다. 또한 재산조사위원회의 자체 조사는 물론 모든 국민과 재외동포들로부터 정식 절차에 따라 제보를 받아서 조사할 수 있는 권한을 부여했다. 조사를 통해 파악된 불법 재산은 범죄자가 아님을 소명해야 하고, 소명하지 못하면 몰수할 수 있도록 했기에 최순득·최순천·장유라 등도 스스로 범죄 수익이 아님을 입증해야 한다. 만약 이러한 특별법이 제정된다면 최순실 일당의 국내외 재산은 물론 박정희 비밀자금의 추적과 파악이 가능하고, 환수 조치에 필요한 법적 근거를 마련할 수 있을 것이다.

이제 우리는 어떤 어려움이 있어도 은닉 재산을 찾기 위해 특별법을 제정하는 데 국민의 힘을 모아야 한다. 그러나 국정농단을 은폐하고 심지어 부역했던 정치세력이 제20대 국회에서 버젓이 활개치고, 국민 화합과 통합이라는 미명하에 과거의 부정부패 비리를 덮고 가자는 궤변 때문에 특별법 제정이 녹록치 않아 보인다. 특별법 제정을 반대하거나 미온적인 태도는 최순실의 부활을 알면서도 눈감아주겠다는 것이나 다름없다. 포기하면 지는 것이고 박정희 독재 유산에 눈감는 것이다. 물론 박근혜·최순실 일당 역시 좋아할 일이다.

박근혜·최순실의 재산 환수는 문재인 정부의 몫이 되었다. 진실과 정의가 바로 서는 대한민국을 만들고 불의를 용서하지 않는 결기 있는 대통령이 국회와 함께 특별법을 제정해 거악의 부활을 저지해야 할 것이다. 나는 국민과 함께 '최씨 일가 재산 몰수 특별법'이 제정되는 그날까지 끝까지 포기하지 않을 것이다.

박근혜·최순실 국정농단 세력을 엄벌하고 재산을 몰수하는 것은 반칙을 허용하지 않고 원칙과 상식이 통하는 대한민국을 만드는 시금석이다. 판도라의 상자를 열면 재앙과 불행이 찾아오지만 희망 또한 반드시 있다. 대한민국의 희망을 만들기 위해 적폐청산을 향한 국민들의 갈증이 어느 때보다 강하다. 적폐청산은 인적 청산과 제도적 청산이 병행되어야 하므로 제도적 적폐청산은 문재인 정부 임기가 끝날 때까지 이루어져야 한다. 적폐 정산을 통해 새로운 대한민국 건설을 위해 나와 국민들은 문재인 대통령이 만든 정의로운 정부와 함께 박근혜·최순실의 밝히지 못한 국정농단의 진실과 세월호 사건의 진실, 그리고 재산 몰수를 끝까지 포기하지 않고 추적할 것이다.

제5부

아직 끝나지 않은 전쟁

_해외 은닉 재산의 비밀

스위스 비밀계좌를 찾아라

부패하고 부도덕한 박근혜 정권을 파멸로 몰아넣고 새로운 대통령을 탄생시킨 국민들은 승리감에 도취되어 있었고, 대한민국은 나라다운 나라에 대한 기대로 충만했다. 혹시라도 정권 교체에 실패하면 감옥에 갈 각오를 했던 나로서는 누구보다도 기쁜 마음을 감출 수가 없었다. 독수리 5형제는 정권이 바뀌면 최순실의 조력자들도 태도를 바꾸리라는 기대를 가지고 끝나지 않은 전쟁을 마무리하기 위해 2017년 6월, 네 번째 독일행 비행기에 몸을 실었다.

정권 교체 후 독일에서 만난 교포들은 적극적으로 입을 열었고 최순실의 스위스 비밀계좌에 대해 말했다. 최순실이 독일에 오면 스위스를 들렀다는 새로운 사실을 알려주었고, 2016년

10월 30일 최순실이 귀국하기 직전에도 스위스에 다녀갔다는 제보를 받았다. 최순실이 자주 다니던 한 한국식당 주인이 내게 "의원님, 비밀리에 말씀드릴 게 있으니 식당 뒤로 오세요"해서 따라갔더니 이렇게 말했다.

"최순실이 귀국하기 며칠 전이었는데 제가 식당 문을 닫으려는 밤 10시경, 한국에서 온 최순실의 기사가 회장님 모시고 스위스에 갔다 오는 길인데 밥을 달라고 해서 줬어요."

그때는 태블릿 PC가 방송에 공개되어 박근혜 전 대통령이 대국민 사과문까지 발표할 만큼 정세가 최순실에게 불리하게 전개되던 때라 스위스에 관광이나 쇼핑하러 갈 리 만무했다. 그리고 식당 주인의 제보 시점이 정권교체가 된 후였으니 독일 조력자들조차 태도가 확연히 변하고 있을 때였다. 식당 주인도 정권이 교체되었으니 용기를 내어 아주 예민한 퍼즐 한 조각을 내게 주기로 작정했을 것이다. 그리고 주진우 기자를 비롯한 독수리 5형제는 최순실이 한국행을 작정하면서 정유라가 쓸 자금을 스위스 은행에서 인출하기 위해 취리히에 다녀왔을 것으로 보고 스위스로 가기로 결정했다. 김필승, 김용민 등 두 정의로운 변호사도 자비를 내고 동행했다.

최순실의 독일 거점이었던 프랑크푸르트에서 스위스 취리히까지는 차로 4시간 걸리니 서울에서 부산 정도의 거리다. 아침을 먹고 프랑크푸르트로 출발해 취리히에서 은행일 보고 여유 있게 돌아오면 밤 10시경이 될 듯했다. 취리히에서 차로 한 시

역외탈세의 천국, 리히텐슈타인

간 정도 걸리는 역외탈세의 천국 리히텐슈타인도 갔는데 마음
만 먹으면 당일에 프랑크푸르트-취리히-리히텐슈타인-프랑
크푸르트 코스로 다녀오기 충분했다. 주진우 기자와 나는 각자
의 SNS를 통해 취리히 애국 교포들에게 이 소식을 알렸고 열
명 내외의 현지 교포, 유학생들이 한국 식당에 모여서 식사하며
정보를 수집했다. 현지 방값이 비싸 아파트형 숙소를 잡았는데
하룻밤에 100만 원쯤 되니 스위스의 물가가 얼마나 비싼지를
알게 되었다.

　프레이저보고서에는 박정희의 통치자금이 취리히에 있는 스
위스연방은행UBS(Union Bank of Switzerland)에 있다고 했으니 사

실 최순실 재산의 뿌리는 UBS에 있다고 볼 수 있다. 박정희 사후 박근혜는 이 돈을 최태민에게 맡겼을 것이고, 최태민의 지위와 부를 승계한 최순실은 이 돈을 물려받았을 것이다. 이 돈의 행방이 최대 미스터리다. 최태민의 아들 최재석에 의하면 부친으로부터 18억 달러가 스위스에 있다는 말을 들은 적이 있으며, 아주 먼 과거에 'Guen Hae'로 표기된 스위스 계좌전표를 본 적이 있다고 내게 말했다. 만약 최재석의 말을 확인할 수만 있다면 최순실 은닉 재산의 뿌리를 밝히는 데 결정적 단서가 될 것이다. 그런데 이것은 대한민국 검찰이 나서야 해결할 수 있는 일이다. 아무런 공권력 없는 일개 정치인이 밝히기엔 벅찬 일이다. 다행히 문재인 대통령이 해외은닉 재산 환수에 관한 의지를 천명했으니 기대가 크다.

UBS는 비밀계좌와 일반계좌로 분리되어 출구가 따로 있었다. 역시 세계 최대의 합법적 돈 은닉 은행다웠다. 1층 입구를 통해 2층으로 올라가려는 순간 경비원에 의해 제지당했지만 1층 안까지 진입한 것만 해도 뿌듯했다.

과연 이곳에 얼마나 되는 박정희의 통치자금이 있었을까? 누구 이름으로 몇 개의 계좌가 운영되었을까? 박정희 사후에 그 많은 돈이 누구에게 넘겨졌으며 박근혜에게는 얼마나 넘겨졌을까? 소문으로만 떠도는 박정희로부터 전두환에게 넘겨진 비밀계좌는 존재했을까? 지금까지도 그 비밀계좌가 존재할까? 아니면 리히텐슈타인이나 룩셈부르크 같은 나라로 옮겨졌을

스위스의 UBS(왼쪽)와 크레딧스위스은행(오른쪽)

까? 교포들의 의심처럼 이명박 전 대통령도 크레딧스위스Credit Swiss은행의 비밀계좌를 가지고 있을까? 이명박 말고도 우리나라 권력자와 재벌들은 얼마나 많은 스위스 비밀계좌를 개설했을까?

이런 의문들이 꼬리에 꼬리를 물었지만 내가 확인할 수 있는 권한 밖의 일이므로 스위스 취리히의 UBS와 크레딧스위스은행을 눈앞에서 확인만 할 뿐, 할 수 있는 일이 없었다. 만약 이 두 은행을 조사하면 역대 우리나라 권력자와 재벌들의 스위스 비밀계좌의 판도라 상자가 열릴 것이다. 그러나 특별법 제정 없이는 불가능한 일이다. 〈뉴스타파〉 보도에 의하면 해외로 나간 역외 재산이 880조에 이른다고 하니 법과 공권력으로 조사하고 환수해야 할 것이다.

항상 그러했듯이 간절히 원하면 이루어진다. 또다시 나에게 기적 같은 일이 기다리고 있었다. 7월에 다시 스위스 취리히를 방문했을 때 6월에 만난 현지 교포들과의 약속대로 북토크쇼를 열었다. 100여 명의 교민들이 참석해 대성황을 이루었는데 스위스 교민 역사상 이처럼 많은 분들이 모인 적이 없을 정도라고 했다. 심지어 3시간이나 차를 타고 오신 분들도 있었고, 모인 분들도 서로 처음 만난 분들이 많았다고 했다. 대다수 스위스 교포들이 여성이라는 점이 특이했는데, 주로 스위스 남자와 결혼하여 이민 온 경우이고, 그들의 남편들은 대부분 취리히에서 금융업에 종사하고 있었으며 더러 변호사도 있었다.

그날 참석했던 여성 교민 한 분이 며칠 후 "의원님, 한국 정부가 요청하면 스위스 정부가 비밀계좌를 조사해서 한국에 돌려주는 특별법이 있어요. 제 남편이 알려줬어요"라고 메일을 보냈다. '스위스 불법 은닉 재산 조사 특별법'(이하 스위스 특별법, 부록 3 참조)은 2015년에 제정되었는데 공소시효 없이 과거 비밀계좌를 조사해서 부정재산으로 확인될 경우 본국으로 돌려주도록 하는 취지였다. 이 얼마나 기적 같은 일인가! 아무리 우리나라가 의지를 가지고 스위스 비밀계좌를 추적한다 해도 스위스가 협조하지 않으면 불가능한데 최근에 스위스 특별법이 제정된 것은 우연치고는 기가 막힐 일이었다. 최순실 국정농단을 추적하며 얻은 진실, 즉 '우연으로 포장된 필연'이 또다시 작동한 것이다. 악의 세력이 스위스에 숨긴 재산을 국민들에게 돌려주라는 하느님의 손길이 움직인 것이라고 믿는다.

최순실 재산 몰수 특별법이 제정된다면 우리의 특별법에 근거해서 스위스 특별법을 적용할 수 있으니, 관건은 우리나라 특별법을 제정하는 것이었다. 그래서 나는 스위스에서 돌아와 7월 말에 특별법을 발의했는데 135명의 발의 명단에 자유한국당과 바른정당 의원들은 김성태 의원을 제외하고는 아무도 서명하지 않았다. 심지어 김진태 의원은 법사위에서 논할 가치도 없는 무용한 법으로 매도하고, 하태경 의원은 취지는 공감하지만 위헌이라며 동의할 수 없다고 변명했다. 최순실 특별법 제정으로 박정희·박근혜·최태민·최순실의 스위스 은닉 재산을 밝혀내는 것은 적폐청산의 본질인데 이를 반대하는 국회의원들은 정의로운 대한민국을 방해하는 것이나 다름없다. 또한 이명박의 은닉 재산 몰수도 국민적 요구인데 이 역시 이명박 재산 몰수 특별법이 없으면 제대로 할 수 없다. 최순실 재산 몰수 특별법과 이명박 재산 몰수 특별법은 국민들의 힘이 모아지지 않으면 국회 통과 가능성이 희박한 현실이다. 이것은 야당만 탓할 일이 아니다. 여당 내에서도 특별법을 반대하거나 미온적인 태도가 만만치 않다.

독수리 5형제가 취리히에서 얻은 특별한 수확은 1976년에 개설되었다고 소문으로만 떠돌던 외환은행을 확인한 것이었다. 프랑크푸르트에 거주하는 익명의 애국 교민이 힘들게 찾아 준 1998년에 폐쇄된 외환은행 취리히 사무실의 주소를 찾기에 나섰고, 우리 일행을 친절히 도와준 40년 전 외환은행 사무실을 기억한 현지 은행원의 도움으로 취리히 중앙역 맞은편에서 20년 넘게 운영된 취리히 외환은행 사무실을 확인했다. 스위스 연방 은행까지는 걸어서 7~8분 거리이니 외환은행 사무실은 UBS 비밀계좌를 처리하기엔 최적의 위치였다.

1976년은 미 의회가 프레이저 위원회를 만들어 박정희 통치 자금을 조사하기 위해 스위스 은행을 추적하기로 했던 해인데 하필 왜 그해에 외환은행 취리히 사무소가 개소되었을까? 당시 한국은 스위스와 아무런 무역관계가 없었는데도 박정희 군사 정권의 통제를 받아 정부 은행이나 다름없었던 외환은행이 취리히에서 1976년에 개설된 것은 우연의 일치일까? 이 또한 우연으로 포장된 필연일까? 특히 이미 언급한 것처럼 당시 프랑크푸르트 외환은행 홍세표 법인장은 육영수 여사의 언니 육인순의 장남으로 박정희의 처조카, 즉 박근혜의 이종사촌 오빠였으니 외환은행 취리히 사무실 개소에 관여했을 가능성이 있다. 그런데 그는 JTBC 〈스포트라이트〉와의 인터뷰에서 취리히 사무소와 자기는 아무런 관련이 없다고 주장했다. 이 말이 오히려 수상했지만 공소시효가 지난 일이라 어찌할 도리가 없다. 특별법이 제정되면 취리히 외환은행 사무실의 비밀도 밝힐 수 있을 것이고 그런 날이 오기를 고대한다.

지금은 외환은행이 하나은행으로 합병되어서 1976년의 외환은행 자료를 찾는 것은 매우 힘들어 보였다. 그럼에도 창고 서류를 뒤져 며칠간 취리히 외환은행의 존재를 확인해준 하나은행 노조에 감사드린다. 특히 UBS 앞에서 서성이는 독수리 5형제를 알아보고 트램에서 내려 허기진 우리에게 스위스 초콜릿을 주며 응원해주신 이름 모를 여성 교포분의 따뜻한 마음을 아직도 잊을 수 없다.

우리는 두 번째 스위스 방문에서 우연히 최순실이 올림픽에 개입했다는 결정적 증거를 찾을 수 있었다. 언론을 통해 알려진 것처럼 김진선 위원장에 이어 두 번째 평창올림픽조직위원장을 맡았던 조양호 회장은 2016년 6월에 최순실 측에게 사퇴를 강요받아 쫓겨나게 되는데 이 일의 발단이 스위스에 본사를 둔 뉴슬리 때문이었다. 뉴슬리는 IOC에서 공인된 올림픽 시설을 조립식으로 만드는 회사인데 뉴슬리 공법은 이미 2012년 런던 올림픽 개·폐회식장에 도입되었다. 건설비용도 절반 이상 절감하고 대회 후 철거할 수 있으므로 사후 시설 활용의 문제도 없었다. 그래서 나는 2013년부터 조립식 시설을 도입하자고 국회에서 제안했고, 2015년 여름 문상모 서울시 의원이 뉴슬리와 IOC 방문 후 정식으로 김종 차관에게 제안했더니 좋다고 했다. 뉴슬리를 끌어들이려 했다고 보고 이를 확인하기 위해 스위스에 있는 뉴슬리 본사를 방문했다.

칼은 맛있는 음식을 위해 쓰이면 이롭지만 강도의 손에 들리면 해로운 것이다. 이와 같은 이치로 최순실과 김종은 뉴슬리를 평창올림픽과 케이스포츠 5대 거점 시설에 끌어들여 이권을 챙길 요량으로 뉴슬리와 최순실의 더블루케이와 협약까지 맺었다. 최순실은 조양호 회장에게 올림픽 개폐회식장 건설에 뉴슬리의 사업권을 요구했으나 조 회장이 완강히 거부하면서 최순실의 눈 밖에 났고, 그는 결국 버티지 못하고 쫓겨난 신세가 되었다는 분석에 동의한다.

최순실이 뉴슬리와 더블루케이의 배후일 것이라는 짐작만 있을 뿐 특검도 증거를 찾지 못했다. 나는 두 번째 스위스 방문 때 뉴슬리 본사를 방문하여 사장을 만나 평소 뉴슬리 조립식 건물에 관심이 있는 척하면서 공식적으로 브리핑을 받게 되었다. 취리히에서 한 시간 정도 떨어진 시골마을에 세계적인 뉴슬리의 본사가 있을 줄 몰랐지만 나의 의도는 뉴슬리와 최순실의 관계를 알아내는 것이었다. 나는 뉴슬리 사장에게 한국의 최순실을 아느냐고 물었다. 그는 모른다고 딱 잡아뗐으나 그의 표정으로 보아 뭔가 감추고 있는 것을 순간적으로 직감했다. 그러나 하늘 아래 비밀은 없는 법이다. 나는 결국 뉴슬리 사장과 최순실이 2016년 2월 프랑크푸르트 공항 카페에서 만났다는 사실을 알아냈다. 이로써 최순실이 평창올림픽을 먹잇감으로 여기고 뉴슬리를 통해 이권에 개입하려 했다는 것이 분명해졌다.

박근혜, 최순실의 사욕으로 엉망이 된 평창올림픽을 문재인 정부가 혼신을 다해 성공적으로 치러내어 다행이다. 나는 문재

토마스 바흐 IOC위원장과 문재인 대통령의 역사적 회동

인 대통령 후보에게 평화올림픽 공약을 제안했고, 정권이 바뀌자 평화올림픽의 노력은 실천되었다. IOC 위원장인 토마스 바흐 측은 나를 통해 문재인 대통령과의 독대를 요청했고, 우여곡절 끝에 7월 1일 청와대에서 토마스 바흐 위원장과 문재인 대통령은 평화올림픽을 합의했다. 토마스 바흐 위원장은 6월 29일 무주세계태권도대회 폐막식에 참석 후 문재인 대통령을 만나려 했으나 대통령의 방미 귀국이 6월 30일 밤이어서 이틀을 기다린 후 30일 조찬이나 오찬을 희망했다. 외국 순방 다음 날 대통령의 오전 일정을 관례상 잡지 않는다는 임종석 비서실장을 포함한 송인배·한병도 등 청와대 참모들을 설득한 끝에 7월

1일 10시 청와대에서 두 사람의 역사적 회동이 이루어졌고, 회동을 주선한 나도 동석하게 되었다.

만약 이날 두 사람이 만나지 못했더라면 평창올림픽은 순탄하게 열리지 못했을 것이다. 평창올림픽 이후 전개된 한반도 평화의 시대는 두 사람의 회동에서 시작되었다고 해도 무리가 아니다.

최순실의 독일 은닉 재산과 두 명의 키맨

최순실의 은닉 재산을 찾기 위해 독일을 몇 차례 방문하며 독수리 5형제의 공조 체제와 정보 공유의 수준이 높아지면서 우리는 밤낮으로 퍼즐 조각들을 주고받았다. 독일과의 시차가 8시간이지만 독일에 사는 아바리스와 우리는 서로가 깨어 있는 시간들을 충분히 알았고, 밤낮이 바뀐 시차에도 불구하고 신속하고 효과적인 소통이 이루어졌다. 그사이 국내외 최순실 일가의 재산 윤곽이 거의 파악되었고 이를 정확히 확인하기 위해 우리는 다시 독일로 가기로 했다. 그때가 2017년 3월초였다. 나, 안원구, 노승일, 주진우 등은 독일로 가서 아바리스와 만나 일주일을 보내면서 세 가지 의미 있는 성과를 얻었다.

첫째, 데이비드 윤의 부친과 박승관 변호사를 만났고, 유준호 등 중요한 최순실의 조력자들을 만난 것은 행운이었다. 이들은 최순실의 과거 독일 행적에 대해 말문을 열기 시작했는데, 대통령이 파면된 후에는 오히려 우리의 독일행을 기다리고 있었을지도 모르겠다.

둘째, 독일 교포들과 함께 최순실의 재산을 추적하기로 하고 효과적인 활동을 위해 모임을 결성하기로 약속했다. 약 50여 분의 교포들이 앞으로도 서로 돕고 정보를 공유하며 최순실의 독일 은닉 재산을 샅샅이 찾아낼 것이다. 모임 후 다음 날 1976년에 스위스 외환은행 사무실이 개설되었다는 제보와 임정평 박사의 사위가 이영훈 부장판사라는 정보를 입수하는 뿌리가 된 윤남수 회장과 만날 수 있었는데, 앞으로도 동포들의 정보력과 인맥이 결정적인 역할을 하게 될 것으로 기대한다.

셋째, 네덜란드에 있는 페이퍼 컴퍼니를 찾아냈는데, 이 회사는 최씨 일가의 한 회사에게 2013년부터 2천억 원을 투자했다고 확인했다. 그러나 최순실의 재산 추적은 쉬운 일이 아니다. 1992년부터 돈세탁이 의심되는 수백 개의 페이퍼 컴퍼니부터 최근 비덱, 더블루케이까지 그 규모가 크기 때문이다. 더구나 최순실의 돈세탁 조력자로 의심되는 교포들은 한결같이 최순실을 모르거나 딱 한 번 만난 적이 있을 뿐이라고 말한다. 심지어 이런저런 이유로 만나기를 거부하는 경우도 많았다. 그런데 비덱이나 더블루케이처럼 돈세탁을 위한 페이퍼 컴퍼니를 1990년대 초반부터 설립하고 해산하는 반복적인 과정에서 수백 개의 회사명과 수백 명의 관련자들이 등장한다.

　나는 최순실의 은닉 재산을 추적하기 위해 지금까지 여섯 차례 프랑크푸르트를 방문해 관련자들을 만났고 최순실의 돈세탁 흐름을 추적했다. 그 결과 국내 재산보다 수십 배 이상으로 추정되는 최순실 관련 독일 일부 회사와 관련자 명단을 밝혀냈다. 국내 재산과 마찬가지로 독일 은닉 재산은 실제로 이것보다 방대한 규모일 것으로 추정되기에 문재인 정부는 우리의 검찰, 국세청, 관세청 등의 공권력과 독일의 관계기관이 공조해 사실을 확인하도록 조치해야 할 것이다.

　최순실의 어마어마한 독일 돈세탁은 어떻게 가능했을까? 나는 독일어 소통도 안 되고 금융 문외한인 최순실을 돕는 전문가 그룹과 교포 그룹들이 점조직으로 분명히 있을 것이라 판단하고 이들을 쫓았다. 내가 확인한 바로는 두 명의 핵심 키맨이 1980년대부터 지금까지 최순실을 도왔기에 돈세탁이 가능했다. 앞으로 이들을 수사한다면 대부분의 독일 은닉 재산을 밝힐 수 있을 것이다.

　독일의 최순실 조력자 중 핵심 키맨으로 의심되는 삼성 유럽 지사 사장 출신 양해경 씨는 끝내 만나지 못했다. 내가 만난 대부분의 사람들은 최순실의 독일 재산 관리 총책으로 양해경을 지목했는데, 그는 한 번은 건강상의 이유로, 또 한 번은 달아나듯 종적을 감췄다. 심지어 백범흠 프랑크푸르트 총영사를 통해 약속을 요청했으나 무산되고 말았다. 또, 방송을 통해 수차례 그의 이름을 거명했지만 응답이 없었다.

양해경은 1970년대 삼성 독일 지사에서 대리로 출발해 유럽 총괄 사장에 오른 입지전적 인물로서, 과거 이건희가 유럽을 방문했을 때 고급 스포츠카를 선물로 줘 이건희의 심복이 되었다는 유명한 일화의 주인공인데 2010년 삼성을 퇴사했다. 이재용의 입장에서는 아버지의 심복이며 독일 통인 양해경을 믿고 일을 맡겼을 것이라는 게 독일 교포들의 중론이었다.

나와 친형제처럼 지내는 김진한 변호사가 소개해준 독일 사업가 출신으로부터 지난해 말 처음으로 양해경이란 이름을 듣게 되었다. 최순실의 독일 행적 배후 인물로 추정되는 양해경에 대해 알아봤더니 그는 한독경제인회 회장으로 교포사회에서는 평판도 좋고 상당한 재력가로 알려져서 더욱 관심이 갔다. 양해경은 독일 고려대학교 교우회가 결성된 1975년 간사를 지냈고, 1992년에는 회장을 지냈을 만큼 독일의 고려대학교 동문들에게는 지존 같은 선배다. 1974년 독일 고려대학교 교우회를 결성했을 때에는 54학번인 홍세표 프랑크푸르트 외환은행 지점장이 회장이었는데, 홍세표는 앞서 언급했듯이 박정희의 처조카다. 즉 육영수의 언니인 육인순의 장남이자 박근혜의 이종사촌 오빠인 홍세표와 최순실의 키맨으로 쫓고 있는 양해경이 40년 전에 먼 타국 땅 독일에서 각별한 교제를 나누었다는 것은 예사롭지 않다. 특히 1976년 스위스 취리히에 개설된 외환은행 사무실과 홍세표, 박정희의 고리를 밝히면 최순실의 돈세탁 뿌리와 스위스 비자금 관계를 밝힐 수 있을 것이다. 하지만 이는 특별법 제정 없이는 결코 불가능하다.

지난해 1월 초, 두 번째 독일 방문에서 프랑크푸르트 하나은행 법인장을 하며 최순실을 도왔던 이상화의 고려대학교 독문과 후배이자 프랑크푸르트 하나은행 후임 지사장을 통해 양해경을 만나려 했으나 그는 거동이 불편해서 만날 수 없다고 문자메시지로 정중히 사양했다. 그러나 문자를 받기 바로 전날 그가 고려대학교 동문 회식을 즐긴 것을 확인한 나로서는 양해경이 일부러 피하고 있다고 확신했고, 더욱 의심이 갔다.

독일 프랑크푸르트 삼성주재원 출신인 유재경을 최순실이 미얀마 대사로 추천했다고 특검이 밝혔을 때, 나는 양해경도 이와 관련이 있을 것이라고 의심했다. 특검은 고려대학교 선배인 유재경을 전 프랑크푸르트 하나은행 법인장인 이상화가 최순실에게 미얀마 대사로 추천했다고 밝혔지만, 양해경의 존재를 특검이 알았더라면 양해경을 소환해 조사했을 것이다. 나는 이상화, 유재경의 배후에 양해경이 있고, 미얀마 대사 추천 과정에 있었던 양해경의 역할을 확인하고 싶었다. 특검이 이를 밝히지 못한 것은 아쉬운 대목이다.

노승일에 따르면 이상화는 최순실의 돈세탁을 적극적으로 지원 및 협조했고, 매물로 나와 있는 부동산을 적극적으로 알아봐준 부역자였다. 그 대가로 한국으로 귀임 발령 후, 대통령의 수차례에 걸친 압력으로 2016년 초 하나은행 비정기인사로서

본부장 임원으로 승진했다. 하나은행 글로벌사업부 제2영업본부는 그때 신설되었는데, 독일 법인의 직속 상부 조직이다. 아마도 이 부서를 통해 계속 최순실을 지원할 수 있는 자리를 확보한 것으로 여겨진다. 2016년 초 청와대 지시로 마지못해 한 인사라면 2017년 임원 정기 인사에서 해임했을 듯한데 이상화는 유임되었다. 이런 사실로 미루어볼 때 하나은행 상층부도 최순실과 연계되어 있지 않나 의심된다. 이상화는 귀국 후 하나은행 삼성타운 지점으로 갔으나 언론이 그를 취재하자 하나은행은 다시 종로지점으로 그의 보직을 옮겨주는 각별한 배려도 아끼지 않았다. 언론이나 청문회에서 본인의 이름이 언급되면 개인적으로 위축되며 해명하려고 하는데 이상화는 나를 끝내 피하며 면담을 거부했다.

지난해 1월에 이어 두 달 만에 다시 독일에 갔을 때 우리 일행은 양해경을 꼭 만나고자 그의 여러 지인을 통해 사전에 면담을 요청했고, 안원구, 주진우와 함께 그의 집까지 두 번을 찾아갔지만 어디론가 떠나고 없었다. 이웃 주민에 따르면 우리가 독일에 도착한 날 그는 짐을 싸고 떠난 것으로 확인되었다. 언젠가 최순실 재산 몰수 특별법이 실현된다면 독일에 살고 있는 양해경에 대한 수사가 반드시 필요하다고 본다.

최순실의 독일 조력자 중 드러나지 않은 또 다른 핵심 키맨은 사광기다. 세 번에 걸쳐 서울에서 장시간 만난 그는 70세에 가까운 나이임에도 두뇌 회전이 빠르고 기억력이 뛰어난 사람이었다. 그는 1980년대 중반부터 유럽 통일교 지도급 인사였고, 2004년《세계일보》사장을 지냈다. 또한 자신은 극구 부인하고 있지만, 지난 가을 최순실이 독일에서《세계일보》와 한 단독 인터뷰를 주선한 당사자로 지목된 인물이다. 그의 말로는 2000년에 독일에서 최순실, 박근혜와 처음 만났고, 그 후 딱 한 번 더 만났을 뿐이라고 해명하고 있다.

그러나 사광기의 말은 진실이 아닌 듯하다. 최순실은 복잡하고 방대한 규모의 독일 돈세탁을 위해 아바타를 내세웠는데 그가 바로 사광기일 가능성이 크다. 사광기는 최순실의 독일 핵심 조력자이며, 비서실장처럼 20년 동안 가까이 지낸 데이비드 윤에겐 멘토 같은 인물이다. 사광기의 아들과 데이비드 윤 역시 형제처럼 지내며 최순실을 위해 충성을 바쳤다. 나중에 최순실의 독일 재산을 수사하게 되면 사광기에 대한 조사는 불가피할 것이다.

사광기는 최순실의 독일 핵심 조력자인 데이비드 윤의 처이모부, 즉 데이비드 윤의 장모와 사광기의 처가 자매간이다. 그들 모두는 핵심 통일교도들이다. 데이비드 윤은 결혼한 뒤 얼마 안 되어 파혼했으나 그의 전처가 핵심 통일교도였기에 교포사회에서는 최순실과 통일교도들의 관계를 의심하고 있다. 통일교가 조직적으로 최순실의 독일 재산 은닉을 도왔는지, 몇몇 통일교 관련 인사가 최순실과의 친분으로 도왔는지 확인할 수 없으나 최태민의 아들 최재석에 따르면 최태석 목사와 문선명 교주는 상당한 친분이 있었다고 한다. 1990년대 중반《세계일보》최순실의 인터뷰 박스 기사와 정유라가 통일교 재단인 경복초등학교, 선화예술중학교를 다닌 것으로 보아 통일교와의 연관성은 지속적으로 나타난다. 특히 데이비드 윤의 부친인 윤남수가 1980년대 후반 사광기의 추천으로《세계일보》유럽 총판을 맡았는데 윤남수의 증언에 따르면 서울 강남 소재 최순실의 저택은 으리으리했고, 세뱃돈으로 최순실의 모친 임선이가 200만 원을 주었으며, 고스톱 판돈으로 독일에서 온 일행들에게 100만 원씩을 주었다고 한다.

박근혜 정부 초기, 사광기는 최순실에 의해 이탈리아 대사에 추천되었고 가까운 지인들에게 대사 임명을 기정사실화했다. 미얀마 대사나 베트남 대사처럼 외교관가에서는 속된 말로 '듣보잡' 인물이 이탈리아 대사로 추천된 것이다. 이는 필시 최순실의 알려지지 않은 미수에 그친 외교 농단이라고 본다. 박근혜 정부 시절 청와대에서 인사 관련 일을 했던 공무원을 통해 확인한 바에 의하면 사광기는 검증 단계에서 낙마해 실패한 인사였다. 대사로 추천되면 본인의 검증동의서 수락 후에 이런저런 서류와 금융자료를 요청받아 검증 절차를 거치게 된다. 그런데 사광기는 자신이 대사에 추천되었다는 사실을 단호히 부인했다. 그 이유는 최순실과의 관계를 부인하고 싶었기 때문이다.

최순실은 사광기를 이탈리아 대사로 추천했고, 사광기는《세계일보》십상시 보도파동을 정리한 인물로 알려졌을 만큼 최순실과 가까운 사이다. 이를 통해 볼 때 통일교 유럽 책임자였던 사광기는 최순실의 유럽 돈세탁을 추적하는 데 필요한 키맨이다. 문재인 정부에서 최순실의 해외 은닉 재산을 파악하려면 양해경과 함께 사광기에 대한 조사도 필수적으로 해야 할 것이다.

정유라, 장시호의 비밀

이재용이 감옥에서 풀려나고, 최순실은 구형 때 받았던 벌금에서 1천 억이 깎인 채 선고되었다. 벌금 70억, 추징금 120억은 최순실에겐 아무런 부담 없는 액수이고 20년 형은 언젠가 사면시켜줄 것으로 예상되는바, 국정을 농단하고 엄동설한에 촛불을 20회 이상 들게 한 반역죄에 비하면 턱없이 가벼운 선고다.

지난 1년간 특검 조사와 재판을 통해 국정농단의 진실은 얼마나 밝혀졌을까? 나는 반의반도 미치지 못했다고 본다. 실제로 유심히 보도를 지켜본 국민들 역시 속 시원하게 밝혀진 것이 별로 없다고 보는 듯하다. 세월호 사건의 진실, 외교행낭의 비밀, 그리고 방산비리는 전혀 밝혀내지 못했다. 돈을 사랑한 진짜 대통령 최순실이 거액의 커미션이 남는 무기 거래에 손대지 않았을까? 그렇지 않았다면 최순실 답지 않다. 만약 정윤회가 형으로 모셨던 김관진이 풀려나지 않고 계속 수사를 받았더라면 무기거래의 판도라 상자가 열렸으리라 기대했으나 어이없게도 김관진은 풀려났고, 김관진의 석방에는 보이지 않는 손이 작용했을 것이라는 것이 국방전문가인 정의당 김종대 의원과 나의 일치된 의견이다.

정유라와 장시호 역시 진실을 다 말했을까? 정유라의 경우 겉으로는 최순실과 결별한 듯 보이지만 이것은 연기였다고 본다. 2017년 6월 네 번째 독일 방문에서 내부자 중 한 명이 내가 묵는 호텔로 찾아왔는데 최순실의 옥중 메시지는 "유라를 지켜라"라는 것이라고 했다. 나와 함께 그 말을 들은 노승일은 무릎을 탁 치며 최순실과 정유라가 연극을 하고 있다고 단정했다. 최순실이 감옥살이하는 동안 재산 관리를 정유라에게 맡겼고, 따라서 정유라 마저 구속되면 재산 관리를 할 수 없게 되므로 정유라를 지키기 위해 최순실이 배신당하는 연기를 했다는 것이다. 최순실과 정유라의 관계를 가장 잘 알고 있는 노승일의 판단은 맞을 것이다.

정유라는 자기가 입학한 이화여자대학교의 전공도 몰랐다고 뻔뻔하게 거짓말을 하는 영악한 청춘이다. 이화여자대학교 입학 면접 때 승마복을 입고 아시안게임 금메달을 들고 면접에 가서 교수들의 질문에 대답한 정유라가 자기가 무슨 전공인지 몰랐다고 하니 기가 찰 노릇이다. 그런 정유라가 하는 말은 진실이 결여되어 있고, 그녀가 알고 있는 최순실의 비밀의 문을 철저히 지켰을 것이다. 지금은 재수감되었지만, 1차 구속 만료 후 석방된 고영태 또한 최순실과 정유라는 거짓말을 진짜처럼 꾸미는 탁월한 재주를 가졌다고 귀띔했다.

2017년 11월 25일, 정유라가 강도로부터 습격당한 사건이 보도를 통해 알려졌다. 과연 단순 강도 사건일까? 나도 의심했고 국민들도 의심했지만 경찰은 처음부터 단순 강도로 단정했다. 이상한 일이다. 상식적이라면 경찰은 수사 초기에 배후 여부를 철저히 밝히겠다는 입장을 내놓을 사건인데도 경찰의 발표가 어색했다. 주진우 기자와 나, 그리고 강남구 시의원인 여선웅 의원 등 세 사람은 현장에 가보기로 하고 미성빌딩 앞에서 만났다. 지하 1층 주차장을 통해 엘리베이터로 6층에 가야 하는데 지하에 경비실이 있었다. 우리는 눈짓으로 작전을 짜서 주 기자가 먼저 경비원과 대화하는 사이 몰래 엘리베이터 입구까지 갔다. 그런데 엘리베이터로 6층까지 가려면 비상키 없이는 갈 수 없는 구조로 되어 있었다. 아무래도 정유라가 강도를 당한 토요일 오후에 경비원을 위협해 6층까지 올라갔다는 것이 이상했다. 강도가 보모의 주민등록증을 강탈해 어디론가 전화를 하고 정유라의 남자친구를 칼로 찔렀다는데, 평소 조폭 세계에 익숙한 주 기자의 말로는 칼솜씨가 고수라고 했으니 우리는 단순 강도 사건이 아니라고 판단했다. 게다가 미성빌딩 길 건너에는 파출소가 있다. 파출소를 지척에 둔 미성빌딩에 대낮에 단순강도가 침입했다니 이상한 강도임에 틀림없다.

　파출소에 들어가 인사를 하고 몇 가지 질문을 던졌더니 분위기가 금세 냉랭해졌고 얼굴도 마주치지 않으려 해서 약간의 실랑이가 벌어지기도 했다. 국민적 관심이 넌 사건에 대해 경찰도 친절하게 답해주면 될 일인데 나를 경계하는 분위기가 역력했다. 나중에 알고 보니 강남경찰서 서장이 세월호 사건 당시 진도경찰서 서장이었는데 안양경찰서를 거쳐 정부가 바뀌기 전에 강남경찰서로 부임한 것을 확인했다. 진도경찰서에서 강남경찰서 서장까지 왔다면 특별한 인사다. 더 이상 확인하지 않았지만 경찰이 왜 초기에 단순 강도로 규정했는지 의문이 남는다. 정유라를 잘 알고 있는 노승일은 정유라의 자작극으로 의심했고, 정윤회를 잘 알고 있는 박관천은 정윤회의 기획이라고 보았는데 분명한 것은 단순 강도는 결코 아니라는 게 일치된 생각이었다. 그런데도 경찰은 단순 강도로 처리하고 말았다. 아직도 미스터리로 남아 있는 그날의 진실은 정유라만이 알고 있을 것이다.

　알려진 바로는 정유라는 1996년생이고 최순실과 정윤회는 1995년에 결혼한 것으로 되어 있다. 그리고 국민들은 정유라의 친모에 대해 대부분 의심하기도 한다. 만약 최순실과 정윤회가 결혼 시기를 속였다면 이야기는 달라진다. 즉, 정유라의 출생년도도 달라질 수 있다는 것이다. 그런데 독일에서 최순실·정윤회와 함께 1992년에 회사를 설립한 독일교포 유준호에 의하면 그들이 결혼한 해가 분명 1992년 겨울이었다고 했다. 유준호와 동행한 그의 부인마저도 분명히 맞다고 했다. 그들이 공동으로 회사를 설립한 게 그해 겨울이었고, 결혼식 후 강원도로 간 신혼여행까지 따라갔으니 헷갈릴 수 없다고 했다.

정권이 바뀌고 네 번째 독일 방문에서는 유준호 부부가 먼저 내게 만남을 요청했다. 그들은 아들이 유치원에 다닐 무렵인 1980년대 초, 최순실이 처음으로 독일에 왔을 때부터 도움을 주었다고 이실직고했다. 애초에 유준호 씨는 최순실을 1992년에 우연히 만났고, 그에 대해 잘 모른다고 했지만 정권이 바뀌니 태도가 달라졌다. 그들은 최순실의 환치기 파트너 역할을 했는데, 최태민의 부하였던 백○○ 씨가 한국 항공사에 여행경비를 받으러 다녔고, 독일에 도착한 단체여행객은 유준호의 여행사를 통해 경비가 지출되었다. 여행 업계에 따르면 전형적으로 여행사를 통한 환치기 수법인데 이미 공소시효가 끝나서 수사할 수 없다. 특별법이 통과되면 최순실의 환치기 역시 외환관리법 위반으로 조사되어야 할 것이다.

나는 문재인 대통령 취임 이후 지난 1년간 국내외를 돌며 100여 회의 북토크쇼와 강연을 했는데 그 동안 숱하게 봉변을 당했다. LA에서도 극우보수 태극기 부대가 나를 공격해서 경찰까지 동원되었고, 뉴욕에서는 LA에 사는 김인곤 회장까지 날아와 자정이 넘은 시간에 거처까지 옮겨줄 만큼 위협을 느꼈다. 워싱턴에서는 보수 인사가 난동을 부려 두 명의 경찰에게 체포

되는 일까지 있었다. 그리고 국내에서 북토크쇼 행사를 할 때면 어김없이 수백 명 내지 수십 명이 나타나 입에 담을 수 없는 욕을 하며 나를 위협했다.

특히 지난해 독일 뮌헨에서 당한 봉변은 특이했다. 이 일은 언론에 나왔는데 유준호 아들의 식당에서 벌어진 일이었다. 여행사를 했던 유준호는 호텔과 식당 체인점 등을 운영 중인데 파독광부 출신 교포들이나 여행업을 하는 교포들은 유준호가 자신이 번 돈으로 그처럼 잘살 수 없다고 의심을 받고 있으며, 그는 최순실·정윤회와 공동으로 1992년에 독일 회사를 설립한 장본인이다. 그가 프랑크푸르트 말고도 뮌헨에서 사업을 한다는 소문을 확인하던 중 그의 아들 이름으로 운영되는 몇몇 가게들을 뮌헨 시내 한복판에서 확인했는데, 그때 유준호의 아들이 갑자기 나타나 폭력을 휘두를 기세로 거칠게 달려들었다. 그렇게 이상민 의원과 함께 출장 중에 뮌헨을 들렀다가 봉변을 당한 것이다. 나는 지금도 왜 유준호의 아들이 나를 위협했는지 궁금하다.

유준호 부부가 알려준 최순실·정윤회의 결혼 시기인 1992년과 언론에 알려진 1995년 결혼 시기가 왜 다른지는 특검에서 전혀 조사되지 않았다. 지금이라도 최순실·정윤회의 결혼 시기가 언제인지를 밝히고 왜 거짓말을 했는지에 대해 캐물어야 할 것이다. 이것은 실정법이 아닌 국민 정서법의 문제이고 본질적으로 국정농단의 퍼즐을 맞추는 핵심일 수 있다. 국민들은 아직도 정유라의 실제 나이를 알고 싶어 한다. 그래서 정유라의 정확한 나이에 따라 국민이 궁금해하는 퍼즐이 맞춰질 수 있다.

한편, 특검 도우미로 불린 장시호는 애처로운 듯하다. 1차 선고를 받는 날 집행유예를 기대했으나 구속되고 말았고, 남편과 이혼 후 혼자 키우는 초등학생 아들은 심각한 정서장애로 장시호의 마음을 아프게 한다. 그런데 국민들이 생각하는 것처럼 장시호는 특검 도우미였을까? 장시호는 청문회에서 나를 보고 싶었다고 말했지만 실제로는 나를 피했다. 그녀가 1차 구속되었을 때 면회를 수차례 신청했으나 번번이 거절되었고 6개월 구속 기간이 만료되어 잠시 풀려났을 때도 만나려 했지만 거부했다. 그리고 재수감되었을 때 면회를 신청했지만 면회를 거부하고 있다.

최태민의 의붓손자로 지금은 국민재산되찾기 운동본부에서 헌신적으로 일하고 있는 조용래는 정유라의 비밀을 장시호가 알고 있다고 단정했고, 나는 최순실과 정유라의 비밀을 알기 위해 장시호를 통해 결정적 퍼즐을 확인하고 싶었지만 그녀가 만나주지 않으니 확인할 도리가 없게 되었다. 그녀는 왜 나를 피하는 것일까? 친구들 사이에 '장구라'라는 별명을 얻을 만큼 입담이 좋고 대인관계가 좋은 장시호는 구치소에서도 잘 적응하고 있다고 한다. 조사실에서 우연히 노승일과 마주친 장시호는 노승일에게 친절을 베풀며 나가서 만나자고 했다고 한다.

내가 장시호를 만나고 싶은 이유는 최순실의 은닉 재산을 묻고 싶기 때문이다. 최태민의 아들 최재석에 따르면 호치민에서 유치원 사업을 하고 있는 장시호의 오빠 장승호는 아파트를 28채나 가지고 있을 만큼 재력가다. 거부로 알려진 장시호의 부모 최순득, 장석칠의 재산은 어디서 왔을까? 최재석의 말로는 최태민이 생전에 부동산은 최순실의 언니인 최순득과 동생인 최순천에게 차명으로 관리하도록 했고, 나머지 은행계좌와 금고는 최순실에게 주었다고 했다. 그렇다면 청와대에서 가져 나온 금괴나 현금은 금고에 보관되어 최순실이 관리했을 것이고, 이 심부름을 장시호가 했을 것이다. 최재석의 말로는 금고 방이 따로 있었을 만큼 규모가 크다고 했는데 그 금고의 행방을 장시호가 알고 있을 것이다.

내가 장시호에게 확인하고 싶은 것 중의 하나는 지난 총선 직전에 당한 고발 건이다. 최순실의 재판 과정에서 장시호가 폭로한 사실인데, 2015년 9월 14일 최순실은 장시호에게 나의 뒷조사를 지시했고, 장시호는 나를 뒷조사했다고 폭로했다. 지난 총선을 6개월 앞두고 내가 서울중앙지검에 불법정치자금을 받았다고 고발당한 시점과 정확히 일치한다. 최순실이 장시호에게 나의 뒷조사를 지시한 이틀 후인 9월 16일이었다. 즉 최순실의 지시가 9월 14일이었고 나는 9월 16일 고발당했다. 이것은 우연일까? 항상 되풀이되는 우연으로 포장된 필연이라고 생각하니 많은 퍼즐이 풀렸다. 그리고 검찰 내부의 지인들에게 의견을 물어보니 나의 의심에 동감했다. 즉, 최순실이 우병우와 짜고 내가 불법으로 돈을 받았다고 제3자를 시켜서 나의 연고지도 아닌 서울중앙지검으로 고발했을 가능성을 의심한다. 이를 모 종편 프로그램에서 하루 종일 보도했으니 나는 졸지에 부패한 정치인 이미지로 전락하여 힘겹게 총선을 치렀다. 결국, 총선 후 무죄로 판결이 났지만 진실은 최순실과 우병우, 장시호가 알고 있을 것이다.

나는 처음부터 최순실 국정농단의 본질을 국가를 돈벌이 수단으로 이용한 가족사기단으로 규정했는데, 최씨 집안의 궁극적 목표는 권력이 아니라 돈이었다. 최태민부터 최순실을 거쳐 정유라에 이르기까지 오로지 돈만이 최씨 집안의 궁극적 목표다. 이러니 장시호도 일정 정도 특검에 도움을 주는 역할을 했을지언정 집안의 돈을 지키는 것에 철저했을 것이다. 그녀의 아버지 장석칠 씨도 딸에게 그렇게 강요했을 것이고 어머니 최순득 씨 역시 마찬가지였을 것이다.

국정농단의 본질은 결국 돈인데 검찰과 법원은 최순실 일가의 은닉 재산을 밝히지 못했으니 돈의 관점에서 보면 낙제점을 면하기 어렵다. 따라서 지금 이 순간에도 최순실과 최순실 일가는 안도의 한숨을 쉬고 있을 것이다. 이러려고 우리 국민이 엄동설한에 촛불을 들고 거리로 나갔던가? 화가 나는 일이다.

네덜란드에서 보낸 검은 돈

마지막이라 다짐하고 2018년 새해 벽두에 여섯 번째 독일행을 추진했더니 하느님이 귀인을 보내주셨다. 최순실 은닉 재산 찾기를 돕는 독일 돈세탁 추적 전문변호사들을 만났는데, 이들을 만난 과정이 기적이다.

독일에 도착해 프랑크푸르트의 한 태권도 도장을 우연히 방문했는데 아이를 기다리고 있던 한인 여성 한 분이 너무 반갑고 놀라워하며 나에게 인사를 했다. 지난해 《끝나지 않은 전쟁》을 읽은 후 감동을 받아 최순실의 독일 은닉 재산 찾는 일을 돕고 싶었는데 태권도장에서 나를 조우하게 되었다고 했다. 그녀는 독일인 남편이 검사 출신으로 돈 관련 수사를 오랫동안 했고, 함께 일하는 남편의 파트너 변호사는 30년 동안 이 분야에서 베테랑으로 일했기에 나를 잘 도울 수 있으니 두 변호사를 만나 보자고 권유했다. 나는 즉석에서 좋다고 하고 다음 날 그분들을 만나게 되었다. 독일을 수차례 오가는 동안 독일 검찰이나 유럽 연합EU 특수경찰 등 전문가들의 도움이 절실했지만 공권력 없이 근접할 수 없었던 나로서는 만일 독일 전문 변호사들이 도와 준다면 일이 훨씬 수월하게 진행될 수 있을 것이라고 기대했다.

내가 지쳐 포기하고 싶을 때마다 항상 도움의 손길이 있어 지금까지 버텨왔듯이 마지막이라 생각했던 여섯 번째 독일행에서 전문변호사들을 만나 새로운 시작을 맞게 되었다. 변호사들은 진지했고, 최순실에 대해 많이 알고 있었다. 심지어 자신들이 돈을 찾을 때까지 아무런 비용도 요청하지 않을 것이라고 했다. 단지 돈을 찾게 되면 일정의 수임료를 요구하게 될 것인데 이를 운동본부와 협약을 맺기로 하고 헤어졌다. 그리고 함께 동석했던 아바리스에게 권한을 위임했다.

나는 우리나라 검찰이 이들을 접촉해야 한다고 생각한다. 최순실의 은닉 재산은 결국 국가로 환수될 터인데 운동본부가 독일 변호사와 계약을 맺을 수는 없는 일이다. 마침 대통령이 범죄 은닉 수익을 조사하라고 지시했으니 독일의 최순실 은닉 재산 추적을 제대로 하려면 현지 전문가들과 협약을 맺고 성과금을 약속하는 식으로 해야 성과를 낼 수 있을 것이다. 그런데 현행법으로는 우리 검찰이 독일과 보상 계약을 맺을 근거가 없으니 안타까울 따름이다.

내가 여섯 번째로 독일에 가면서 꼭 파악하고 싶었던 것은 윤영식의 행방이었다. 데이비드 윤으로 불리는 그는 독일의 장시호 같은 존재다. 언론에 공개된 정유라 아들의 돌 기념사진에서 서양인처럼 생긴 사람이 보이는데 그가 바로 윤영식이다. 그의 아버지는 나에게 이재용의 첫 번째 판사였던 이영훈 부장판사의 장인이 임정평 교수라는 퍼즐을 맞추게 해준 윤남수 전 독일 한인회 회장이다. 윤영식이 네 살 때인 1972년 파독 광부로 이민 가서 1980년대 초부터 최순실이 독일에 왔을 때마다 그를 도운 사람이다. 1968년생인 윤영식은 대학 시절부터 최순실의 독일 공항 픽업부터 통역 및 안내를 도우며 일명 심부름꾼 노릇을 했다. 30년 이상을 최순실과 동행했고 최순실의 변호사인 박승관도 윤영식의 소개로 만나는 등 윤영식은 독일에서 최순실이 어떻게 지냈는지 모든 정보와 인맥을 알고 있는 자다. 그러니 윤영식이 입을 열게 되면 최순실의 독일 은닉 재산을 포함한 모든 비밀의 문을 열 수 있다.

독수리 5형제는 독일로 갈 때마다 윤영식을 만나기 위해 노력했으나 매번 그는 우리를 피해 다녔다. 네 번째로 독일을 방문했을 때 독수리 5형제는 윤영식을 수소문하다 그가 부모님 집에 있다는 정보를 얻고 윤남수 회장 집으로 찾아갔다. 평범한 서민 아파트였는데 그의 어머니가 나오고 윤영식의 불만에 찬 말소리가 들렸다. 그리고 우린 쫓겨나다시피 그의 아파트 앞 벤치에서 뻗치기를 하며 있었다. 그때 경찰이 나타났다. 불법주거

침입으로 윤영식이 우리를 경찰에 신고했고, 우리는 도망쳤다. 신고한 자와 도망치는 자가 뒤바뀐 셈이었다.

이 책이 나올 때쯤 윤영식은 한국 감옥에 있어야 한다. 한국 검찰이 국제 인터폴에 적색 수배령을 내렸기 때문이다. 그는 최순실 선고 이후에 출두할 것으로 보이고 내 예측이 맞을 것이다. 한국 국적을 가진 그는 평생 수배 상태로 지낼 수 없을 것이고 최순실과 이미 입을 맞춰 검찰에서는 모르쇠로 일관하며 최순실과의 관계를 최대한 부정하는 전략으로 대응할 것이다.

내가 파악하기로 최순실은 1990년대 후반부터 윤영식의 차명으로 독일 회사를 설립했고, 2001년에는 최순실-윤영식 공동명의로 부동산 투자 회사를 설립했으니 과히 독일의 장시호라고 지목해도 손색이 없을 듯하다. 만약 최순실이 윤영식 이름으로 부동산을 관리해왔다면 윤영식 입장에서는 최순실이 평생 감옥에서 있어야 차명재산이 자기 것이 될 테고, 따라서 최순실이 받은 징역 20년 선고에 쾌재를 부를 차명 재산 관리인 가운데 한 명일 것이다. 그가 사광기의 장남 사재헌과 가까운 곳에서 행복한 수배생활을 하고 있다고 하니 내 짐작이 맞다고 본다. 최순실의 아바타 윤영식은 어디 숨어 있을까? 나는 결국 그의 소재를 알아내는 데 성공했고 이를 우리나라 검찰에 알리려고 했으나 검찰은 알고 싶어 하지 않았다.

최순실의 재산 추적을 위해 독일을 오가는 데 가장 큰 문제는 돈과 시차 적응이었다. 독수리 5형제가 독일행에 필요한 비용은 지난해 출간한《끝나지 않은 전쟁》의 인세로 감당했다. 돈보다 더 힘든 것은 시차였다. 독일에 도착하자마자 진행되는 빡빡한 일정에 우리는 고단했고 새벽 3시쯤이면 잠이 깨지만 귀국할 쯤에야 시차 적응이 되었다. 언젠가 돌아오는 비행기에서 코피가 터진 주진우 기자가 나더러 "의원님, 너무 하세요"라며 하소연했고, 나도 귀국 후 온 몸이 가렵고 물집이 생겨 잠을 자지 못해 고통을 겪었는데, 진료를 받아 보니 면역력이 떨어져서 그렇다며 휴식을 권유 받았다. 독일에 갈 때마다 치통으로 고생이 심했는데 나중에 알고 보니 충치 때문에 피곤해지면 이가 아픈 것이라 하여 치과에서 치료를 받고 여섯 번째로 독일에 갈 때가 되어서야 치통의 고통으로부터 해방될 수 있었다.

정유라의 독일 은신처 제보를 받고 무작정 날아갔던 첫 번째 독일행부터 여섯 번째 독일행까지 매번 의외의 소득이 있었다. 여섯 번째 독일행에서 얻은 최대의 성과는 네덜란드 오두막집의 비밀을 밝혀낸 점이다. 두 번째 독일행에서는 교포 한 분이 자료를 건네며 확인해보라고 했다. 나는 그 자료를 열어 보지도 않았고, 귀국할 짐을 싸다가 버릴까 망설이다가 버리지 않고 한국으로 가져와 안원구 청장에게 건네주었다. 그리고 며칠 후 안 청장이 놀라워하며 최순실이 네덜란드에서 돈을 보낸 것 같다고 했다. 2013년 초 네덜란드의 한 회사가 최순실의 여동생인 최순천의 회사인 서양네트웍스로 돈을 보낸 것인데 아무래도 수상했다. 그래서 지난해 3월 세 번째로 독일에 갔을 때 주진우

최순실 일가 돈세탁 의혹(2013)

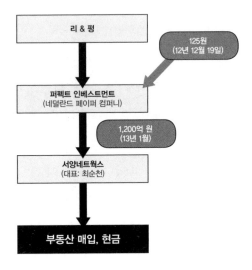

기자와 나는 네덜란드 회사의 주소를 가지고 800킬로미터나 되는 길을 새벽에 나섰다. 주소에 적힌 회사는 시골 마을의 오두막집이었고 그 안에 조그만 스포츠용품 회사가 있었는데, 사장은 자기는 한국에 돈을 투자한 적이 없다고 했다. 우리는 페이퍼 컴퍼니로 확신하고 계속 추적했는데 나중에 다시 확인하니 주소가 잘못되었고 실제로 최순실 측에 돈을 보낸 회사는 암스테르담에 소재했다. 나는 그 암스테르담의 회사에 대해 구체적으로 알아보기로 하고 수소문 끝에 현지 조력자를 소개받았다.

독일에 도착하자마자 미국 애국교포모임 '미씨백'을 통해 네덜란드 애국 동포를 소개받았는데 마침 암스테르담에서 금융

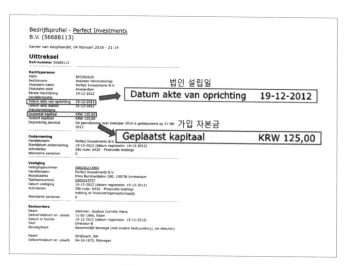

법인 설립일
Datum akte van oprichting   19-12-2012

가입 자본금
Geplaatst kapitaal   KRW 125,00

네덜란드 페이퍼 컴퍼니 등록증

업에 종사하는 여성이었다. 이분은 성실했고 전략적이어서 이
틀 동안 내가 알고 싶어 하는 대부분의 정보를 알아냈고 특히
네덜란드 회사의 등록증까지 구해주었다. 놀라운 사실은 125
원의 자본금으로 설립된 회사의 설립일이 2012년 12월 19일
박근혜 전 대통령의 당선일이라는 점이다. 한마디로 네덜란드
페이퍼 컴퍼니를 통해 박근혜가 대통령에 당선된 직후 돈이 한
국에 들어온 것이다. 놀랍지 않은가! 최순실의 동생 쪽으로 돈
을 보낸 네덜란드 투자회사의 설립일이 박근혜 대통령의 당선
일인 12월 19일과 일치하는 것이 우연의 일치일까? 내가 확인
한 바에 의하면 미국-홍콩-한국을 거쳐 1,200억이 최순실 측

으로 들어왔는데 이 돈의 뿌리를 찾는 것은 국세청과 검찰의 몫이다. 사실은 1992년 최순실과 공동으로 최초의 독일 회사를 만든 유준호의 딸 이름이 유○경인데 네덜란드 회사의 한국인 직원 이름이 류○경이었다. 유와 류는 영문으로 비슷한 표기인데 돌림자가 같은 '경'인 두 사람의 관계는 밝혀내지 못했다.

국정농단 추적자의 고발 수난사

지난해 JTBC 봉지욱 기자가 김영한 전 민정수석의 업무수첩에서 '안민석, 오산교통 1억 원'이라는 내용을 발견하고 깜짝 놀라 전화를 했다. 내가 오산교통으로부터 1억 원을 받았으니 검찰이 수사하라는 것임에 틀림없었다. 이때가 2014년 6월이었으니 2014년 4월 8일 정유라 승마사건과 최순실 국정농단의 그림자를 국회에서 알린 직후였다. 이렇게 악마들의 음모가 시작되었다. 오산교통은 그저 한 지역의 마을버스 회사일 뿐인데 내가 1억 원을 받았다니 어처구니없었다. 특히 나는 그 회사 사장과 일면식도 없고, 노조위원장은 그분의 얼굴을 기억도 못 할 정도로 친분이 없다. 그런데 2014년 여름부터 오산교통 사장과 노조위원장을 검찰이 불러 허위진술을 강요했다. 그분들이

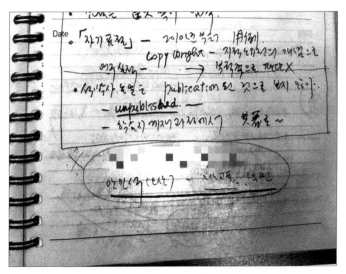

김영한 전 민정수석의 업무 수첩 기록(부분)

강요에 못 이겨 허위로 자백하려 해도 나와 친분이 있어야 할 수 있었을 것이다.

그들은 끝까지 검찰이 원하는 진술을 하지 않았고 회사 회계 부정으로 2015년 1월에 결국 구속되었다. 그 당시 나는 그들이 구속된 사실도 몰랐고 심지어 나 때문에 구속된 사실도 몰랐으니 기가 막힐 노릇이다. 우병우 검찰이 나를 구속시키려고 혈안이 된 사실도 몰랐다니 한심했다. 만약 내가 털끝이라도 문제가 있었다면 그때 감옥에 갔을 것이다. 또 오산교통측이 1억 원을 나에게 주었다고 허위진술을 했다면 나는 구속되었을 것이고 최소 5년형을 선고받았을 것이다. 그러면 4선에도 실패해 최순실 국정농단 추적도 거기서 멈추었을 것이다. 상상만 해도 소름 끼친다.

그러다 2015년 여름, 우연히 오산교통 노조위원장의 자살 소식을 들었는데 억울하게 옥살이를 했다는 소문이 있었다. 그 때까지만 해도, 그리고 그 후에도 그의 옥살이가 나와 관련 있다고 전혀 짐작하지 못했고, 나중에 오산교통 사장이 나를 찾아와 억울함을 호소할 때에서야 엄청난 일이 있었다는 것을 알게 되었다. 그에 따르면 검사는 오로지 안민석 의원에게 돈을 준 것을 실토하라고 강요했다고 하니 우병우의 하수인 정치 검찰의 민낯을 보는 듯했다. 2014년에 나를 비리와 엮는 데 실패한 우병우 검찰은 총선을 앞두고 또다시 시·도의원들에게 내가 불법자금을 받았다고 두 번째로 엮으려 했고, 이 고발 건으로 총선을 앞두고 문영근 오산시 시의장은 가택 압수수색을 당했을 만큼 오산은 쑥대밭이 되었으나, 준 사람도 받은 사람도 없는 불법정치자금 고발은 무혐의로 처리되었다. 그러니 나는 최순실 일당으로부터 2014년과 2016년에 두 번씩이나 구속 위기를 넘겼고, 최순실의 공권력에 의해 정보가 탈탈 털려 검증을 받은 셈이 되었다. 나야 그렇다 치더라도 나로 인해 죽은 오산교통 노조위원장의 죽음은 어디서 보상을 받을 것인가?

한편 나만큼 안철수와 악연인 사람이 또 있을까? 사실 내가 4선 의원이 된 후 그동안 나이에 밀려 못했던 상임위원장을 맡을 차례이고 당연히 교육문화체육관광위원회(교문위) 위원장이 되기를 희망했다. 나는 초선부터 지금까지 의정활동의 전문성을 높이기 위해 한눈팔지 않고 교문위를 지켜왔다. 지켜왔다기보다는 사수해왔다는 표현이 정확할 것이다.

교문위는 의원들에게 젖과 꿀이 흐르는 위원회로 과대평가되어 인기 상임위인지라 경쟁이 치열한 곳이다. 내가 초선부터 4선까지 교문위에서 활동하게 된 것은 상임위 배치 시즌마다 원내대표에게 전문성을 강조하며 다른 것은 욕심 부리지 않을 테니 교문위에 머물도록 해달라는 요청을 잊지 않은 결과다. 그러니 나처럼 교문위를 오랫동안 지켜온 의원은 해방 이후 유일무이할 정도이니 교육문화체육 분야에서 나름의 전문성과 풍부한 인적 네트워크를 갖추었다고 자부했고, 여야를 통틀어 나는 교문위의 터줏대감으로 자리매김했다.

무엇보다도 교문위 상임위원장을 맡게 되면 홀로 추적했던 최순실 국정농단을 더욱 활기찬 동력으로 진실을 밝힐 수 있을 것이라고 잔뜩 기대하고 있었다. 기자들 사이에서도 교문위원장 1순위로 내가 거론되었고, 자타가 공인하는 교문위 터줏대감으로 상임위원장은 당연히 내가 맡을 것으로 예상했지만 안철수 국민의당 대표가 교문위원장을 반드시 가져와야 한다고 주장했다. 대부분 호남출신인 국민의당 의원들은 농해수위원장을 원했고, 유성엽 의원이 신발끈을 매고 있었으나 안철수의 고집대로 교문위원장을 국민의당이 가져가고 농해수위원장은 더불어민주당 몫으로 되어 자연히 농해수위원장을 갈망했던 유성엽 의원이 졸지에 교문위위원장이 되고 말았다. 나는 예결위원장이나 국토위원장 등 다른 상임위 위원장은 맡지 않겠다고 하고 대신 최순실 국정농단을 파헤치기 위해 교문위위원으로 남게 해달라고 우상호 원내대표에게 특별히 부탁해 우여곡절 끝에 교문위에 남게 되었다.

만약 내가 교문위에 못 남고 다른 상임위원으로 옮겨 갔다면 최순실 추적은 흐지부지되었거나 중단되었을지 모른다. 모두 하늘의 뜻이다. 특히 농해수위원장을 희망했던 유성엽 국민의당 의원은 평소 나와 친분이 두터워 내가 해야 할 교문위원장을 맡게 되어 2년 내내 미안함을 표시하고 나를 위한 각별한 배려를 아끼지 않았다.

안철수는 같은 상임위원들과 철저히 고립된 의정활동을 했고 식사는커녕 차 한 잔 나누지 않는 특이한 행동을 보였다. 상임위를 하다가 휴식시간이면 같은 야당의원들간에 전략도 짤 겸해서 위원장실에서 의례적으로 간식을 먹는데 내 기억으로는 안철수 의원은 단 한 번도 의원들과 함께 차를 마신 적이 없다. 믿기 어려울 만큼. 그래서 국정농단 사태가 폭발할 즈음 〈김어준의 뉴스공장〉에 출연하여 "박근혜 대통령이 혼밥족인데 안철수도 혼밥족"이라 말한 이후 국민의당과 안철수는 쑥대밭이 되었다. 나중에 알고 보니 안철수가 가장 듣기 싫어하는 표현이 '혼밥'과 '초딩'이었으니, 안철수의 역린을 공개적으로 건드린 내가 얼마나 미웠을까? 국민의당 소속 여러 친한 의원들이 안철수 의원은 혼밥족이 아니라고 하며 밥 먹은 증거를 설명하는 해프닝이 발생했고, 송기석 교문위 국민의당 간사는 제발 본인 얼굴을 봐서라도 다음 방송에서 혼밥족 발언을 취소해달라고 사정했다. 사태가 심상치 않음을 여긴 나는 송기석 간사의 청을 받아들여 다음 방송에서 "안철수 의원은 혼밥족이 아닌 듯하다"라고 정정했다. 내가 정정 발언을 한 것은 김어준의 끈질긴 요구도 한몫했다. 제발 한 번만 넘어가자는 김어준의 간절한 부탁을 뿌리칠 수가 없었다. 그런데 안철수 측은 〈김어준의 뉴스공장〉을 방송심의위원회에 제소했고, 교통방송을 운영하는 서울시 국민의당 소속 시의원을 통해 방송의 공정성 문제를 강하게 제기하여 〈김어준의 뉴스공장〉이 시련을 겪었다. 결국 이 방송은 방송심의위원회의 징계를 받았는데 아직도 이 부분은 이해되지 않는다. 혼밥족이 별 것인가? 같은 상임위원들과 1년 동안 밥 한 번 먹지 않았으니 혼밥족이지. 내가 지적한 것은 혼밥 자체라기보다 소통과 공감 능력이 현저히 낮은 안철수를 향한 일종의 충고였는데 이를 법으로 해결하려는 안철수의 사고가 도저히 이해되지 않았다.

한편 2016년 말에 나는 안철수 측으로부터 검찰 고발을 당했는데 참 씁쓸하다. 그해 가을 국정 감사에서 내가 속한 교문위는 최순실 국정농단을 규명하느라 전쟁터로 변했고, 야당의원들은 국정감사 기간 내내 아침부터 밤까지 최순실에 화력을 집중했다. 나중에 속기록을 분석해보니 총 1,549회의 관련 키워드 언급이 있었는데, 내가 단연 161회로 가장 많았고 안철수는 단 한 차례도 최순실 국정농단에 대한 질의를 하지 않았다. 국민적 관심사인 최순실의 국정농단이 문화, 체육, 교육 분야에서 벌어졌고 이를 파헤치는 교문위 국정감사에서 대통령 후보로 나선 안철수가 단 한 차례의 언급은커녕 동료 의원들의 눈물겨운 진실을 향한 투쟁을 외면하는 모습을 보며 의심할 수밖에 없었다. 혹 최순실 쪽과 어떤 인연으로 엮어 있는 것일까? 그래서 나는 〈김어준의 뉴스공장〉에 출연해 안철수에게 국감 동안 최순실 국정농단 진실을 외면한 이유를 국민들에게 해명할 것을 요구하며 왜 단 한 차례도 질의하지 않았는지 항의성 발언을 했다. 그러자 안철수 측은 한 번했는데 왜 한 번도 하지 않았다고 거짓말을 하냐며 나를 허위사실 유포로 검찰에 고발했다. 코미디 같은 일이었다. 나중에 확인해보니 블랙리스트 관련해서 한 차례 질의를 했는데, 블랙리스트 국정농단은 최순실과는 무관한 김기춘이 주도한 일인데도 이 발언을 했다고 나를 고발한 것이 어이가 없었다. 결국 검찰은 나의 주장이 객관적 사실에 입각한 것으로 판단하여 무혐의 결론을 내렸다. 동료 의원의 발언 한 마디에 발끈하여 고발까지 하는 것은 성숙하지 못한 자세다.

나에 대한 안철수 측의 고발은 2017년에도 이어졌다. 나는 2017년 여름, 독수리 5형제와 최순실 은닉 재산을 찾기 위해 독일과 스위스를 다녀와 최순실 재산 몰수 특별법을 발의했고 법 제정을 위해 노력했다. 7월 한 달간 전체 135명의 의원이 서명했고 그중 국민의당 의원들은 절반가량 동참했다. 아직도 특별법이 논의조차 제대로 되지 못한 몇 가지 이유가 있는데 여야 모두의 책임이다. 이에 지난해 9월 〈정봉주의 정치쇼〉에 출연하여 특별법 제정을 한국당과 바른정당이 결사코 반대하고 민주당과 국민의당도 별로 노력하지 않는다고 발언했는데 국민의당이 발칵 뒤집혔다. 알고 보니 국민의당은 이미 채이배 의원 대표발의로 당론 발의를 한 상태였는데도, 내가 그들의 노력을 무시하고 노력하지 않는다고 한 발언은 허위사실로 국민의당 명예를 훼손했다는 것이다.

국민의당은 의총에서 나를 국회 윤리위원회에 제소하기로 의견을 모았고, 이를 유성엽 위원장이 귀띔해주셨다. 유성엽 위원장은 윤리위 제소는 터무니없지만 제소되면 시끄러워지니 공개사과를 하고 윤리위 제소를 하지 않도록 하면 어떻겠냐고 제안을 주셨다. 나는 망설임 없이 내가 실수한 점을 인정하고 그날 오후 SNS에 "특별법을 국민의당 당론 발의한 사실을 미처 확인하지 못한 불찰을 인정합니다. 죄송합니다. 앞으로 특별법 제정을 위해 함께 노력하겠습니다"라고 올렸다. 그런데도 다음 날 국민의당 의총에서 나를 국회 윤리위원회보다 강도 높은 검찰에 고발하기로 결정했고, 이에 유성엽 의원이 화가 나 안철수를 향해 "초딩만도 못한 사람"이라며 공개 비난했다. 유성엽 의원은 나에게 공개사과까지 하도록 제안한 당사자로서 미안한 마음으로 안철수와 대립각을 세웠을 것이다. 나로 인해 안철수,

유성엽 의원은 몇 달간 공개적으로 불편한 말을 주고받았는데 안철수의 됨됨이를 엿볼 수 있는 사건이고, 국민들은 그의 그릇의 크기를 정확히 알고 있으니 다행스런 일이다.

현재 수원지검으로 이관된 고발 건은 국민의당이 없어진 지금 누가 고발 주체인지 검찰도 애매한 사건이 되어버렸다. 특별법 제정을 위해 공동 노력하기는커녕 더불어민주당의 대표 발의자인 나를 고발한 것은 극히 상식을 벗어난 처사이고, 특별법 제정에는 진정성이 없어 보여 가슴 아프다.

한편, 나는 최순실 국정농단을 앞장서서 파헤친 업보로 태극기부대의 저주와 공격을 가장 심하게 받은 정치인이 되었다. 미국에 사는 지인이 동영상을 보내주었는데 뉴욕 맨해튼 한복판에서 손석희 사장과 나를 참수하는 끔찍한 장면이었다. 태극기부대는 지난해 50회로 막을 내린 북토크쇼 행사장마다 몰려와서 행사를 방해하고 욕설을 퍼부었는데, 특히 대구 행사 때는 수백 명이 행사장을 에워싸고 나를 향해 물병을 투척하는 등 공포 분위기를 조성했다. 창원에서는 역에 내리자마자 100여 명의 태극기부대가 기습 공격을 하여 곤혹을 치렀다. 환영하러 나온 시민들로 착각하고 반갑게 인사하려는 순간 가슴속 태극기를 꺼내들고 시위를 벌이는 장면이 대학 시절 기습시위를 벌이던 상황이 연상될 정도였다. 김해 인제대학교 행사장에서는 행사를 마치고 나오니 대학생들과 태극기부대가 뒤엉켜 몸싸움을 벌이는 진풍경이 연출되었다. 손자뻘되는 대학생들과 태극기부대 어르신들이 소리 지르며 몸싸움하는 장면이 대한민국의 현실이라니 마음이 아팠다. LA에서는 수십 명이 차에서 내리는 나를 에워싸고 협박하는 장면이 언론에까지 알려졌고, 워싱턴DC 행사 때는 두 분의 태극기 어르신들이 미국 경찰에 연행되는 소동까지 벌어졌다. 북콘서트를 진행하는 동안 나는 일급 신변보호 대상자가 되어 경찰의 호위를 받는 특혜 아닌 특혜를 누렸다. 그 동안 나 때문에 고생한 경찰들과 태극기부대 어르신께 미안한 마음을 전한다.

나는 최순실 국정농단을 추적한 원죄로 태극기부대의 미움을 사서 표적이 되어 두 번의 검찰 고발을 당했다. 한 건은 내가 백혈병소아암협회 회장 시절 불법 기부금을 조성한 것으로 고발당했는데 이것은 '묻지마'식 고발이었다. 이 기부금은 적법한 절차에 의한 모금이었고 특히 내가 6년간 회장을 하는 동안 단 한 푼도 협회 돈을 쓴 적이 없었기에 무사할 수 있었다. 그런데 언론에서는 내가 마치 수십 억의 불법 후원금을 모금해서 횡령한 것처럼 오인될 수 있는 고발 건이었다. 이 고발 건은 현재도 계류 중이며 협회의 이사이신 김진한 대륙아주로펌 대표께서 변호를 맡아서 해결 중에 있다.

또 노승일의 후원금을 모았다는 것으로 태극기부대로부터 고발을 당해 영등포경찰서에서 조사까지 받았다. 지난해 5월 노승일이 이완영 의원에게 고발을 당했고, 이를 박창일 신부님께 상의드리니 신부님께서 노승일을 돕기로 하고 후원 계좌를 열고 나의 SNS에 홍보해달라고 해서 나와 주진우 기자, 박영선, 손혜원 의원의 페이스북에도 후원을 위해 홍보했다. 놀랍게도 단 이틀 만에 1억 3천만 원이 모였는데 이게 화근이었다. 신부님은 처음에 몇 백만 원 정도 모금되면 재능 기부할 변호사를 찾아 돕자고 하신 것인데 이틀 만에 1억 원이 넘는 돈이 모였다. 그런데 마침 신부님께서 외국에 출타 중이셔서 계좌를 닫지도 못했기에 내가 〈김어준의 뉴스공장〉에 나가 모금 종료를 하소연하는 웃지 못할 해프닝까지 벌어졌다. 여기서 문제는 1천 만 원 이상 모금할 경우 미리 신고를 해야 하는데 신부님께서 알지 못했고, 1억 원이 넘은 돈이 모였으니 신부님과 나를 태극기부대에서 고발한 것이다. 남을 돕는 것도 법을 잘 알아야 한다는 교훈을 깨닫게 해준 경험이었다.

신부님은 노승일을 도우려다 나를 미워하는 태극기부대에 걸려 경찰 수사를 받았다. 신부님께 감사하고 죄송스러울 따름이다. 나처럼 고되게 생활하며 고소나 고발을 많이 당하는 국회의원도 흔치 않을 것이다. 특히 여당 중진답게 폼 내며 의정 활동하라는 주위의 충고가 많지만, 나는 초선 같은 중진의 길이 더욱 좋으니 앞으로도 초심을 잃지 않고 정의로운 길을 갈 것이다.

조여옥과 김규현을 찾아서

정권이 바뀌고 1년이 다 되어가던 지난 3월, 드디어 박근혜의 세월호 7시간 퍼즐이 풀리고 있었다. 세월호 사건 당일 오전 10시경, 박근혜 전 대통령은 김장수 안보실장의 전화를 두 차례 받지 않았고 이에 안봉근이 관저로 달려가 10시 30분경 잠자는 대통령을 억지로 깨워 세월호 침몰을 보고했다는 사실이 밝혀져 충격을 주었다. 대체 대통령이 늦게까지 잠을 잔 이유가 무엇일까? 60세가 넘은 나이에 아침 10시까지 늦잠을 자는 것은 흔치 않은 일인데 대통령이 평일에 늦잠을 잤으니 할 말을 잃게 한다.

그날 대체 무슨 일이 있었던 걸까? 국민들의 의혹은 다양하지만 아직 밝혀지지 않았다. 무엇보다 최순실이 오후 2시 30분경 관저로 와서 문고리 3인방과 대책회의를 하기까지 대통령은 아무런 조치를 취하지 않았다니 그저 놀라울 따름이었다. 세월호 7시간의 진실은 여전히 일부만 밝혀진 채 미스터리로 남아 있지만 하늘 아래 비밀은 없는 법이다. 세월호 블랙박스와 학생들의 핸드폰 동영상을 기적적으로 복원한 포렌식 전문가 이요민 사장은 아직도 세월호 진실을 추적하고 있다. 그와 내가 공유하는 믿음은 살릴수 있었던 생명을 살리지 않았다는 점이다. 세월호 진실은 아직도 밝혀 내지 못한 국정농단의 핵심이니 결코 포기할 수 없다.

나는 다시 청와대 간호장교 조여옥을 추적했다. 미국 연수를 마치고 국내 어딘가에 있을 조여옥 대위가 진실을 알고 있을 것이고 정권이 바뀌었으니 그의 태도가 달라졌을 것이라고 기대했다. 사실 지난해 여름 조 대위를 면담하고자 국방부를 통해 접촉했으나 당사자가 면담을 거부하므로 면담을 허용할 수 없다는 답을 들은 바 있었다. 황당했다. 국가적 진실을 알고 있는 것으로 의심되는 조 대위의 면담을 당사자가 원치 않는다는 이유로 면담을 거부당하고 나니 조 대위를 둘러싼 배후 세력이 정권 교체 이후에도 건재하다는 의심이 들었다.

올해 세월호 참사 4주년이 다가오자 국민들은 조 대위 위증을 처벌해달라는 청와대 국민청원을 시작했고 20만 명을 거뜬히 넘었으니 국방부가 조치를 할 것이다. 국민청원이 진행될 즈음 미국 텍사스 샌안토니오 미군 부대에 연수 중인 조 대위를 함께 만나러 나섰던 JTBC 봉지욱 기자에게 연락해서 국내에 있는 조 대위를 찾기로 했다. 벚꽃이 필 무렵 봉 기자와 나는 용인에 있는 그녀의 집을 찾아내 부모님을 설득하기로 하고 퇴근 후 용인으로 내려갔다. 아파트 9층에 살고 있는 부모님 집은 불이 꺼져 있었다. 뻗치기를 하며 집에 불이 켜지기를 기다리다 혹시나 하고 9층으로 올라가 문을 두드리니 중년 여성의 목소리가 들려왔다. 조 대위의 집이 맞냐고 소리치니 문은 열지 않고 그런 사람은 모른다고 하는 것으로 보아 필시 거짓말을 하는 듯 보였다. 그리고 아파트 경비원이 와서 신고가 들어왔으니 나가달라는 요청을 했고, 앞집에 산다고 하는 젊은 여성이 우리에게 항의하며 나가라고 소리쳤다. 불 꺼진 아파트, 조 대위를 모른다고 하는 조 대위 엄마, 앞집 여성의 특이한 행동이 더욱 의심스러웠다. 나를 알아본 아파트 경비원이 팬이라면서 나중에 기념사진까지 찍고 헤어졌지만 그날의 일들은 찜찜하기 그지없다.

그후 조 대위가 근무하는 성남의 수도통합병원을 찾아갔는데 정문에서 차단되어 입구에서 서성이다 돌아가기로 했다. 택시에서 내리는 젊은 여자장교의 뒷모습을 본 봉 기자는 조 대위 같다고 하면서 아쉬움을 금치 못했다. 조 대위를 만나야 한다는 절박함에 헛것을 본 듯하다. 결국 조 대위의 부모님을 설득은커녕 만나지도 못하고 돌아선 그날 밤의 허탈감을 아직도 잊지 못한다.

조 대위는 지금이라도 진실을 말해야 한다. 조 대위를 은폐하는 세력과 세월호 사건의 진실을 숨기는 세력은 연결되어 있거나 동일 세력이라고 생각하기에, 조 대위에게 위증을 지시한 배후를 밝히는 것이 중요하다.

조 대위를 만나지 못하고 허탕 친 후, 나는 위증 처벌에 관한 제도 개선 법안을 발의했다. 국회 청문회 활동기간이 종료된 후에도 증인의 위증을 국회 본회의의 의결로 고발할 수 있도록 하는 '국회에서의 증언·감정 등에 관한 법률 개정안'을 발의했다. 청문회 특위 활동기간이 종료된 후, 검찰 수사와 재판에서 증인들의 위증이 밝혀지거나 위증 의혹이 제기되어도 증인을 고발할 주체가 명확하지 않아 위증을 처벌하기 곤란하고 이에 제도 개선을 요구하는 국민청원도 이어졌다. 국정농단 재판부는 특위 활동 종료 후의 위증 고발은 적법한 절차가 아니어서 처벌할 수 없다는 판결을 내린 바 있다. 그래서 내가 제출한 개정안은 국회 본회의의 의결로 구성된 특위의 활동기간이 종료되면, 특위의 청문회 등에 출석한 증인 또는 감정인의 위증은 국회 본회의 의결을 통해 고발해 처벌할 수 있도록 고발 주체를 명확히 한 것이다. 만약 이 법이 미리 있었더라면 조 대위의 위증도 고발이 가능했고 검찰에서 진실을 밝힐 수 있었을 것이다.

김규현 청와대 전 안보차장은 세월호 진실을 알고 있는 또 다른 키맨이다. 외무부차관 출신으로 엘리트 공무원이었던 그는 박근혜 정부 청와대 외교안보수석과 국가안보실 제1차장을 지냈다. 김장수 안보실장이 세월호 사건으로 사임하고 김관진 안보실장이 후임으로 오기까지 두 달간 안보실장 대리를 했던 김규현은 세월호 7시간 동안 대통령의 행적을 조작한 장본인으로 알려져 있다. 조작을 하려면 진실을 미리 알아야 했기에 김규현은 세월호 진실을 틀림없이 알고 있을 것이다. 그는 박근혜 정부에서 외무부차관으로 승진되었고, 외교안보수석까지 지냈으니 실력이 출중한 관료이거나 최순실 비선라인을 타고 출세했을 것이다.

김규현은 세월호 참사 뒤 약 3개월이 지난 2014년 7월 세월호 사고 보고 시각을 조작하고, 대통령 훈령인 국가위기관리기본지침을 개정한 것으로 드러났다. 당시 청와대는 국가위기관리기본지침이 대외비라는 이유로 국회의 자료요청을 거부했다. 동시에 국가안보실이 재난 대응 컨트롤타워가 아니라고 주장하기 위해 국가위기관리기본지침을 임의로 삭제, 수정한 것이다.

김기춘 전 청와대 비서실장이 국가위기관리기본지침 수정을 결정했고, 김규현 전 차장의 주도로 김관진 국방부 장관에게 보고하면서 조작이 이루어졌다. 김규현은 2014년 7월 국회에서 열린 세월호 참사 국정조사 특별위원회에 참석해 "박근혜 대통령이 오전 10시에 참사 관련 첫 보고를 받았고, 10시 15분에 첫 지시를 내렸다"고 진술했다. 검찰수사 결과, 이는 거짓으로 조사되었고 박 전 대통령은 세월호 희생자 구조가 가능한 골든

타임인 오전 10시 22분께 김장수 전 국가안보실장에게 첫 전화 지시를 내렸다. 검찰은 박 전 대통령의 보고 지시 시각을 조작해 국회 답변서 등 공문서를 허위로 작성하는 등 사건에 연루한 김기춘, 김장수, 김관진을 불구속 기소했으나 김규현 전 차장은 종적을 감추었다. 김규현은 과연 어디에 있을까?

김규현을 추적해보니 지난해 가을 미국으로 연수를 떠났고, 올해 4월 5일 인터폴 적색 수배령이 내려졌다. 김규현을 출국시킨 배후가 있을 가능성을 의심하면서도 세월호 4주년이 오기 전에 김규현을 찾아내는 게 급선무였다. 김규현이 미국에 있다면 재미교포들이 찾을 수 있을지도 모른다.

그래서 국민재산되찾기운동본부의 미국 파트너로서 열성적으로 활동하고 있는 '미씨백'이라는 단체에 김규현을 찾자고 제안했더니, 이 단체의 회원인 조이스 님이 지명수배 전단을 만들자고 제안했다. 국정농단 청문회 증인을 기피하며 도망다니던 우병우를 〈정봉주의 전국구〉에서 현상금 포스터를 만들어 현상금이 몇 천 만 원으로 올라가니 우병우가 제 발로 청문회에 출석했던 일이 떠올랐다. 이 포스터 아이디어를 차용해 조이스 님이 김규현을 수배하는 현상금 포스터를 만들었고, 내가 먼저 200달러를 걸었더니 금세 돈이 쌓였다. 미국의 미씨백 회원들은 각자의 SNS를 통해 김규현 수배령이 내려진 지 3일 만에 김규현을 찾아내는 쾌거를 이루었다. 김규현은 스탠포드대학에서 초빙교수로 재직하고 있었다. 마침 샌프란시스코 세월호 추모 여성들의 모임인 '공감' 회원 한 분이 그를 찾아냈다. 공감은 지난해 스탠포드대학 초청 강연회에 갔을 때 인연을 맺은 열혈 애국 여성들의 모임인데 특히 세월호 참사 이후 평범하게 살던 교포 여성들이 모여 만든 단체다. 그 단체 회원 중의 한 분이 김규현의 사무실 옆 건물에 일하고 있어 김규현을 찾아낼 수 있었다. 기적 같은 일이었다. 그분은 나에게 김규현 사무실 사진을 찍어 보냈고, 나는 즉시 법무무와 검찰에게 체포를 요청했다.

그런데 한국 정부가 미국 경찰에 범인 인도 요청을 하더라도 김규현이 미국 법원에 정치적 탄압으로 소송을 걸면 6년간 미국에서 버틸 수 있다고 하니 기가 찰 노릇이었다. 유병언의 딸이 파리에서 소송을 통해 시간을 지연시킨 사례가 바로 그런 것이다. 돈 있는 자들은 인터폴의 수배에도 아랑곳하지 않고 뻔뻔히 살 수 있는 것이다. 그러나 검찰이 묘안을 찾아냈다. 김규현의 여권이 만료되는 6월에 소환하자고 했고, 이 경우에는 버티기가 쉽지 않다는 결론에 도달했다.

김규현을 찾아낸 미국 여성 교포들에게 찬사를 보낸다. 미국과 한국 경찰이 찾지 못했던 김규현을 한 미국 교포 여성이 찾았으니 얼마나 놀라운 일인가!

플랜다스의 계(?)에 물린 이명박

새해 첫날부터 주진우 기자가 나에게 전화를 해 최순실, 이명박, 전두환의 재산까지 털어보자고 하기에 의기투합했다. 정의로운 기자와 수도권 4선 국회의원이 만나 퍼즐을 맞추고 서로 의지하며 고독한 시간을 달랜 지 5년째. 플랜다스의 계는 우리에게 이명박으로 통하는 문을 열게 했다.

문재인 정부가 들어선 지 6개월이 지나도 검찰은 이명박을 수사할 기미를 보이지 않았다. 수천 억의 국민 재산 피해를 입힌 BBK와 다스 소유주의 실체를 검찰이 아니고서는 밝힐 수 없지만 이미 10년 전인 2008년 특검이 무혐의로 마무리한 사건이었다. 이 사건 때문에 정봉주 전 의원은 감옥살이를 1년간 했고 김경준도 8년간의 옥살이를 하여 BBK와 다스는 이명박과 무관한 것으로 결론 나 있었다. 그런데 2017년 가을, 대한민국은 "다스는 누구 것인가" 열풍으로 판도라의 상자가 열리고 있었다.

김어준은 〈김어준의 뉴스공장〉을 통해 다스의 실소유주 찾기를 설파했고, 독수리 5형제는 최순실, 이명박, 전두환과 친일재산 찾기 운동을 위해 10월 30일 국민재산되찾기운동본부를 출범시켰다. 운동본부의 상임대표는 2014년 초 수상한 최순실의 국정농단 행적을 나에게 최초로 제보해준 박창일 신부님이 맡고, 사무총장은 안원구가 맡기로 했다.

독수리 5형제 외에 박관천 경정과 조용래가 운동본부에 결합한 것은 대단히 의미가 있었다. 박관천 경정은 2014년 말 정윤회 문건 파동 당시 "대한민국 권력 서열 1위 최순실, 2위 정윤회, 3위 박근혜"라고 했던 당사자인데, 청와대 민정실에서 근무하여 인맥과 정보력이 타의 추종을 불허한다. 최태민의 의붓아들 조순제의 아들인 조용래는 금융업계에 오래 종사하여 돈세탁이나 자금 흐름에 식견이 풍부하고 특히 간호사 출신인 그의 어머니는 오랫동안 박근혜의 주사를 담당했을 정도로 최순실 일가 내부 사정에 정통하다. 박관천, 조용래가 운동본부에 동참하여 앞으로 국민재산을 찾는 운동에 큰 역할이 기대된다.

또 다른 흥미로운 점은 운동본부 발기인 중에는 미국의 여성들이 활발히 참여했고, 이들은 100인을 조직하여 '미씨백'이라는 조직적 참여를 하고 있다. 미씨백은 운동본부 출범식에도 조

직적으로 참여하여 열기를 북돋았고, 특히 추미애 더불어민주
당 대표에게 당내 국민재산찾기 특별위원회 구성을 강하게 요
구하여 관철시켰다. 그리하여 내가 특별위원회 위원장을 맡게
되었다.

　운동본부가 출범한 후 어느 날, 한 시민이 세상을 흔든 '플랜
다스의 계'를 제안했다. 다스 주식 3퍼센트에 해당하는 150억
을 구매하여 다스 정보를 볼 권리를 국민들이 갖자는 것이었는
데 아직 비상장 주식인 다스의 한 주는 15만 원에 달했다. 운동
본부는 내부 논의를 거쳐 플랜다스의 계를 조직하기로 하고 12
월 1일부터 모금을 시작했다. 어느 누구도 150억이 모금될 거
라곤 기대하지 않았지만 이명박을 법정에 세울 수 있는 유일한
방법이라고 생각하고 시작한 모금이었다. 그런데 하루에 5억
이상이 채워지더니 3주 만인 12월 21일에 150억 원이 초과되
었고 총 36,477명이 참여했다. 이쯤되니 위대한 국민이 아니라
무서운 국민이었다. 촛불로 동학혁명 이후 123년 만에 최대의
민중혁명을 일으켜 국정농단 세력을 몰아내고 문재인 정부를
창출한 민심은 이제는 다스의 실소유주가 이명박이라는 진실
을 밝혀 정의로운 대한민국을 만들고자 다시 힘을 모은 것이다.

　지금까지 단 한 주의 주식을 사본 적이 없었던 나도 처음으로
주식을 위해 투자했고, 어느 노부부께서는 1억 원에 가까운 투
자를 했다. 36,477명 중 대략 31,000명이 100만 원 이하를 투
자했고 1,000만 원 이상 참여자도 170명이나 되었다. 외국에

서도 적극적인 참여가 이루어졌는데 페이팔이 불가능하여 한국의 지인들에게 돈을 빌려 대신 투자하고 갚은 분들도 상당하다고 한다. 국내외 애국시민들은 다스 소유주 확인을 통해 이명박의 적폐청산을 간절히 원했던 것이고 플랜다스의 계는 3주 만에 150억 원을 모으면서 역사상 유례없이 성공적으로 모금이 끝났다.

12월 21일 플랜다스의 계 목표액이 달성되자 다음 날 검찰은 다스 수사팀을 가동하겠다고 발표했다. 역시 우연으로 포장된 필연이 또 한 번 나타났다. 10년 전 특검으로 마무리된 다스 수사를 재조사할 수 없는 국면이 조성된 것이다. 그러나 검찰이 더 이상 머뭇거렸다간 진실을 외면하여 국민적 불신과 저항이 따를 것이 분명했기에 재수사는 불가피하게 되었다.

검찰 수사 착수에 이어 국세청도 1월 4일 경주의 다스 본사에 대해 전격적으로 특별세무조사를 실시했다. 그동안 눈치만 보던 국세청도 다스 소유주를 밝히는 일에 동참하게 되었다. 그리고 두 달여의 수사를 통해 다스가 이명박의 소유라는 증거가 차고 넘칠 만큼 밝혀졌고, 마침내 이명박은 구속되었다. 만약 플랜다스 계가 없었더라면 검찰과 국세청은 여전히 눈치만 살피고 있었을지 모른다. 국민의 힘으로 국정농단세력을 몰아내고 새로운 정부를 세웠듯이, 다스의 소유주 역시 국민의 힘으로 밝혀지게 되었으니 역사의 주인은 대통령도 국회의원도 아닌 바로 민초들이다. 이명박은 자신의 국정농단을 완강히 거부하

빙산의 일각만 드러난 이명박의 비리 은폐

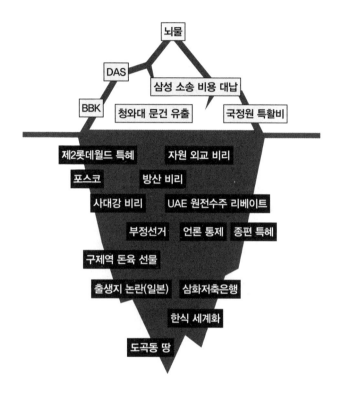

고 있으나 국민이 분노하고 있는 이명박의 국정농단을 밝히는 것은 검찰과 사법부의 몫이 되었다.

지난 겨울 끝자락, 봉화마을에 계시는 권양숙 여사님께 새해 인사를 드리러 갔다. 그날이 마침 박근혜 전 대통령이 30년 구형을 받은 날이었다. 여사님은 의외로 눈물을 흘리시며 국정농단 주범에 대한 연민의 정을 표하셨고, 더 이상 한국의 대통령이 저주받은 자리가 되지 않도록 반드시 개헌이 되어야 한다고 말씀하셨다. 비선실세의 권력자 최순실은 20년을 선고받았고 그녀의 꼭두각시인 박근혜도 24년을 선고받았으며, 이명박 전 대통령도 넘쳐흐르는 범죄혐의로 중형을 선고 받을 것으로 예상된다.

봉화마을에서 돌아오는 비행기 안에서 이명박과 비선권력 최순실의 세 가지 공통점을 생각했다.

첫째, 그들은 국민보다 돈을 사랑한 권력자들이었다. 최순실이 차은택, 김종 등 여러 아바타를 통해 국정을 농단한 것은 돈 때문이었는데, 이명박 역시 국민은 안중에도 없었고 오로지 권력을 이용한 돈벌이에 혈안이 된 최악의 권력자였다. 그들은 자신들이 축적한 부정재산을 전문가들의 조력으로 국내외에 은닉했을 것인데, 돈을 사랑한 권력자들이기에 그들이 숨겨둔 돈을 환수하지 않는 한 그들의 뿌리는 살아서 언젠가 역사와 국민을 향해 복수할 것이다. 무엇보다 그들이 숨긴 돈은 국민의 피와 땀이기에 은닉 재산을 찾아 국민들에게 반드시 돌려주어야 한다.

둘째, 국가를 돈벌이 수단으로 여긴 가족 사기단이었다. 그들은 국가 권력을 손에 쥐고 돈을 벌 목적으로 가족을 동원했다. 최순실의 재산은 최태민, 임선이 부모 세대에서 딸 정유라에 이르기까지 3대를 이어져왔고 가족 사기를 통해서 재산이 축적되어왔다. 그리고 최순실의 자매 최순득, 최순천 가족에 이르기까지 모든 가족이 총동원된 가족사기단이었다. 이명박 또한, 자신의 재산을 은닉하기 위해 형제, 처남, 아들, 조카, 사위, 처사촌 등을 동원한 가족 사기단의 면모를 유감없이 보여주었다.

셋째, 역대급 거짓말쟁이였다. 최순실은 재작년 가을 검찰 조사를 받으러 가는 포토라인에서 국민들에게 사죄하며 눈물을 보였다. 온 국민이 보는 앞에서 악어의 눈물을 보인 것이다. 그녀의 국정농단에 분노했던 국민들은 그녀의 뻔뻔한 거짓말에 또 한 번 분노했다. 2007년 BBK와 다스 실소유주에 대해 이명박을 의심했을 때 새빨간 거짓말이라고 강변했던 그의 목소리가 아직도 생생한데, 그는 10년 이상 국민들을 속여 온 것이다. 최순실과 이명박은 허언증 환자 수준의 거짓말을 참인 것으로 스스로를 속이고 국민을 속이는 국가대표 거짓말쟁이 선수라는 점에서 일치한다.

이명박이 국민이 준 권력으로 얼마나 많은 사적 이익을 추구했는지 가늠하기 어렵다. 또 얼마나 많은 부정재산을 국내외에 은닉했는지 그 규모를 짐작할 수 없다. 그러나 국민들의 의혹처럼 4자방(4대강, 자원외교, 방위산업) 비리를 통해 재산을 축적한 것이 사실로 드러날 경우, 이명박은 최악의 권력자로 전락하여 용서받을 수 없을 것이다. 국정농단 세력을 처단한 국민들은 이제 이명박의 적폐청산을 위해 눈을 부릅뜨고 있다. 적폐청산 없이 진정한 국민통합이 어렵다는 것을 잘 알고 있기에 국민들은 적폐청산이 전혀 피곤하지 않다. 인적청산에 이은 제도청산까지 적폐청산을 멈추지 않아야 한다고 국민들은 믿고 있다.

대통령, 해외 은닉 재산 환수를 지시하다

●

2014년 4월 8일. 국회 대정부질의를 통해 최초로 최순실 국정 농단을 세상에 알렸을 때 국회의원 중 어느 누구도 나를 믿지 않았다. 당시 내가 속했던 동료 야당 의원들은 헛웃음을 지으며 우려의 시선으로 냉담했고, 새누리당 등 여당 의원들은 야유를 퍼붓고 벌 떼처럼 공격을 하며 의원직 사퇴까지 요구했다. 이후 국정농단 세력은 나를 두 차례 감옥으로 보내려 했지만 세월호 아이들과 함께 외롭고 두려운 시간을 견뎌냈다. 모든 것을 다 놓아버리고 싶을 정도로 힘들었지만 포기하지 않고 최순실의 국정농단을 천 일 이상 추적한 끝에 최순실 게이트가 터졌고, 촛불을 든 국민들의 힘으로 박근혜 정권을 탄핵시키고 문재인 대통령을 탄생시켜 새로운 시대를 열었다.

나는 정치인들보다 국민들이 더 현명하고 똑똑하다고 믿는다. 정치인은 국민들이 원하는 일, 부여한 일을 하는 도구에 불과한데 어리석은 정치인들은 오히려 국민들을 계도하려고 한다. 그러니 정치인들이 욕을 먹는 것은 당연지사다.

2014년 그때처럼, 최순실의 독일 은닉 재산을 찾아 독일을 오가는 나를 향해 여야 국회의원들은 별종 취급을 하는 눈치다. 하지만 나는 최순실의 막대한 돈이 독일을 비롯한 해외 곳곳에 숨겨져 있다고 믿고 있고 실제로 최순실의 숱한 페이퍼 컴퍼니를 발견했기에 결코 포기할 수 없다. 진실을 좇는 나의 행동이 별종으로 치부되더라도 나는 전쟁이 끝나는 날까지 국민과 함께 의연히 그 길을 걸어갈 것이다.

국내외를 돌며 지난 1년간 100여 차례의 북콘서트와 강연을 강행한 이유도 내가 기댈 곳은 국회가 아니라 국민이라는 믿음 때문이었다. 정치인들보다 더 똑똑한 국민들은 나의 주장을 전폭적으로 지지하며 최순실의 재산을 한 푼도 남김없이 환수하라고 명령한다. 최순실 재산 몰수 특별법을 반대하는 여야 의원들을 향한 국민들의 분노는 하늘을 찌를 듯하다. 국민 다수는 최순실뿐 아니라 이명박의 해외 은닉 재산에 대해서도 환수를 요구하고 있다. 그래도 국정농단을 최초로 밝힌 프리미엄 때문인지 동료 의원들의 성원이 높아 더불어민주당 국민재산찾기 특별위원회 소속 이상민, 진영, 전재수 의원을 포함해 국무총리를 지낸 이해찬 의원께서 항상 나를 성원해주셨는데, 이해찬 의원님은 나와 같은 믿음으로 해외 은닉 재산을 환수해야 그동안의 '박정희 신화'를 깨고 국정농단의 뿌리가 근절된다고 강한 지지를 하고 있다.

특별히 대통령 후보 시절 최순실 재산 몰수 특별법을 공개적으로 지지했던 문재인 대통령께서 드디어 나의 고독한 투쟁에 힘을 실어주셨다. 촛불혁명으로 정권이 교체된 지 1년 후 5월 14일, 문재인 대통령은 해외에 은닉된 부정 재산을 조사하도록 지시했다. 검찰과 국세청이 뒷짐 지고 있던 해외 부정 은닉 재산을 대통령이 찾으라고 팔을 걷어붙이고 나섰으니 최순실, 이명박을 비롯한 부패 권력자들과 돈을 해외로 빼돌린 재벌들이 초긴장하게 되었다. 나의 경험에 비추어 해외에 숨긴 재산을 찾아내는 것은 모래밭에서 바늘을 찾는 것만큼 힘든 일이지만, 부정한 짓으로 돈을 빼돌린 자들에게 대통령의 지시는 추상같아서 밤잠을 제대로 이루지 못하게 할 것이다.

최순실·이명박·전두환·박철언·김우중·이건희 등 내가 확인할 수 없어 감당하기 어려운 은닉 재산에 대한 제보들이 이제 공권력에 의해 밝혀질 수 있다고 생각하니 가슴을 누르고 있던 부담이 훨씬 덜어지는 듯하다. 특히 나를 포함한 독수리 5형제가 1년 넘게 국내외를 다니며 찾아 헤맨 최순실의 재산도 문재인 대통령의 지시로 환수 가능성이 높아지니, 독일과 스위스를 오갔던 지난 시간들이 주마등처럼 스쳐갔다. 대통령이 해외 은닉 재산 환수를 지시했다는 기사가 보도되던 날, 나는 청와대로부터 "약속 이행"이라는 짧지만 압축적인 메시지를 받고선 지치고 힘들고 고독했던 지난날들에 위안을 받았다. 그리고 국민의 여망에 화답해준 대통령에게 감사의 마음과 무한한 신뢰를 느꼈다.

우리나라 1년 예산이 넘을 것으로 추정되는 최순실과 이명박 소유를 포함한 해외 불법 은닉 재산을 찾아 국민에게 돌려주는 것이 끝나지 않은 전쟁을 국민과 함께 승리로 이끄는 길이다. 언론보도 등을 통해 지금까지 알려진 바에 의하면, 우리나라에서 외국으로 빠져나간 역외탈세 규모가 888조로 세계 3위에 달한다니 가히 충격적이다. YTN과 〈뉴스타파〉에서 이러한 사실이 보도되었지만, 지금까지 정부나 시민단체, 그리고 전문가 등 누구도 888조를 검증하지 않았다. 888조는 우리나라 1년 예산의 두 배에 이르는 규모여서 상식적으로 납득하기 어려우니 과장된 분석이길 바란다.

영국의 조세피난처 반대운동 단체인 조세정의 네트워크TAX JUSTICE NETWORK가 발표한 보고서를 보면 우리나라에서는 지난 1970년대부터 2010년까지 888조 원이 해외 조세피난처로 이전된 것으로 나타났다. 다소 과장된 규모라 하더라도 가히 충격적이다. 이는 1조 1,890억 달러 규모의 중국과 7,970억 달러의 러시아에 이어 가장 많은 액수다. 한국은 지난 1979년 박정희 대통령의 피격 사망 이후 정치적 혼란기에 급격한 자본 유출이 일어난 것으로 분석되었다. 이 보고서는 매킨지의 수석 이코

노미스트를 지낸 조세피난처 전문가 제임스 헨리가 국제결제은행, BIS와 국제통화기금, IMF 자료 등을 근거로 작성했다.

이 보고서를 작성한 조세정의 네트워크는 지난 2003년 영국의회 내에 독립 기구로 설립되었으니 터무니없는 자료로 치부할 수 없고, 나라다운 나라, 정의로운 대한민국을 지향하는 문재인 정부가 공식적으로 확인할 필요가 있다. 대통령이 지시한 해외 은닉 재산 조사를 위해 검찰, 국세청 등 합동조사반은 888조의 근거를 우선적으로 검증해야 할 것이다. 프레이저보고서에서도 박정희 정권이 5·15 쿠데타 이후 1976년까지 현재 추산 액수로 약 400조에 이르는 부정재산을 스위스 UBS에 예치했다는 믿을 수 없는 보고에 이어 2012년 영국의회가 발표한 보고서에서도 2010년까지 한국의 역외탈세 총규모를 888조로 발표했으니 국가가 책임감을 가지고 검증할 때가 되었다. 부패 권력자들과 재벌들이 해외로 숨긴 천문학적인 돈은 결국 노동자들의 피땀이고 국민들의 것이므로 철저히 밝혀져 환수되고 국민들과 노동자들을 위해 쓰여야 한다. 이것이 바로 적폐청산의 본질이고 목표다. 그리고 나라다운 나라와 정의로운 대한민국을 만드는 핵심이다.

그러나 해외 은닉 재산을 환수하는 데는 세 가지 면에서 갈 길이 멀다.

첫째, 이미 오랜 세월이 흘러 공소시효가 지났기에 조사 자체가 불가능하거나 한계가 있다. 가령 최순실의 해외 은닉 재산을 찾으려면 최태민의 재산부터 찾아야 하고, 최태민의 재산은 1970년대 박정희 부정 축재 재산으로 거슬러 올라가야 하는데 현행법으로 불가능하다. 그러니 현행법으로는 아무리 대통령의 지시라 할지라도 해외 은닉 재산을 충분히 조사할 수 없고, 조사 액수도 극히 제한적일 수밖에 없다.

둘째, 외국과의 공조에 따른 시간이 소요될 것이다. 일반적으로 외국과 공조하는 금융수사의 경우 양국간의 협약 절차에 따라 진행되는데 속도가 매우 느리다. 2016년 말 최순실의 독일 돈세탁을 조사하는 독일 담당 검사들에게 들은 바로는 3년 정도 되어야 사건이 마무리될 것이라고 했다. 잘 이해하기 어렵지만 독일 검찰을 탓할 수도 없고 그렇다고 우리의 공권력이 대신할 수도 없는 현실이다. 해외로 돈세탁하거나 은닉하는 자들은 이러한 현실을 악용하여 지금까지 자신들의 해외 불법 재산을 안전하게 숨길 수 있었을 것이다.

셋째, 검찰과 국세청의 의지와 능력이 문제다. 정권 교체 후 1년이 지나도록 최순실과 이명박의 해외 은닉 재산을 전혀 밝혀내지 못한 대한민국 공권력에 대한 국민들의 불신과 불만이 쌓여 있고, 앞으로도 은닉 재산을 제대로 조사하고 환수할지 국민적 의문이 크다. 특히 최순실의 독일 재산처럼 검은 머리 외국인으로 불리는 현지인들의 차명으로 은닉 재산이 관리되고 있다면, 대한민국 검찰과 국세청의 의지와 능력을 벗어나 있어서 외국 공권력과 원활한 공조체계를 통하지 않으면 불가능한 조사와 수사가 될 것이다.

결국 해외 은닉 재산 환수는 특단의 노력이나 특별한 법이나 제도가 없이는 한계에 봉착할 것이다. 그래서 문재인 대통령도 법과 제도정비를 하라고 지시를 내렸다. 지난해 발의되었지만 논의조차 되지 못하고 있는 '최순실 재산 몰수 특별법'과 함께 '해외 은닉 재산 환수 특별법'이 제정되지 않으면 해외 은닉 재산 환수는 별다른 성과 없이 공염불에 그칠 가능성이 크다. 〈국헌문란범죄 및 특정재산범죄로 인한 수익의 환수에 관한 법률〉 (이하 '부정 재산 환수 특별법')의 제정 없이 권력자와 재벌들이 해외로 빼돌린 부정재산을 제대로 조사하여 환수하는 것은 '연목구어'와 같은 어리석은 기대다.

최순실-박근혜 국정농단 사건을 시작으로 본격적인 적폐 청산이 시작되었고 두 전직 대통령에 대한 수사과정에서 엄청난 규모의 부정축재가 있었음이 드러나고 있기에 특단의 법이 반드시 필요하다. 또한 대기업들도 부정한 청탁을 매개로 거액의 자금을 지원받은 정황이 드러나고 있으며, 과거 대기업들의 범죄행위를 통해 취득한 재산을 환수하지 않음으로써, 대기업들은 범죄를 저지르고도 막대한 수익을 얻게 되는 부당한 결과를 초래했다. 그럼에도 불구하고 현행법으로는 위와 같이 부정한 방법으로 축재한 재산을 몰수하거나 추징하는데 한계가 있으므로, 국헌문란범죄와 특정재산범죄로 인한 수익을 환수할 수 있는 새로운 제도적 장치와 입법이 필요한데, 문재인 대통령이 언급한 필요한 법과 제도와 무관치 않다. 이 책의 〈부록 4〉에 특별법 초안을 첨부했다. 향후 법률전문가들의 심도 있는 토론과 조언을 기대하면서, 특별법의 취지와 핵심 내용을 소개하면 다음과 같다.

　　형법이나 기타 특별법에서 몰수나 추징을 규정하고 있지만 이는 형사상 몰수로서 형사상 소추와 유죄 판결을 전제로 하고 있다. 그러나 국헌문란범죄나 특정재산범죄 중에는 이미 공소시효가 지난 경우가 많아 법률상 형사소추가 불가능하고 소급시효가 인정되지 않아 재산 환수에 많은 한계가 있다. 이에 발의하려는 본 법률안에서는 '민사상 몰수제도'를 도입함으로써 범죄가 성립되면 형사소추 여부를 묻지 않고 환수청구를 할 수 있도록 하고, 법무부장관으로 하여금 환수청구의 소를 제기하여 법원의 판결로써 불법재산을 국가에 귀속시키도록 하고 있다. 다만 재산 소유자의 권리를 보장하기 위하여 환수청구의 소를 대심구조로 하고, 법무부장관은 해당 재산이 환수청구의 대상이 된다는 사실을 고도의 개연성이 있는 정도로 증명하여야 하며, 법원도 최종 판단을 결정이 아닌 판결로 하도록 하였다.

　　또한 재산환수의 실효성을 높이기 위하여 누구든지 특정한 재산이 국헌문란범죄나 특정재산범죄로 인한 수익에 해당한다는 상당한 개연성이 있는 경우, 법무부장관에게 해당 재산에 대하여 환수청구의 소를 제기할 것을 신청할 수 있고, 환수청구를 신청한 자는 법무부장관으로부터 환수청구의 소를 제기하지 않기로 하는 통지를 받은 때에는 법원에 재정신청을 할 수 있도록 하였다.

이 법의 통과 여부는 단언할 수 없지만, 분명한 것은 이러한 특별법 제정 없이는 해외은닉 재산을 조사하고 환수하는 일은 불가능하다는 것이다. 국회가 부정 재산 환수를 위한 법 통과에 동의하지 않는다면 정의로운 대한민국을 갈망하는 국민들은 커다란 실망과 분노를 느낄 것이다. 국회는 법으로 정의로운 대한민국을 위해 역사적 책무를 다해야 할 것이며, 부정 재산 환수는 구시대를 마감하고 새시대를 여는 상징이 될 것이다. 해외 은닉 재산은 단순한 돈의 문제를 넘어 권력자와 재벌에 의한 부정, 부패, 비리가 응축된 불의의 시대가 낳은 사생아인데, 이를 문재인 정부에서 척결하지 않으면 적폐세력은 또다시 부활하여 역사와 국민을 향해 복수를 할 것이다.

지방선거가 끝났으니 하다만 적폐청산이 재개되어 국민들의 철저한 적폐청산 요구에 부응해야 할 것이다. 국민들은 전혀 피곤하지 않다. 국민들의 요구에 따라 문재인 정부는 임기 내내 쉼 없는 적폐청산을 추진해야 할 것이다. 지방선거를 통해 확인된 국민들의 특별한 염원은 권력자와 재벌의 부정 축재 재산과 해외 은닉 재산을 몰수하여 정의로운 대한민국을 만들어달라는 것이다. 국회는 국민들의 목소리를 외면하지 말아야 하고 국민의 정치도구로서 소임을 다해야 한다. 더불어민주당은 당론으로 특별법을 정하여 국민들의 요구에 순순히 응하고, 보수 야당도 반대하지 않아야 한다. 부정 재산 환수 특별법을 신속히 제정하고, 스위스 특별법에 의거하여 스위스 관계 당국에 요구하면 스위스 비밀계좌의 판도라 상자가 열릴 것이다. 애초에 국민의 것인 은닉 재산을 모조리 환수한다면 청년 일자리 예산, 장애인과 노인 복지 예산, 반값 등록금 등 국민 복지를 위해 부족함 없이 쓸 수 있고 넉넉한 대한민국이 될 것이다. 상상만 해도 설레는 일이다.

이제 새로운 시작이다. 2016년 겨울 엄동설한에 외쳤던 나라다운 나라와 정의로운 대한민국을 위해 국민과 함께 적폐를 불사르라!

● 부록 ●

출입 및 면담 신문 개요

- **일시**   2016년 12월 26일 15시 30분 ~ 17시 30분
- **장소**   서울구치소 수감동 내 접견실
- **참석자**   국정조사 특위 위원장 등 위원 9인, 최순실 증인, 구치소장 등 구치소 관계자
- **청문위원** 김성태(위원장), 김한정, 박영선, 손혜원, 안민석, 장제원, 하태경, 황영철, 윤소하
- **구치소 청문회 좌석배치도**

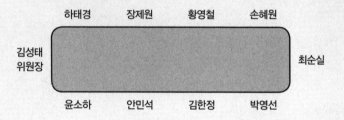

면담 내용

1) 박근혜 대통령과의 관계

청문위원   박근혜 대통령이 도와달라는 말을 먼저 했습니까?

최순실   말할 수 없습니다.

청문위원	박근혜 대통령이 본인을 시녀 같은 사람이라고 했는데 어떻게 생각하십니까?
최순실	처음 듣는 말입니다.
청문위원	박근혜 대통령을 언제부터 알았습니까? 운동회 사진은 봤습니까?
최순실	사진은 못 봤습니다.
청문위원	대통령을 만날 때 대통령의 본인에 대한 호칭은 무엇이었습니까?
최순실	최 원장이라고 불렀습니다.
청문위원	박 대통령이 가족처럼 생각했다고 하는데 본인은 어떻게 생각하는지요?
최순실	(답변 거부)
청문위원	박근혜 대통령의 탄핵에 대해 어떻게 생각하십니까?
최순실	죄스럽게 생각합니다.
청문위원	헌재가 탄핵안을 기각하도록 사죄하고 싶은 마음은 없으십니까?
최순실	마음이 복잡합니다. 얘기하고 싶지 않습니다.
청문위원	최순실 씨가 다 해먹은 것으로 알려지고 박 대통령은 너무 황당하다고 말했는데 어떻게 생각하십니까?
최순실	대답하기 힘듭니다.
청문위원	박 대통령은 최순실 씨가 엄마 역할을 했다고 하는데 어떻게 생각하십니까?
최순실	(답변 거부)
청문위원	장시호는 대통령을 어떻게 불렀습니까?
최순실	(답변 거부)
청문위원	육영재단에 대해서는 뭐라고 했습니까?
최순실	(답변 거부)

2) 김기춘, 우병우, 고영태 등 주위 인물과 관계

청문위원　김기춘, 우병우, 김장자를 아시나요?

최순실　(답변 거부)

청문위원　고영태가 고집 센 사람이라고 말했는데요?

최순실　고영태에 대해서 말하고 싶지 않습니다.

청문위원　대통령 피팅룸에서 이영선, 윤전추 행정관과의 옷값 지불 영상에 대해 하고 싶은 말은 없으신지요?

최순실　특검에서 말하겠습니다.

청문위원　김장자 씨를 어떻게 알았는지, 이임순 소개로 만났는지?

최순실　이임순 씨한테서 얘기를 받았습니다.

청문위원　정호성, 안봉근, 이재만과의 회의 및 문고리 3인방과 관계에 관하여 묻겠습니다.

최순실　신문이 아니라 확인만 한다고 해서 나왔습니다. 너무 힘듭니다.

청문위원　김장자 씨를 아십니까?

최순실　모릅니다.

청문위원　차은택 씨 증언으로 기흥CC에서 김장자 씨와 같이 골프를 쳤다던데요?

최순실　다음에 이야기하겠습니다.

청문위원　이영선 행정관과 옷 샘플 만들고 핸드백을 가져갔습니까?

최순실　(답변 거부)

3) 미르재단, 케이스포츠재단 관련

청문위원　케이스포츠재단 설립이 박 대통령의 아이디어였습니까?

최순실　아닙니다. 모든 것은 재판 과정에서 말하겠습니다.

청문위원　안종범 수석을 아십니까?

최순실　모릅니다. 한 번도 못 봤습니다.

4) 프로포폴 처방 의혹

청문위원 김영재 성형외과 확인 결과 2년 간 136회의 프로포폴을 처방받은 것이 사실인가요?

최순실 아닙니다. 모든 것은 재판 과정에서 말하겠습니다.

청문위원 프로포폴 투여 및 미용 시술에 대해서 박근혜 대통령 당선 이전에도 함께 갔었습니까?

최순실 말하고 싶지 않습니다.

청문위원 프로포폴 처치를 안 받고 있으니까 힘든 점은 없습니까?

최순실 약을 먹고 있습니다.

청문위원 김영재 의원에서 8,000만 원어치 처방을 받았다고 하는데, 본인 혼자 맞았습니까? 아니면, 다른 사람과 나눠 썼습니까? 일주일에 한 번씩 맞은 건가요?

최순실 말도 안 됩니다.

청문위원 박 대통령도 맞았습니까?

최순실 (답변 거부)

청문위원 최보정이란 가명으로 생일이 2월 2일인가요?

최순실 기억이 안 납니다.

5) 동계스포츠영재센터 운영 등 삼성과의 관계 질의

청문위원 동계스포츠영재센터 운영과정과 관련하여······.

최순실 검찰에서 이야기하겠습니다.

청문위원 삼성의 지원이 있었습니까?

최순실 검찰에서 이야기하겠습니다.

6) 태블릿 PC 관련

청문위원 태블릿 PC는 어디에 있습니까? 본인이 사용하던 것인가요?

최순실 쓴 적이 없습니다. 워드파일도 안 씁니다. 검찰에서 보여달라고 했는데, 안 보여줬습니다.

청문위원 정유라가 사용했습니까?

최순실 (답변 거부)

청문위원 독일에 가져갔습니까?

최순실 쓰지 못하기 때문에 안 가져갔습니다.

7) 정유라 관련

청문위원 이대 입시부정으로 정유라가 입학했죠?

최순실 검찰에서 이야기하겠습니다.

청문위원 이대 교수들에게 쇼핑백 선물을 한 적이 있습니까?

최순실 (답변 거부)

청문위원 정유라를 검찰이 잡아서 들어오기 전에 자진 귀국을 설득할 의사가 있습니까?

최순실 (답변 거부)

청문위원 정유라를 IOC위원으로 만들기 위해서 박태환 선수를 출전 못하게 한 것입니까?

최순실 말도 안 됩니다. 박태환 선수도 잘 모릅니다.

청문위원 김경숙 학장을 아십니까?

최순실 (답변 거부)

8) 기타 의혹 질의

청문위원 1992년 독일에 유벨이라는 회사를 왜 만들었습니까?

최순실 처음 듣습니다.

청문위원 독일에 차명계좌 8,000억 원이 있습니까?

최순실 독일에 한 푼도 없습니다. 있다면 찾아서 가지세요.

청문위원 새누리당 총선 참패와 관련해서 어떻게 생각하시는지, 선거에 관여하셨습니까?

최순실	(답변 거부)

9) 개인 신상

청문위원	지금 심정이 어떠십니까?
최순실	국민들에게 죄송합니다.
청문위원	공황장애 등 건강 상태는 어떠신지요?
최순실	증세가 있으나 자세한 말은 못 합니다.
청문위원	청문회 불출석 사유가 무엇입니까?
최순실	너무 힘듭니다. 심경이 복잡합니다. 지금 재판 중입니다.
청문위원	정유라와 박근혜 중 누가 더 상실감이 클까요?
최순실	딸입니다.
청문위원	청문위원 중에 아는 위원이 있습니까?
최순실	장제원 위원을 압니다.
청문위원	구치소에서 신문은 읽나요?
최순실	볼 시간이 없습니다.
청문위원	세월호 사건 당일 어디에 있었는지요? 그날 대통령과 통화한 적이 있습니까?
최순실	기억이 안 납니다. 그것과 연결시키지 말아주세요. 어제 일도 기억이 안 나는데 그때 일은 기억할 수 없습니다.
청문위원	몇 년 형을 받을 것 같습니까?
최순실	종신형도 생각하고 있습니다.
청문위원	왜 현금만 썼습니까?
최순실	카드도 있습니다.
청문위원	청문회 관련 뉴스는 보고 계십니까?
최순실	(답변 거부)
청문위원	정윤회와 독일에서 살았습니까?
최순실	확인해봐야 합니다.

02 ─ 박근혜 정부 국정농단행위자 소유재산의
국가귀속에 관한 특별법안*

제안이유

박근혜 정부에서 발생한 '박근혜-최순실 게이트'는 사상 초유의 국정농단 행위로서 개개의 행위들이 범죄행위를 구성하는지와 관계없이 일련의 국 정농단 과정에서 최순실과 그 일가가 취득한 재산 및 최순실의 국정농단행 위에 가담하거나 최순실의 영향력을 이용하여 주변 인물들이 축적한 재산 을 환수하여 국가에 귀속시키는 것이 헌법의 이념에 부합하고, 국정농단행 위의 재발을 방지하는 길이라고 할 것임.

그러나 현행 '범죄수익은닉의 규제 및 처벌 등에 관한 법률'이나 개별 법률 에 산재되어 있는 몰수에 관한 개별 규정들로는 헌정사상 유례가 없는 '박 근혜-최순실 게이트'에 적용하는 데 한계가 있고, 위 규정들을 개정하더라 도 문제점을 모두 해소하기 어려움.

아울러 최순실과 관련된 주변 인물들이 최순실의 국정농단 행위에 편승하 여 취득한 재산을 환수하기 위해서는 이를 규율할 수 있는 특별규정들이 필 요함.

주요내용

가. "국정농단행위자"의 개념을 「박근혜 정부의 최순실 등 민간인에 의한

---

* 국회 공청회에서 다룬 특별법안 원문을 그대로 실었다.

국정농단 의혹 사건 규명을 위한 특별검사의 임명 등에 관한 법률(법률 제14276호)」제2조 제1호 내지 제15호에서 규정한 사건 및 그와 관련된 사건에 있어 헌법과 법률에 따라 정당하게 권력을 위임받지 않고 대통령직 또는 대통령을 보좌하는 청와대 관계인, 장·차관(이와 동일한 직급에 있는 자를 포함한다) 등의 권력을 이용하거나 권력을 남용하여 물질적 이득을 얻거나 다른 사람으로 하여금 이를 얻도록 하는 행위를 한 자"로 정의함(안 제2조).

나. 이 특별법은 범죄수익 등에 대하여 몰수·추징이나 환수를 규정하고 있는 다른 법률에 우선하여 적용됨(안 제3조).

다. 국정농단행위자의 부당수익이나 부당수익에서 유래한 재산 및 혼화재산 중 부당수익에서 유래한 부분에 대한 재산은 원인행위시로 소급하여 이를 국가의 소유로 함(안 제4조).

라. 국정농단행위자의 재산 환수에 관한 사항을 심의·의결하기 위하여 "국정농단행위자 재산조사위원회"를 설치하고, 직무는 독립하여 수행하도록 함(안 제5조, 제12조).

마. 재산조사위원회의 성격을 고려하여 법률전문가 외에도 공인회계사, 세무사, 금융분석가를 포함하여 위원회를 구성하도록 함(안 제7조).

바. 누구든지 특정한 재산이 국헌문란행위자 등의 소유재산에 해당한다는 상당한 개연성이 있는 경우 재산조사위원회에 해당 재산에 대하여 조사할 것을 신청할 수 있음(안 제17조).

사. 위원회는 이 법에 따라 국가에 귀속될 재산에 해당한다고 의심할 만한 정황이 있는 경우에는 영장을 발부받아 압수, 수색, 검증을 할 수 있음(안 제19조).

아. 위원장은 필요하다고 인정하는 경우 국가기관·지방자치단체에 소속 공무원의 파견 및 이에 필요한 지원을 요청할 수 있음(안 제22조).

법안

법률 제 호

박근혜 정부 국정농단행위자 소유재산의 국가귀속에 관한 특별법안

제1조(목적) 이 법은 박근혜 정부에서 국정을 농단한 행위자가 축재한 재산을 환수하여 국가에 귀속시킴으로써 헌법질서를 바로잡고 사회정의를 실현함으로써 헌법의 이념을 구현함을 목적으로 한다.

제2조(정의) 이 법에서 사용하는 용어의 뜻은 다음과 같다.

1. "국정농단행위자"란 「박근혜 정부의 최순실 등 민간인에 의한 국정농단 의혹 사건 규명을 위한 특별검사의 임명 등에 관한 법률(법률 제14276호)」 제2조 제1호 내지 제15호에서 규정한 사건 및 그와 관련된 사건에 있어 헌법과 법률에 따라 정당하게 권력을 위임받지 않고 대통령직 또는 대통령을 보좌하는 청와대 관계인, 장·차관(이와 동일한 직급에 있는 자를 포함한다) 등의 권력을 이용하거나 권력을 남용하여 물질적 이득을 얻거나 다른 사람으로 하여금 이를 얻도록 하는 행위(이하 '국정농단행위'라 한다)를 한 자를 말한다.

2. "국정농단행위로 인한 수익(이하 "부당수익"이라 한다)"이란 국정농단행위자가 국정농단행위에 기해 취득한 재산을 말한다.

3. "부당수익에서 유래한 재산"이란 부당수익의 과실(果實)로 얻은 재산, 부당수익의 대가로 얻은 재산 및 이들 재산의 대가로 얻은 재산 등을 말한다.

4. "혼화재산"이란 부당수익이나 부당수익에서 유래한 재산과 그 외의 재산이 합쳐진 재산(이하 '혼화재산'이라 한다)을 말한다.

제3조(다른 법률과의 관계) 국정농단행위자 소유의 재산에 대하여 다른 법률

에 의하여 몰수·추징 또는 환수가 가능한 경우에도 이 법을 우선하여 적용한다. 다만, 다른 법률에 의하여 이미 몰수·추징 또는 환수절차가 종료된 경우에는 그러하지 아니하다.

제4조(국정농단행위자의 재산의 국가귀속) ① 다음 각 호의 재산은 그 취득·증여 등 원인행위시에 이를 국가의 소유로 한다.

1. 국정농단행위자 소유의 재산 중 부당수익 및 부당수익에서 유래한 재산

2. 국정농단행위자 소유의 혼화재산 중 부당수익 및 부당수익에서 유래한 부분에 해당하는 재산

3. 국정농단행위로 제3자가 취득한 재산. 다만, 제3자가 정당한 대가를 지급하고 선의로 취득한 권리를 해하지 못한다.

4. 국정농단행위자로부터 상속받거나 유증·증여받은 재산(상속인의 지위에 있는 자가 유증·증여받은 경우에 한한다)

② 국정농단행위자가 2013. 2. 25.부터 2017. 3. 10.까지 사이에 취득한 재산은 국정농단행위에 기해 취득한 재산으로 추정한다.

③ 제1항에도 불구하고 같은 항 각호의 재산 중 범죄피해재산이 포함된 경우에는 그 부분에 한하여 이를 국가의 소유로 할 수 없다. 다만, 범죄피해자가 국가나 지방자치단체인 경우에는 그러하지 아니하다.

④ 국정농단행위자 등의 재산의 국가귀속에 관한 구체적인 절차와 그 밖의 필요한 사항에 관하여는 대통령으로 정한다.

제5조(국정농단행위자 재산조사위원회의 설치) ① 국정농단행위자 소유의 재산을 조사하기 위하여 "국정농단행위자 재산조사위원회(이하 '위원회'라 한다)"를 둔다.

② 위원회는 이 법과 다른 법률에 저촉되지 아니하는 범위에서 위원회의 내부 규율과 사무처의 운영에 관한 사항 및 이 법에서 위임하는 사항에 관한 규칙을 제정할 수 있다.

③ 위원회규칙은 관보에 게재하여 공포한다.

제6조(위원회의 업무) ① 위원회의 업무는 다음 각 호와 같다.

1. 국정농단행위 조사대상자(이하 '조사대상자'라 한다)의 선정

2. 조사대상자가 행한 국정농단행위의 조사

3. 제1호의 규정에 따라 선정된 조사대상자 중 국정농단행위자의 결정

4. 국정농단행위자 소유의 재산조사(재산의 내용, 소유 형태, 취득 경위에 대한 조사를 포함하며 재산 은닉의 의심이 있는 경우 재산 은닉 여부에 대한 조사를 포함한다)

5. 국정농단행위로 제3자가 취득한 재산의 조사

6. 국정농단행위자 소유의 재산 중 부당수익, 부당수익에서 유래한 재산, 혼화재산 여부 및 혼화재산 중 부당수익 및 부당수익에서 유래한 부분에 해당하는 재산 여부의 결정

7. 국정농단행위자 및 제3취득자 재산의 국가귀속의 결정

8. 그 밖에 제1호 내지 제7호를 위하여 대통령령으로 정하는 사항

② 위원회는 제1항의 규정에 따른 업무를 수행하기 위하여 국가기관, 지방자치단체, 그 밖의 관련기관 또는 단체에 대하여 필요한 자료제출 및 사실조회 등 협조를 요청할 수 있다.

③ 제2항의 규정에 따라서 위원회로부터 협조요청을 받은 국가기관 등은 특별한 사정이 없는 한 이에 응하여야 한다.

제7조(위원회의 구성) ① 위원회는 위원장 1인과 상임위원 2인을 포함하여 9인의 위원으로 구성한다.

② 위원장과 위원은 다음 각 호의 어느 하나에 해당하는 자 중에서 국회의 동의를 얻어 대통령이 임명하고, 위원장은 위원 중에서 대통령이 임명한다.

1. 판사·검사·군법무관 또는 변호사의 직에 10년 이상 재직한 자

2. 공인된 대학에서 법학 관련 학과의 전임교수 이상의 직에 10년 이상 재직

한자

3. 공인회계사, 세무사, 금융분석관련 직에 10년 이상 재직한 자

4. 국세청, 금융감독원, 금융정보분석원 등에서 공무원으로 10년 이상 재직
한 자

③ 위원회는 반드시 제2항 제1호와 제3호의 규정에 해당하는 위원이 각 3
인 이상씩 포함되도록 구성하여야 한다.

④ 위원장과 상임위원은 정무직으로 보한다.

⑤ 위원의 임기는 위원회의 활동기간(연장기간을 포함한다)으로 한다.

⑥ 위원이 사고로 직무를 수행할 수 없거나 궐위된 때에는 지체 없이 새로
운 위원을 선출하여야 한다.

제8조(위원회의 운영) 위원회는 특별한 규정이 없는 한 재적위원 3분의 1 이
상의 출석으로 개의하고, 재적위원 과반수의 찬성으로 의결한다.

제9조(위원장의 직무) ① 위원장은 위원회를 대표하며, 그 직무를 통할한다.

② 위원장이 부득이한 사유로 직무를 수행할 수 없을 때에는 위원장이 미리
지명한 상임위원이 그 직무를 대행한다.

③ 위원장은 그 소관 사무에 관하여 국무총리에게 의안 제출을 건의할 수
있다.

제10조(위원회의 활동 기간) ① 위원회는 그 구성을 마친 날로부터 4년 이내
에 활동을 완료하여야 한다.

② 위원회는 제1항의 규정에서 정한 기간 이내에 활동을 완료하기 어려운
경우에는 재적위원 과반수의 찬성으로 의결한 후 국회의 승인을 얻어 그 활
동기간을 1회에 한하여 연장할 수 있다. 이 경우 활동기간은 2년을 초과할
수 없다.

제11조(위원의 결격사유) ① 다음 각 호의 어느 하나에 해당하는 자는 위원이 될 수 없다.

1. 대한민국 국민이 아닌 자
2. 국가공무원법 제33조 각 호의 어느 하나에 해당하는 자
3. 정당의 당원
4. 공직선거법에 의하여 실시하는 선거에 후보자로 등록한 자
5. 조사대상자와 친족관계에 있는 자
6. 그 밖에 이 법의 취지에 비추어 그 직무를 맡는 것이 부적절하다고 인정되는 자

② 위원이 제1항 제1호 내지 제5호에 해당하게 된 때에는 당연 퇴직된다.

제12조(위원의 직무상 독립과 신분보장) ① 위원은 대통령을 포함하여 외부의 어떠한 지시나 간섭을 받지 아니하고 독립하여 그 직무를 수행한다.
② 위원은 신체상 또는 정신상의 장애로 직무수행이 현저히 곤란하게 되거나 불가능하게 된 경우 및 형의 선고에 의한 경우를 제외하고 그 의사에 반하여 면직되지 아니한다.

제13조(사무처의 설치) ① 위원회의 사무를 처리하기 위하여 위원회에 사무처를 둔다.
② 사무처에는 사무처장 1인과 필요한 직원을 둔다.
③ 사무처장은 상임위원 중 1인으로 하며, 위원회의 의결을 거쳐 위원장이 임명하고, 위원회의 소속 직원은 서무처장의 제청으로 위원장이 임명한다.
④ 사무처장은 위원장의 지휘를 받아 위원회의 사무를 관장하며 소속 직원을 지휘·감독한다.

제14조(직원의 신분보장) ① 위원회 소속 직원은 형의 선고·징계처분 또는 위원회의 규정이 정하는 사유에 의하지 아니하고는 그 의사에 반하여 퇴직·

휴직·강임 또는 면직을 당하지 아니한다.

제15조(비밀준수의무) 다음 각 호의 자는 위원회의 비밀에 해당하는 정보·문서·자료 또는 물건을 다른 사람에게 제공 또는 누설하거나 그 밖에 위원회의 업무수행 외의 목적을 위하여 이용하여서는 아니된다.

1. 위원회의 위원 또는 위원이었던 자
2. 위원회의 직원 또는 직원이었던 자
3. 제18조 제1항 제4호의 규정에 따른 감정인 또는 감정인이었던 자

제16조(조사의 개시 등) ① 위원회는 국정농단행위에 해당한다고 인정할 만한 상당한 근거가 있고 그 내용이 중대하다고 인정하는 때에는 의결로써 조사대상자를 선정하여 조사대상자자가 행한 국정농단행위에 대한 조사, 국정농단행위자 및 제3취득자의 재산에 대한 조사를 개시할 수 있다.

② 위원회는 필요한 경우 국정농단행위자 및 제3취득자의 재산에 대하여 법원에 보전처분을 신청할 수 있다.

③ 국정농단행위자의 소유재산에 해당한다고 의심할만한 재산에 관하여 「공공기관의 정보공개에 관한 법률」에 따른 공개요청이 있는 경우 국가 및 지방자치단체는 위원회에 국정농단행위자의 소유재산 여부에 대한 조사를 의뢰하여야 한다. 이 경우 위원회는 조사를 개시하여 국정농단행위자의 소유재산 여부의 결정을 한 후 그 결과를 국가나 지방자치단체에 통지하여야 한다.

④ 국가 및 지방자치단체는 필요하다고 인정할 때는 위원회의 조사결정이 이루어질 때까지 제3항의 규정에 따른 정보공개절차를 중지할 수 있다.

⑤ 국정농단행위자의 소유재산에 해당한다고 의심되는 재산에 관하여 소송이 계속 중인 경우 법원은 직권이나 당사자의 신청으로 위원회에 국정농단행위자 등의 소유재산 여부에 대한 조사를 의뢰할 수 있다. 이 경우 위원회는 조사를 개시하여 국정농단행위자의 소유재산 여부의 결정을 한 후 그

결과를 법원에 통지하여야 한다.

⑥ 법원은 필요하다고 인정한 때에는 위원회의 결정이 있을 때까지 제5항의 규정에 따른 소송절차를 중지할 수 있다.

⑦ 위원회는 제1항의 규정에 따라 조사대상자나 조사대상재산을 선정한 때에는 그 선정사실을 당해 조사대상자, 그 배우자와 직계비속 또는 이해관계인에게 통지하여야 한다.

⑧ 위원회는 제7항의 규정에 의한 통지를 함에 있어서 통지대상자에게 이의신청의 제기 및 그 절차와 기간 그 밖에 필요한 사항을 알려야 한다.

⑨ 제9항의 규정에 따라 통지를 받은 자는 그 조사대상자 및 조사대상재산의 선정에 대하여 이의가 있는 경우 통지를 받은 날부터 60일 이내에 위원회에 서면으로 이의신청을 할 수 있다.

⑩ 위원회는 이의신청을 받은 날부터 30일 이내에 이의신청에 대하여 결정을 하고 그 결과를 신청인에게 지체 없이 서면으로 통지하여야 한다.

⑫ 제10항의 규정에 따른 이의신청의 절차에 관하여 필요한 사항은 대통령령으로 정한다.

제17조(재산조사의 신청) ① 누구든지 특정한 재산이 국정농단행위자의 소유 재산에 해당한다는 상당한 개연성이 있는 경우 위원회에 다음 각 호의 사항을 기재한 서면으로 해당 재산에 대하여 조사할 것을 신청(이하 '재산조사신청'이라 한다)할 수 있다.

1. 조사대상재산의 개략적인 내역과 소재지

2. 조사대상재산에 해당하는 개략적인 이유

3. 조사대상재산의 소유자의 성명과 주소(소유자를 알고 있는 경우에 한한다)

② 제1항에 따라 재산조사신청이 있을 때에는 위원회는 신청서를 제출받은 날로부터 30일 이내에 조사에 착수할 것인지 여부를 통지하여야 하고, 조사에 착수하지 않기로 결정한 경우에는 그 이유를 부기하여야 한다.

③ 재산조사신청에 대하여 조사에 착수한 경우에는 조사가 마쳐진 날로부

터 30일 이내에 그 결과를 신청인에게 통지하여야 한다.

제18조(조사의 방법) ① 위원회는 조사를 수행함에 있어서 다음 각 호의 조치를 할 수 있다.

1. 국정농단행위자의 소유재산을 관리·소유하고 있는 자에 대하여 재산상태 및 관련 자료의 제출요구
2. 국정농단행위자의 소유재산을 관리·소유하고 있는 자의 출석요구 및 진술청취
3. 관련 국가기관·시설·단체 등에 대한 관련 자료 또는 물건의 제출요구
4. 감정인의 지정 및 감정의 의뢰

② 위원회는 필요하다고 인정할 때에는 위원 또는 소속 직원으로 하여금 제1항 각 호의 조치를 하게 할 수 있다.

③ 위원회는 필요하다고 인정할 때에는 위원 또는 소속 직원으로 하여금 국정농단행위자의 재산상태 등을 규명하기 위하여 필요한 장소에서 관련 자료·물건 또는 시설에 대한 실지조사를 하게 할 수 있다. 이 경우 위원회는 위원 또는 소속 직원으로 하여금 대통령령이 정하는 바에 의하여 지정된 장소에서 국정농단행위자 또는 이와 관련된 자의 진술을 청취하게 할 수 있다.

④ 제3항의 규정에 따라 실지조사를 하는 위원 또는 소속 직원은 실지조사의 대상인 기관·시설·단체 등이나 그 직원 또는 국정농단행위자에 대하여 필요한 자료 또는 물건의 제출을 요구할 수 있다. 이 경우 자료 또는 물건의 제출요구는 조사목적 달성에 필요한 최소한의 범위 안에 그쳐야 하며, 자료 또는 물건의 제출요구를 받은 기관 등이나 그 직원 또는 국정농단행위자는 지체 없이 이에 응하여야 한다.

⑤ 제3항 및 제4항의 규정에 따라 조사를 하는 위원 또는 소속 직원은 그 권한을 표시하는 증표를 지니고 이를 관계인에게 내보여야 한다.

⑥ 제1항 제4호의 규정에 따라 감정인으로 지정된 자는 허위의 감정을 하여서는 아니된다.

⑦ 조사의 절차 그 밖에 필요한 사항에 관하여는 대통령령으로 정한다.

제19조(재산의 강제조사) ① 위원회는 재산조사를 위하여 필요한 때에는 이 법 제4조 제1항 각 호에 해당된다고 의심할 만한 정황이 있는 경우에 한정하여 지방법원판사에게 청구하여 발부받은 영장에 의하여 압수, 수색, 또는 검증을 할 수 있다.

② 위원회는 재산조사 과정에서 소유자, 소지자 또는 보관자가 임의로 제출한 물건을 영장 없이 압수할 수 있다.

③ 압수, 수색, 검증에 관하여 이 법 또는 위원회의 성격에 반하지 않는 범위 내에서 형사소송법 중 압수, 수색, 검증에 관한 규정을 준용한다.

④ 위원회는 이 법 제22조에 따라 영장의 청구와 집행, 그 밖에 재산조사 등의 업무를 수행할 검사와 사법경찰관리의 파견을 요청할 수 있다.

제20조(이의신청 등 불복절차) ① 위원회의 실지조사, 자료제출 요구, 진술청취 등에 있어서 국정농단행위자의 소유재산과 직접적인 이해관계가 있는 자는 이의신청을 할 수 있다.

② 제1항의 규정에 따른 이의신청은 그 행위가 있은 날부터 60일 이내에 위원회에 서면으로 할 수 있고, 이 경우 위원회는 이의신청을 받은 날부터 30일 이내에 이의신청에 대하여 결정을 하고 그 결과를 신청인에게 지체 없이 서면으로 통지하여야 한다.

③ 제1항의 규정에 따른 이의신청 절차에 관하여는 제16조의 규정을 준용한다.

제21조(조사대상자의 불출석) 위원회는 제18조 제1항 제2호의 규정에 따른 출석요구를 받은 자가 정당한 사유 없이 출석요구에 응하지 아니하는 때에는 해당인이 출석하지 아니한 상태에서 조사를 진행할 수 있다.

제22조(공무원 등의 파견) ① 위원장은 위원회의 업무수행을 위하여 특히 필요하다고 인정하는 경우에는 국가기관·지방자치단체에 대하여 소속 공무원의 파견 및 이에 필요한 지원을 요청할 수 있다. 이 경우 파견요청을 받은 국가기관 또는 지방자치단체의 장은 업무수행에 중대한 지장이 없는 한 이에 응하여야 한다.

② 제1항의 규정에 의하여 위원회에 파견된 공무원은 그 소속 국가기관 또는 지방자치단체로부터 독립하여 위원회의 업무를 수행한다.

③ 제1항의 규정에 의하여 공무원을 파견한 국가기관 또는 지방자치단체의 장은 위원회에 파견된 자에 대하여 인사상 불리한 조치를 하여서는 아니 된다.

제23조(벌칙 적용에서의 공무원 의제) 공무원이 아닌 위원회의 위원 또는 직원은 형법 그 밖의 법률에 의한 벌칙의 적용에 있어서는 이를 공무원으로 본다.

제24조(벌칙) ① 조사업무를 수행하는 위원이나 위원회 소속 직원 또는 위원회의 조사에 참여하는 참고인을 폭행 또는 협박하는 등의 방법으로 위원회의 업무수행을 방해한 자는 5년 이하의 징역 또는 5천만원 이하의 벌금에 처한다.

② 제18조 제6항의 규정을 위반하여 허위 감정을 한 자는 3년 이하의 징역 또는 3천만원 이하의 벌금에 처한다.

③ 제15조의 규정을 위반하여 비밀에 해당하는 정보 등을 제공 또는 누설하거나 다른 목적을 위하여 이용한 자는 2년 이하의 징역 또는 2천만원 이하의 벌금에 처한다.

제25조(과태료) 정당한 사유 없이 다음 각 호의 어느 하나에 해당하는 자는 1천만원 이하의 과태료에 처한다.

1. 제18조 제1항 제1호의 규정에 따른 재산상태 및 관련 자료의 제출요구에 응하지 아니하거나 거짓 자료를 제출한 자
2. 제18조 제1항 제2호의 규정에 따른 출석요구에 응하지 아니하거나 진술을 하지 아니하는 자
3. 제18조 제1항 제3호의 규정에 따른 자료 또는 물건의 제출요구에 응하지 아니하거나 거짓으로 자료 또는 물건을 제출한 자

제26조(과태료 부과권자 및 불복절차) ① 제25조의 규정에 따른 과태료는 대통령령이 정하는 바에 따라 위원장이 부과·징수한다.

② 위원장은 제1항의 규정에 따라 과태료를 부과하고자 할 때에는 10일 이상의 기간을 정하여 과태료 처분 대상자에게 구술 또는 서면에 의한 의견진술의 기회를 주어야 한다. 이 경우 지정된 기일까지 의견진술이 없는 때에는 의견이 없는 것으로 본다.

③ 제1항의 규정에 따른 과태료 처분에 불복하는 자는 그 처분을 고지 받은 날부터 30일 이내에 위원장에게 이의를 제기할 수 있다.

④ 제1항의 규정에 따른 과태료 처분을 받은 자가 제3항의 규정에 의하여 이의를 제기한 때에는 위원장은 지체 없이 관할 법원에 그 사실을 통보하여야 하며, 그 통보를 받은 관할 법원은 「비송사건절차법」에 의한 과태료의 재판을 한다.

⑤ 제3항의 규정에 따른 기간 이내에 이의를 제기하지 아니하고 과태료를 납부하지 아니한 때에는 국세체납처분의 예에 의하여 이를 징수한다.

⑥ 위원장은 과태료의 금액을 정함에 있어 당해 위반행위의 동기와 그 결과를 참작하여야 한다.

부칙

①**(공포일)** 이 법은 공포한 날부터 시행한다.

②**(공개요청된 정보 및 소송계속 중인 사건에 대한 적용례)** 제16조의 규정은 이

법 시행당시 국정농단행위자 등의 소유재산이라고 의심되는 재산에 대하여 「공공기관의 정보공개에 관한 법률」에 따라 공개요청이 되어 계류 중인 사안 또는 법원에 소가 제기되어 계속 중인 사건에 대하여도 적용된다.

불법적 자산의 동결, 몰수, 반환에 관한 법률(핵심요약)

Section 1 – 목적

이 법은 정치적 주요인물과 그 주위의 사람들(이하 PEP)이 불법으로 획득한 외국 자산의 동결, 몰수, 반환과 관련된 법임. 이 법의 필요한 단어들의 정의도 나와 있음. 박정희, 박근혜, 최순실 역시 PEP에 해당함.

Section 2 – 자산 동결

Art. 3: country of origin(이하 상대국. 여기서는 한국이라 가정함)과의 법적 공조체계를 지원하기 위한 목적의 자산동결 조건:

- 한국 정부 혹은 그 정부와 관련된 사람이 권력을 잃었거나 잃을 것이 확실한 경우
- 부정부패의 정도가 악명이 높을 경우
- 자산이 부정부패나 형사사건이나 다른 중죄를 통한 획득일 경우
- 스위스의 국익이 보호될 경우

Art. 4: 공조를 목적으로 한 자산동결이 실패할 경우 스위스 정부는 자산 몰수를 염두해둔 자산동결을 시행할 수 있는데 그 조건은 다음과 같음:

- 형사사건과 관련된 법률적 공조체계 내에서의 압수명령일 경우
- 상대국이 법체계의 붕괴로 인한 공조 조건을 충족시킬 수 없는 경우
- 자산동결이 스위스의 국익을 보호할 경우

Art. 6: 자산동결 기간은 4년이지만 스위스 정부는 매년 1년씩 상대국이 상호 공조체계하에 협력할 의사가 있다면 연장할 수 있음. 자산동결의 최대 기간은 10년임.

Art. 7: 정보 제공의무
- 스위스에서 Art. 3관련 자산을 관리하는 사람이거나 기관인 경우 즉시 자산을 스위스 자금세탁보고기관(이하 MROS)에 신고해야함.
- 스위스에서 자산을 관리하지 않지만 자기의 일로 인해 동결자산과 관련한 지식이 있는 사람 또는 기관은 즉시 MROS에 신고해야함.
- MROS의 요청시 위와 관련된 사람은 정보를 제공할 의무가 있음.

Section 3 – 지원 제도

Art. 11 과 Art. 12: 스위스는 동결된 자산에 대한 상대국의 반환노력을 지원할 수 있음. 구체적으로는 외교부와 법무부가의 협의하에 관련 기관에 교육지원과 법률자문을 도와줄 수 있고, 쌍방 또는 다자간의 컨퍼런스나 미팅을 주선할 수 있고, 전문가를 상대국에 보낼 수 있음. 외교부는 이런 조치를 위해 국내외 다른 기관과 협력하여 일을 할 수도 있음.

Art. 13: 상대국(한국)으로의 정보 제공:
- 상대국(한국)이 스위스로부터 공조 요청을 할 수 있게 하거나 덜 입증된 요구사항들을 완성하기 위해 MROS는 상대국(한국)의 자금세탁방지기관(한국의 MROS)에 이 법률을 통해 습득한 정보(은행 정보 포함)를 보낼 수 있음.
- 예외는 상대국이 국가운영에 실패하거나 결과적으로 당사자의 삶과 건강이 염려될 때임.
- 정보의 형태는 리포트 형식이고 여러 단계에 나눠서 제공될 수 있으며 조건이 있을 수도 있음. 그 조건이란 MROS가 상대국에서 공정한 재판을

받을 수 있는 권리를 고려할 것임. MROS는 정보를 제공하기 전에 법무부와 외교부와 상의해야함.

Section 4 – 재산 몰수

Art. 14 조건과 절차:

스위스 정부는 재무부를 통해서 동결자산을 몰수하기 위한 연방행정소송을 진행할 수 있음. 법원은 다음과 같은 자산에 대하여 몰수를 명령할 수 있음:

- 권좌에 있는 정치인이거나 그와 가까운 사람들이거나 그들이 수혜자 (PEP)인 자산
- 출처가 불법인 자산
- Art. 4에 따라 스위스 정부가 몰수를 예상하여 동결시킨 자산
  공소시효기간에 대한 제한 없음.
  형사사건이 재개되어 상호 공조하는 경우, 재산 몰수는 소송결과가 나올 때까지 연기됨.

Art. 15 불법재산으로 추정되는 조건:

- 개인의 부가 PEP의 공적인 일을 통해 과도하게 증가했을 경우(여기서 과도하다는 것은 법대로 소득을 취한 사람과 부의 성장에 아주 많은 불균형이 있고, 일상적인 경험과 상반되고 나라의 만연한 상황을 고려했을 때임)
- 상대국(한국)이나 권좌에 있는 PEP의 부정부패 수준이 아주 심했을 경우
  이 추정은 압도적인 확률로 자산이 법대로 획득됐다는 것을 증명했을 때 뒤집힘.

Section 5 – 재산 반환

Art. 17 목적:

- 상대국(한국) 내국인의 삶의 조건을 향상

- 상대국에서의 법치주의의 강화
- 범죄는 반드시 처벌된다는 사실에 공헌

Art. 18 절차:
- 몰수된 자산의 반환은 공익프로그램을 위한 자금조달의 형식으로 이루어짐
- 연방정부는 자산반환의 과정을 (상대국과) 합의할 수 있음
- 합의사항 중에는 다음 사항이 포함될 수 있음

a. 반환된 자산으로 조성된 공익프로그램의 형태

b. 반환된 자산의 용처

c. 반환과정에 포함된 당사자들

d. 반환된 자산의 용처에 대한 통제와 모니터링

- 상대국과의 합의가 없을 경우, 연방정부는 반환절차를 정해야 함. 이 경우 외교부의 감독 하에 국제기구 또는 국내단체를 통해 몰수재산을 반환할 수 있음
- 가능한 한, 반환과정에는 비정부기구를 포함시켜야 함.

Art. 19 비용:
몰수된 재산 가치의 2.5% 이하의 액수가 일시불로 차감될 수 있음. 이 금액은 연방정부 또는 지방정부의 동결, 몰수, 반환에 따른 각종 지원조치실행을 커버하는 비용임.

제안 이유

박근혜 정부에서 발생한 '박근혜-최순실 게이트'를 비롯하여 최근 이명박 전 대통령에 대한 수사과정에서 박근혜 정권이나 이명박 정권에서 박근혜 나 이명박 또는 그 일가나 주변 인물들이 부정한 방법으로 축재한 재산이 엄청난 규모에 이른다는 사실이 밝혀지고 있음.

또한 박근혜 정권이나 이명박 정권에서 대기업들과 사이에 부정청탁을 매개로 거액의 자금을 지원받은 정황이 드러나고 있으며, 과거 대기업들이 범죄행위를 통해 취득한 재산을 환수하지 않음으로써 대기업들은 범죄를 저지르고도 수천억 원에서 수조 원에 이르는 막대한 수익을 얻게 되는 부당한 결과를 초래함.

이와 같이 국헌문란행위를 통해 부정축재한 재산의 보유를 용인하거나 대기업들이 불법적인 방법이나 정권과 결탁하여 취득한 수익을 보유할 수 있도록 허용하는 것은 우리 헌법의 근본 질서에 반하는 것임.

현행 '범죄수익은닉의 규제 및 처벌 등에 관한 법률'이나 개별 법률에 몰수·추징에 관한 개별 규정들이 산재해 있기는 하나 위와 같은 규정들만으로는 앞서 본 바와 같은 부당수익을 효과적으로 환수하기에는 한계가 있고, 특히 이전 정권들에서 자행된 국헌문란행위에 대해서는 공소시효나 소급효의 문제 등이 있으므로 형사법적인 몰수·추징과는 다른 새로운 내용의 입법이 필요함.

주요 내용

가. "국헌문란범죄"란 헌법과 법률에 따라 정당하게 권력을 위임받지 않고 대통령직 또는 대통령을 보좌하는 수석비서관, 비서관 등 청와대 관계인, 장·차관(이와 동일한 직급에 있는 자를 포함한다) 등이 「형법」 제122조, 제123조, 제127조, 제129조 내지 제133조, 제323조, 제324조, 제350조의 죄를 범하여 재물 또는 재산상 이익을 얻거나 다른 사람으로 하여금 이를 얻도록 하는 행위 중 재물 또는 재산상 이익의 가액이 10억 원을 초과하는 경우를 말(안 제2조 제1호).

나. "특정재산범죄"란 「형법」 제355조(횡령·배임) 또는 제356조(업무상의 횡령과 배임), 제357조(배임수증죄)의 죄 중 그 범죄행위로 취득하거나 제3자로 하여금 취득하게 한 재물 또는 재산상 이익의 가액이 50억 원을 초과하는 경우를 말함(안 제2조 제2호).

다. 국헌문란등범죄수익등은 국가의 소유로 하되, 국헌문란등범죄 피해자의 권리를 해하지 못함(안 제4조 제1항).

라. 법무부장관은 직권 또는 신청에 따라 법원에 국헌문란등범죄수익등의 국고 귀속을 청구하는 소(이하 "환수청구의 소"라 한다)를 제기하여야 함(안 제5조 제1항).

마. 환수청구의 소는 국헌문란등범죄를 저지른 자에게 유죄의 재판을 하지 아니하거나 공소를 제기하지 아니하는 경우에도 그 요건을 갖추었을 때에는 제기할 수 있음(안 제5조 제2항).

바. 누구든지 특정한 재산이 국헌문란등범죄수익등에 해당한다는 상당한 개연성이 있는 경우 법무부장관에게 해당 재산에 대하여 환수청구의 소를 제기할 것을 신청할 수 있음(안 제6조 제1항).

사. 환수청구의 신청을 한 자는 법무부장관으로부터 환수청구의 소를 제기하지 아니하기로 하는 통지를 받은 때에는 재정신청을 할 수 있음(안 제7조 제1항).

아. 법무부장관은 해당 재산이 환수청구의 대상이 된다는 사실을 고도의 개연성이 있는 정도로 증명하여야 함(안 제9조 제1항).

자. 환수청구의 소에 관한 사항은 민사소송법을 준용함(안 제11조 제3항).

차. 이 법 시행 전에 범한 국헌문란등범죄로부터 발생한 국헌문란등범죄수익등을 환수하는 경우에도 적용함(안 부칙 제2조).

국헌문란범죄 및 특정재산범죄로 인한 수익의 환수에 관한 법률안

제1조(목적) 이 법은 국헌을 문란하게 한 행위자가 축재한 재산과 특정재산범죄로 인한 수익을 환수하여 국가에 귀속시킴으로써 헌법질서를 바로 잡고 사회정의를 실현함으로써 헌법의 이념을 구현함을 목적으로 한다.

제2조(정의) 이 법에서 사용하는 용어의 뜻은 다음과 같다.

1. "국헌문란범죄"란 헌법과 법률에 따라 정당하게 권력을 위임받지 않고 대통령직 또는 대통령을 보좌하는 수석비서관, 비서관 등 청와대 관계인, 장·차관(이와 동일한 직급에 있는 자를 포함한다) 등이「형법」제122조, 제123조, 제127조, 제129조 내지 제133조, 제323조, 제324조, 제350조의 죄를 범하여 재물 또는 재산상 이익을 얻거나 다른 사람으로 하여금 이를 얻도록 하는 행위 중 재물 또는 재산상 이익의 가액이 10억 원을 초과하는 경우를 말한다.

2. "특정재산범죄"란「형법」제355조(횡령·배임) 또는 제356조(업무상의 횡령과 배임), 제357조(배임수증죄)의 죄 중 그 범죄행위로 취득하거나 제3자로 하여금 취득하게 한 재물 또는 재산상 이익의 가액이 50억 원을 초과하는 경우를 말한다.

3. "국헌문란범죄등수익"이란 국헌문란범죄와 특정재산범죄(이하 '국헌문란등범죄'이라 한다)에 해당하는 범죄행위에 기해 취득한 재산 또는 그 범죄행위의 보수(報酬)로 얻은 재산을 말한다.

4. "국헌문란등범죄수익에서 유래한 재산"이란 국헌문란등범죄수익의 과

실(果實)로 얻은 재산, 국헌문란등범죄수익의 대가로 얻은 재산 및 이들 재산의 대가로 얻은 재산, 그 밖에 국헌문란등범죄수익의 보유 또는 처분에 의하여 얻은 재산을 말한다.

5. "국헌문란등범죄수익등"이란 국헌문란등범죄수익과 국헌문란등범죄수익에서 유래한 재산 및 이들 재산과 그 외의 재산이 합쳐진 재산(이하 '혼화재산'이라 한다)을 말한다.

제3조(다른 법률과의 관계) 국헌문란등범죄수익등의 환수에 관하여 이 법과 다른 법률이 경합하는 경우에는 이 법을 우선 적용한다. 다만, 해당 범죄행위에 대하여 이미 몰수나 추징의 판결이 있는 경우에는 그러하지 아니하다.

제4조(국헌문란범죄등수익등의 환수) ① 국헌문란등범죄수익등은 국가의 소유로 한다. 그러나 국헌문란등범죄 피해자의 권리를 해하지 못한다.

② 국헌문란등범죄수익등은 제5조에 따른 절차에 따라 환수하여 국고에 귀속한다.

③ 혼화재산의 경우 그 합쳐진 재산 중 국헌문란등범죄수익등의 금액 또는 수량에 상당하는 부분을 환수한다.

④ 제2항에도 불구하고 국헌문란등범죄수익등이 범죄피해재산(제2조 제1호에 따른 국헌문란등범죄의 범죄행위에 의하여 그 피해자로부터 취득한 재산 또는 그 재산의 보유·처분에 의하여 얻은 재산을 말한다. 이하 같다)인 경우에는 환수할 수 없다. 국헌문란등범죄수익등 중 일부가 범죄피해재산인 경우에는 그 부분에 대하여도 또한 같다.

제5조(국헌문란등범죄수익등의 환수청구) ① 법무부장관은 직권 또는 제6조 제1항의 신청에 따라 법원에 국헌문란등범죄수익등의 국고 귀속을 청구하는 소(이하 "환수청구의 소"라 한다)를 제기하여야 한다.

② 환수청구의 소는 국헌문란등범죄를 저지른 자에게 유죄의 재판을 하지 아니하거나 공소를 제기하지 아니하는 경우에도 그 요건을 갖추었을 때에는 제기할 수 있다.

③ 환수청구의 소는 국헌문란등범죄수익등이 범인 외의 자에게 귀속(歸

屬)되지 아니하는 경우에만 제기할 수 있다. 다만, 다음 각 호의 어느 하나에 해당하는 경우에는 그 국헌문란등범죄수익등이 범인 외의 자에게 귀속된 경우에도 제기할 수 있다.

1. 범인 외의 자가 범죄 후 그 정황을 알면서 그 국헌문란등범죄수익등을 취득한 경우

2. 국헌문란등범죄가 범인 외의 자를 위하여 행하여지고 이로 인하여 그 범인 외의 자가 국헌문란등범죄수익등을 취득한 경우

④ 법무부장관은 국헌문란등범죄수익등의 소유자나 처분권자 또는 그 밖의 권리를 가진 자를 알 수 없는 때에는 제8조에 의하여 선임된 재산관리인을 상대로 환수청구의 소를 제기할 수 있다.

제6조(환수청구의 신청) ① 누구든지 특정한 재산이 국헌문란등범죄수익등에 해당한다는 상당한 개연성이 있는 경우 법무부장관에게 다음 각 호의 사항을 기재한 서면으로 해당 재산에 대하여 환수청구의 소를 제기할 것을 신청(이하 "환수청구의 신청"이라 한다)할 수 있다.

1. 국헌문란등범죄수익등의 개략적인 내역과 소재지

2. 국헌문란등범죄수익등에 해당하는 개략적인 이유

3. 국헌문란등범죄수익등의 소유자의 성명과 주소(소유자를 알고 있는 경우에 한한다)

② 제1항에 따라 환수청구의 신청이 있을 때에는 법무부장관은 신청서를 제출받은 날부터 30일 내에 다음 각 호의 구분에 따라 처리하여야 한다.

1. 환수청구의 신청이 이유 있는 것으로 인정하는 때에는 즉시 제5조 제1항에 따라 환수청구의 소를 제기하고 그 취지를 신청인에게 통지한다.

2. 환수청구의 신청이 이유 없는 것으로 인정하는 때에는 그 이유를 신청인에게 서면으로 통지한다.

제7조(재정신청) ① 환수청구의 신청을 한 자는 법무부장관으로부터 환수청구의 소를 제기하지 아니하기로 하는 통지를 받은 때에는 통지를 받은 날부터 10일 이내에 법무부장관에게 그 당부에 관한 재정신청을 할 수 있다.

② 재정신청서에는 제6조 제1항 각 호의 사유 및 재정신청을 이유있게 하는 사유를 기재하여야 한다.

③ 법무부장관이 재정신청서를 제출받은 때에는 재정신청서를 제출받은 날부터 7일 이내에 재정신청서, 의견서, 재산조사 관계 서류 및 증거자료를 서울고등법원에 송부하여야 한다.

④ 법원은 재정신청서를 송부받은 날부터 3개월 이내에 항고의 절차에 준하여 다음 각 호의 구분에 따라 결정한다. 이 경우 필요한 때에는 증거를 조사할 수 있다.

1. 신청이 법률상의 방식에 위배되거나 이유 없는 때에는 신청을 기각한다.

2. 신청이 이유 있는 때에는 환수청구의 소를 제기할 것을 결정한다.

⑤ 재정신청사건의 심리는 특별한 사정이 없는 한 공개하지 아니한다.

⑥ 제4항 제1호의 결정에 대하여는 즉시항고를 할 수 있고, 제4항 제2호의 결정에 대하여는 불복할 수 없다.

⑦ 법원은 제4항의 결정을 한 때에는 즉시 그 정본을 재정신청인과 법무부장관에게 송부하여야 한다. 제4항 제2호의 결정을 한 경우에는 법무부장관에게 사건기록을 함께 송부하여야 한다.

⑧ 법무부장관은 제4항 제2호의 결정에 따른 재정결정서를 송부받은 때에는 환수청구의 소를 제기하여야 한다.

제8조(재산관리인의 선임) ① 법무부장관은 국헌문란등범죄수익등의 소유자나 처분권자 또는 그 밖의 권리를 가진 자를 알 수 없는 때에는 대통령령이 정하는 바에 따라 일정 기간 이후에는 해당 재산에 대하여 환수청구의 소가 제기될 것임을 공고하여야 한다.

② 제1항에 따른 공고에도 불구하고 국헌문란등범죄수익등의 소유자나 처분권자 또는 그 밖의 권리를 가진 자를 알 수 없는 때에는 법무부장관은 법원에 해당 재산에 대한 재산관리인의 선임을 청구할 수 있다.

③ 법원은 제2항의 청구가 있는 때에는 재산관리인을 선임하고 지체 없이 이를 공고하여야 한다.

④ 제2항의 청구는 해당 재산에 대한 이해관계인도 청구할 수 있다.

⑤ 재산관리인에 대하여는 성질에 반하지 아니하는 범위 내에서 민법 제22
조 내지 제26조의 규정을 준용한다.

제9조(입증책임 및 판결) ① 법무부장관은 다음 각 호의 사실을 고도의 개연
성이 있는 정도로 증명하여야 한다.

1. 제2조 제1호 또는 제2호의 범죄행위가 행하여진 사실

2. 소의 목적물이 제2조 제5호에 해당하는 사실

3. 피고가 환수대상 재산에 대하여 소유권 등 법률상.사실상 처분권을 가진
사실

② 법원은 해당 재산이 국헌문란등범죄수익등에 해당함이 증명된 경우 국
헌문란등범죄수익등을 국고에 귀속하는 판결을 하여야 한다.

제10조(선의 항변) ① 법원은 국헌문란등범죄수익등이 다음 각 호의 어느 하
나에 해당한다는 것이 증명된 경우에는 해당 권리를 제외한 부분에 대하여
국고에 귀속하는 판결을 하여야 한다.

1. 국헌문란등범죄의 발생 이전에 적법한 절차에 따라 국헌문란등범죄수
익등에 대해 권리를 취득한 경우: 해당 재산이 국헌문란등범죄에 이용되거
나 국헌문란등범죄를 통해 다른 재산과 합쳐지는 사실을 알지 못하였거나,
그 사실을 알고 이를 방지하기 위하여 최선의 노력을 다하였을 것.

2. 국헌문란등범죄의 발생 이후에 국헌문란등범죄수익등을 취득한 경우:
해당 재산이 국헌문란등범죄수익등임을 알지 못한 채 통상의 거래조건에
따라 정당한 가액으로 국헌문란등범죄수익등을 취득하였을 것.

② 제1항의 경우 법원은 국가가 권리자에게 정당한 보상을 하는 것을 조건
으로 국헌문란등범죄수익등 전부를 국고에 귀속하는 결정을 할 수 있다.

제11조(관할 및「민사소송법」의 준용) ① 제5조에 따른 환수청구의 관할은 서울
중앙지방법원 합의부로 한다.

② 법무부장관은 국헌문란등범죄수익등에 대하여 「민사집행법」에 따라
가압류 또는 가처분 등의 보전처분을 관할법원에 청구하여야 한다.

③ 이 법에 따른 환수청구의 소에 관하여 그 밖에 필요한 사항은「민사소송법」을 준용한다.

제12조(환수결정의 집행) ① 이 법에 따른 법원의 환수결정의 집행은 검사가 한다.

② 검사는 환수결정의 집행을 위하여 필요하다고 인정되면 그 목적에 필요한 최소한의 범위에서 다음 각 호의 처분을 할 수 있다.

1. 관계인의 출석 요구 및 진술의 청취

2. 서류나 그 밖의 물건의 소유자·소지자 또는 보관자에 대한 제출 요구

3.「특정 금융거래정보의 보고 및 이용 등에 관한 법률」제7조 제1항에 따른 특정금융거래정보의 제공 요청

4.「국세기본법」제81조의13에 따른 과세정보의 제공 요청

5.「금융실명거래 및 비밀보장에 관한 법률」제4조 제1항에 따른 금융거래의 내용에 대한 정보 또는 자료의 제공 요청

6. 그 밖의 공공기관 또는 단체에 대한 사실조회나 필요한 사항에 대한 보고 요구

③ 제2항의 자료제공 요청에 대하여 해당 기관은 군사, 외교, 대북관계 등 국가안위에 중대한 영향을 미치는 경우를 제외하고는 다른 법률을 근거로 이를 거부할 수 없다.

④ 검사는 제2항의 환수결정의 집행을 위하여 필요한 경우 관할법원 판사에게 청구하여 발부받은 영장에 의하여 압수·수색 또는 검증을 할 수 있다.

제13조(포상금 지급) ① 법무부장관은 국헌문란등범죄수익등이 국고에 귀속된 경우에는 수사기관에 신고한 자 또는 환수에 공로가 있는 자에게 포상금을 지급할 수 있다. 다만, 공무원이 그 직무와 관련하여 신고한 경우에는 포상금을 감액하거나 지급하지 아니할 수 있다.

② 제1항에 따른 포상금 지급 대상이 되는 신고 또는 공로의 범위, 포상금 지급의 기준·방법 및 절차 등에 관하여 필요한 사항은 대통령령으로 정한다.

부칙

제1조(시행일) 이 법은 공포한 날부터 시행한다.

제2조(적용례) 이 법은 이 법 시행 전에 범한 국헌문란등범죄로부터 발생한 국헌문란등범죄수익등을 환수하는 경우에도 적용한다.

한반도 운명을 바꾼 국정농단 추적기
끝나지 않은 전쟁

초판 1쇄 발행 2017년 4월 10일
개정증보판 1쇄 인쇄 2018년 6월 20일
개정증보판 1쇄 발행 2018년 7월 2일

지은이 안민석
펴낸이 연준혁

출판 1본부 이사 김은주
출판 4분사 분사장 김남철
편집 신민희
디자인 이세호

펴낸곳 (주)위즈덤하우스 미디어그룹 **출판등록** 2000년 5월 23일 제13-1071호
주소 경기도 고양시 일산동구 정발산로 43-20 센트럴프라자 6층
전화 031)936-4000 **팩스** 031)903-3893 **홈페이지** www.wisdomhouse.co.kr

값 15,000원 ⓒ안민석, 2018
ISBN 979-11-6220-439-9 03300

국립중앙도서관 출판시도서목록(CIP)

끝나지 않은 전쟁 : 한반도 운명을 바꾼 국정농단 추적기 / 지은이: 안민석.
-- 개정증보판. -- 고양 : 위즈덤하우스, 2018
    p. ; cm

권말부록: 최순실 구치소 청문회 질의응답 내용 등
ISBN 979-11-6220-439-9 03300 : ₩15000

정치 에세이[政治--]
한국 정치[韓國政治]

340.4-KDC6
320.02-DDC23   CIP2018018718